Elise Anne DeVido

·

Taiwan's Buddhist Nuns

State University of New York Press

Albany

2010

Элиза Анна де Видо

·

Буддийские монахини Тайваня

Academic Studies Press

Библиороссика

Бостон / Санкт-Петербург

2024

УДК 24-725
ББК 86.35-6
Д25

Перевод с английского Кирилла Батыгина

Серийное оформление и оформление обложки Ивана Граве

Фото на обложке — Цю Жуцзинь (Тайвань гуанхуа цзачжи тигун)

де Видо, Элиза Анна.

Д25   Буддийские монахини Тайваня // Элиза Анна де Видо; [пер. с англ. К. Батыгина]. — СПб.: Academic Studies Press / Библиороссика, 2024. — 284 с. — (Серия «Современное востоковедение» = «Contemporary Eastern Studies»).

ISBN 979-8-887195-59-9 (Academic Studies Press)
ISBN 978-5-907767-41-6 (Библиороссика)

На острове Тайвань проживает самое большое количество буддийских монахинь в мире. Эти женщины хорошо известны и почитаемы как религиозные наставницы, а также благодаря социальной работе, позволившей им стать ядром тайваньского гражданского общества. В этой книге Элиза де Видо знакомит читателей с буддийскими монахинями Тайваня и рассматривает вопрос о том, как буддизм Тайваня формируется женщинами — как монахинями, так и мирянками.

УДК 24-725
ББК 86.35-6

ISBN 979-8-887195-59-9
ISBN 978-5-907767-41-6

Посвящается Роберту, Диане, Джудит и Филиппу

Список карт и иллюстраций

Предисловие

На написание настоящей книги меня вдохновило исследование, которое я проводила в тайбэйском Институте китайских исследований имени Риччи. Я искренне благодарю научного руководителя этого института Бенуа Вермандера за поддержку и содействие, а также сотрудников Института миссиологии при Missio (e.V) (Ахен, Германия) за щедрое финансирование проекта. Отдельно хочу выразить огромную благодарность Нэнси Эллгейт, Эллисон Б. Ли и Ребекке Сирл из Издательства Университета штата Нью-Йорк (State University of New York Press) за терпение и помощь, которую они оказывали мне на протяжении всего процесса публикации данной книги. Без познаний Николы Теккерей в компьютерных технологиях это исследование никогда не увидело бы свет. Я также благодарна двум анонимным рецензентам моей рукописи за множество проницательных замечаний и рекомендаций по улучшению текста, но все же опасаюсь, что вышедшая книга не отвечает их высоким требованиям.

Я не имею возможности в полной мере отблагодарить нижеперечисленных друзей и коллег, которые любезно согласились уделить мне время и поделиться своими знаниями. Без их помощи я бы не смогла закончить эту книгу. Среди людей и организаций, перед которыми я в неоплатном долгу (в алфавитном порядке), — Маркус Бингенхеймер, Фаньсэнь Ван, Бенуа Вермандер, Беата Грант, Винсент Гуссарт, Мин Дин, Чарльз Б. Джонс, тайбэйский Институт китайских исследований имени Риччи, Норман А. Кутчер, Андре Лалиберте, Карма Лекше Тсомо (Ши

Хуэйкун[1]), Ли Юйчжэнь, Линь Мэйжун, Лу Хуэйсинь, Лю Цзюнь-ань, Ми Гао, мои коллеги с кафедры истории Норвежского университета науки и технологий, Никола Теккерей, Доминик Тиль, Жэньцзе Тин, Карен Шуцин Хуан, монахини и мирские члены организации *Цыцзи*, Цаньтэн Цзян, Кристи Юйлин Чжан, Вэйи Чэнь, Кочуань Чэнь, Дэвид Шак, Ши Минцзя, Ши У Инь и монахини из Института *Сянгуан*, Ши Хэнцин, Ши Хуэйянь, Ши Цзынай, Ши Цзыфань, Ши Чжаохуэй и монахини из Института *Хунши*, Ши Чжэнъянь, Грег Эпп, Сянчжоу Ю и Цзюньфан Юй.

Я хочу также поблагодарить Джемми и Йена Ли за постоянные наставления и поддержку, а также моих замечательных студентов (в том числе Ханьцзе Чэнь, Шаотин Лю, Ицяо Ван и Питера Фаньи Ян) за их бесценную помощь, неиссякаемый юмор и дружеское содействие на протяжении всех этих лет. Эту книгу я посвящаю моим родителям, сестре и сыну: «*Alpha et omega estis!*» — «*Вы мои альфа и омега!*»

За любые фактические или смысловые неточности в настоящем исследовании ответственность лежит целиком на мне, я с благодарностью приму как ваши замечания, так и предложения по улучшению книги. Проведение исследования было для меня уникальным опытом и глубоко вдохновляющим приключением, которое началось много лет назад, когда я укрылась в небольшом буддийском храме, расположенном на скале у моря. Гулкий звон колоколов, размеренные удары в барабаны и тепло множества красных свечек спасли меня от зимнего мрака и холода.

---

[1] Ши — фамилия, которую буддистские монахи и монахини Восточной Азии чаще всего принимают при посвящении. Есть и другие распространенные фамилии, но Ши считается стандартным вариантом. Фамилия дополняется «именем *дхармы*». — *Прим. пер.*

Примечания и разрешения

Карта Тайваня публикуется с разрешения Чэнь Кочуаня.

Карта Тайваня и сопредельных стран публикуется с разрешения Чэнь Кочуаня.

Статуя Гуаньинь — фотография Элизы А. де Видо.

Наставница Сяоюнь за написанием иероглифа *Будда* — публикуется с разрешения Ши Жэньлан.

Наставница Чжэнъянь — публикуется с разрешения Фонда «Цыцзи».

Покои безмятежных размышлений, Хуалянь — фотография Элизы А. де Видо.

Зал безмятежных размышлений, Хуалянь — публикуется с разрешения Елизаветы Зелиньска.

Наставница Чжэнъянь помогает тайваньским обездоленным — публикуется с разрешения Фонда «Цыцзи».

Начальная школа «Шэляо», уезд Наньтоу — фотография Элизы А. де Видо.

Наставница Чжэнъянь и первые особоуполномоченные в Тайбэе — публикуется с разрешения Фонда «Цыцзи».

Наставница У Инь и ее ученики на церемонии в период буддийского поста *Васса* в зале Будды, храм *Сянгуан* — публикуется с разрешения Ши У Инь.

Наставница Чжаохуэй на митинге против ядерной энергии — публикуется с разрешения Ши Чжаохуэй.

Наставница Чжаохуэй — публикуется с разрешения Ши Чжаохуэй.

Монахини из Института *Хунши* на митинге в защиту лепрозория *Ло Шэн* — публикуется с разрешения Ши Чжаохуэй.

Текст главы 1 был первоначально опубликован в: Taipei Ricci Bulletin. 1999–2000. Vol. 3. P. 79–89; и: Karma Lekshe Tsomo, ed. Buddhist Women and Social Justice. NY: SUNY Press, 2004. P. 219–231.

Текст главы 2 раннее был публикован в: DeVido E. A., Vermander B., eds. Creeds, Rites, and Videotapes: Narrating Religious Experience in East Asia. Taipei: Taipei Ricci Institute, 2004. P. 75–103.

Текст главы 3 был первоначально опубликован на китайском языке. См.: Xiwang gongcheng: Fojiao Ciji jijinhui 9.21 zaiqu xuexiao chongjian gongzuo [Project Hope: Ciiji's Post-9.21 Earthquake School Reconstruction Plan] // Lin Mei-Rong, Ting Jen-Chieh, Chan Su-Chuan, eds. Zainan yu chongjian: jiu er yi zhenzai yu shehui wenhua chongjian lunwenji [Disaster and Recovery: the Social and Cultural Reconstruction after the 921 Earthquake]. Taipei: Institute of Taiwan History Preparatory Office, Academia Sinica, 2004. P. 439–460.

Текст главы 6 был первоначально опубликован под названием «Mapping the Trajectories of Socially Engaged Buddhism from China to Taiwan and Vietnam» в: Out of the Shadows: Socially Engaged Buddhist Women / Ed. by Karma Lekshe Tsomo. New Delhi: Sri Satguru Publications, India Books Centre, 2006. P. 261–281.

«Наставница Чжэнъянь» (илл. 2.1), «Наставница Чжэнъянь помогает тайваньским обездоленным» (илл. 2.4) и «Наставница Чжэнъянь и первые особоуполномоченные в Тайбэе» (илл. 4.1) © 2009, Буддистский благотворительный фонд «Цыцзи» (*Buddhist Compassion Relief Tzu Chi Foundation of the Republic of China*). Все права защищены.

Справка по транслитерации и именам

По умолчанию в настоящей книге имена и наименования записываются на *пиньинь* — системе романизации стандартного китайского языка — и переводятся на русский по системе транскрипции Палладия. Исключение составляют отдельные известные персоналии и места (например, Чан Кайши). В англоязычных источниках возможны альтернативные варианты романизации китайских имен и наименований, которые отличаются от записи на *пиньине*. Мы, например, встретили как минимум четыре различных написания имени ученого Цзян Каньтена и позволили себе использовать его написание по версии пиньинь. Заранее приносим извинения за возможные разночтения!

В книге также используются обозначения на санскрите и пали в тех случаях, когда соответствующие источники применяют подобные термины и названия.

В книге с разрешения интервьюируемых используются их настоящие имена. Не указываются имена людей, пожелавших остаться анонимными.

Глоссарий отдельных обозначений на китайском языке представлен на с. 159.

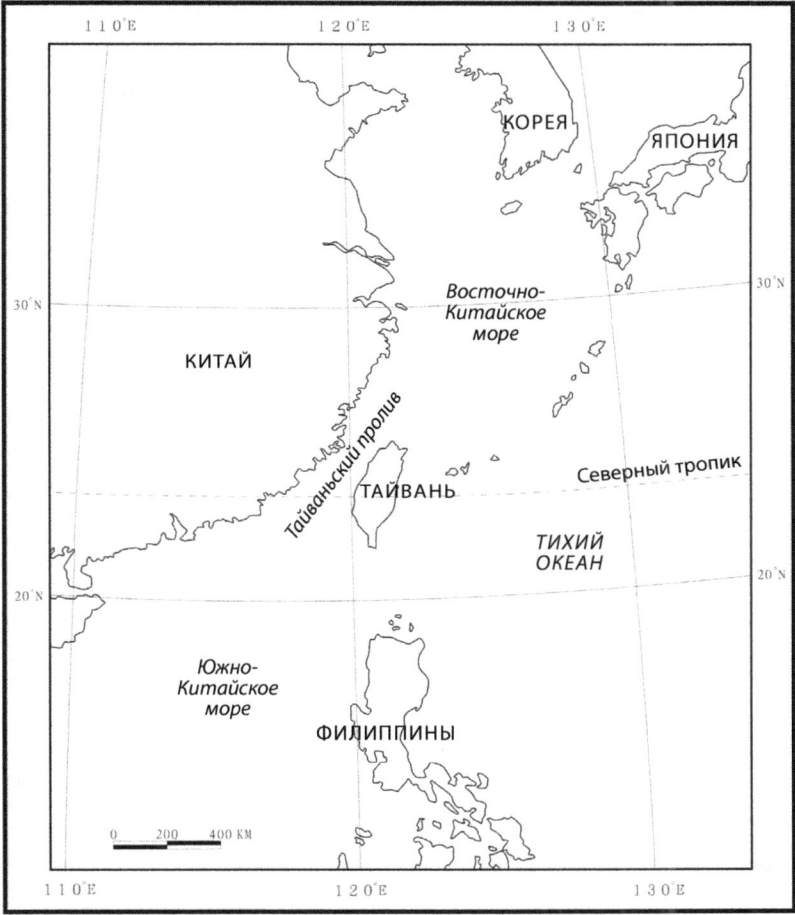

Карта 1. Карта Тайваня и сопредельных стран (Чэнь Кочуань)

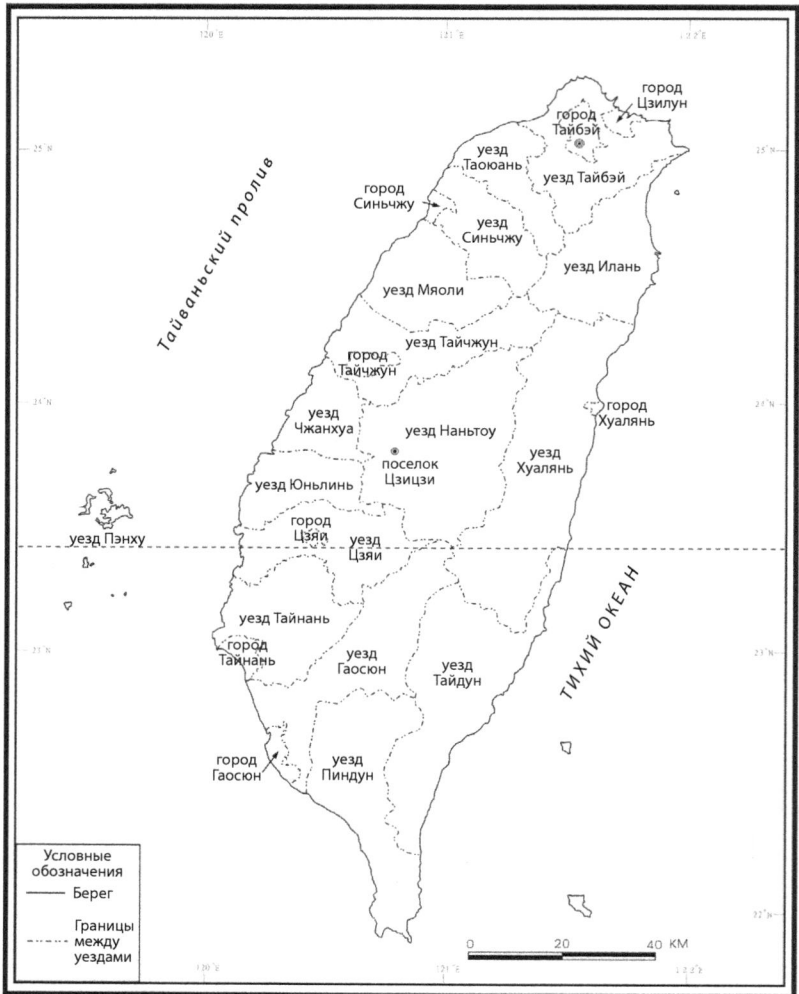

Карта 2. Карта Тайваня (Чэнь Кочуань)

Введение

Я приехала на остров Тайвань в 1995 году, планируя дописать здесь мою докторскую диссертацию по теме «Развитие коммунистического движения в Китае до 1949 года». Однако моя работа позволила мне соприкоснуться с религиозной жизнью Тайваня, впервые — когда я работала в качестве директора программы зарубежного обучения, организующего выездные поездки на Тайвань для иностранных учащихся, и еще раз — когда вступила в должность научного сотрудника при Институте китайских исследований имени Риччи в Тайбэе. С течением времени я узнала, что Тайвань с 1980-х годов переживает религиозный подъем, причем не только в религиозной жизни простых мирян, но и в институционализированном буддизме. Особое впечатление на меня произвел тот факт, что на Тайване проживало больше буддийских монахинь, чем в любом другом уголке мира. Причем монахини здесь сильно превалируют над монахами — уникальная ситуация для буддийского монашества[1].

---

[1] Следующие данные мы получили от ученого, пожелавшего остаться неизвестным, поскольку эти показатели требуют проверки и подтверждения: 1500 прошедших полное посвящение монахинь в Китае; 9805 прошедших полное посвящение монахинь во всем мире, не считая Тайвань. Подробнее о монахинях Китая как в прошлом, так и в наше время см. главу 1. Прошедшие полное посвящение буддийские монахини известны в Корее с V века нашей эры, а во Вьетнаме — с XII века. В обеих указанных странах с XX века у монахинь возникло больше возможностей для получения образования. В последние годы и в Корее, и во Вьетнаме отмечается развитие социально вовлеченного буддизма. См. [Batchelor, Son'gyong Sunim 2006], а также статьи о корейском буддизме в [Tsomo 2006] и вьетнамском буддизме в [Tsomo 2004a: 51–54]. В Японии первыми прошедшими посвящение монахинями стали три девушки, направленные для прохождения соответствующей церемонии на Корейский полуостров в 590 году. Причем в Японии посвящение монахов началось лишь в середине VIII века. Важно отметить, что в свете политики

Исходя из ежегодных отчетов за 1953–1987 и 1988–1998 годы, среди людей, которые прошли посвящение в монахи на Тайване с 1953 года, порядка 75 % от общего числа составили женщины [Li Yuzhen 2000: 354]. В общей сложности 7078 женщин стали монахинями в 1953–1987 годы, и еще 4819 в период с 1988 по 1998 год [Ibid.]. За исключением 1961 года, число женщин-кандидатов на принятие обета в рамках церемонии рукоположения на трех алтарях из года в год превосходило в два или даже в три раза число мужчин за тот же временной отрезок с 1953 по

правительства эпохи Мэйдзи второй половины XIX века японские «монахи» могли вступать в брак и иметь детей, а также не испытывать ограничений в потреблении алкогольных напитков и мяса. Деятельность буддийских монахинь в Японии имеет давнюю и неоднозначную традицию: многие из них держали целибат, принимали полный или частичный постриг, работали как исследователи, учителя, администраторы и вершители ритуалов; некоторые монахини жили при монастырях, другие оставались жить в семьях, часть вела передвижной образ жизни. Полное посвящение монахинь так и не стало общепринятой практикой в Японии. Монахини обычно принимали обеты бодхисаттвы или послушниц. Также были случаи «самопосвящения» монахинь: женщины сами обривали себе головы и объявляли себя монахинями. С конца XIX века японские монахини, особенно представительницы школы *Сото-сю* боролись за право учреждать школы и институты, которые могли бы обеспечивать монахиням образование как в светском, так и в буддийском ключе. Монахиням также удалось добиться изменения правил школы таким образом, чтобы у монахинь был доступ к более высоким должностям, управляющим постам и право проводить некоторые ритуалы. От всего этого монахини в прошлом были отлучены. Впрочем, в Японии большей популярностью и распространенностью пользуются мирские практики буддизма. См. [Arai 1999; Ruch 2002; Faure 2003]. В странах, где распространены школы *тхеравада* и тибетского буддизма, несмотря на большое количество мирянок-буддисток, монахинь-*шраманери* и монахинь-послушниц, которые усердно и искренне посвящают себя религиозному служению, женщины сталкиваются с весьма ограниченным доступом к ресурсам и образованию, а также ограничениями по возможностям участия в ритуалах и низким социальным статусом. Единственная возможность для них заявить о себе — пройти полное посвящение в соответствии с китайскими правилами *виная* в рамках традиции *дхармагуптака*. В противном случае женщины вынуждены всю жизнь оставаться послушницами. Благодаря десятилетиям усилий многих буддисток и буддистов (в особенности тайваньских) буддийские институции Шри-Ланки смогли вернуться к посвящению *бхикшуни* в 1998 году. Орден монахинь фактически прекратил свое существование на острове еще в X веке нашей эры.

1987 год. Эта тенденция сохранялась и после 1987 года. Точные статистические данные о количестве монахов и монахинь на Тайване отсутствуют, однако по примерным подсчетам можно предположить, что сейчас на острове проживают порядка 15 тысяч монахинь [Li Lingyu 2005: 6][2].

Почему буддизм и монашеская жизнь при условии принятия обета безбрачия представляются столь притягательными для женщин в обществе, которое характеризуется приоритетом семейных связей, жестким прагматизмом и откровенно материалистическими взглядами? Этот феномен вызывает особый интерес еще и потому, что формально большинство тайваньцев не связаны с определенным вероучением и не исповедуют какую-либо официальную религию на постоянной основе, будь то буддизм, даосизм, христианство, ислам, синкретизм в различных формах или религии «нового времени». Они более склонны исполнять отдельные ритуалы и отмечать некоторые праздники, предписываемые китайским лунным календарем. Помимо того, что они проводят ритуал поклонения предкам, они регулярно обращаются к богам и богиням с мольбой о ниспослании успеха на экзаменах, здоровья, богатства и рождения сыновей, а заодно и о защите от несчастных случаев и нанесения вреда и об изгнании злых духов. Бо́льшая часть тайваньцев должным образом исполняют как минимум традиционные ритуалы погребения и оплакивания почивших (см. [Clart, Jones 2003; Jordan 1994]).

Несмотря на отсутствие точных данных, последние 25 лет на Тайване фиксируется значительное увеличение числа буддистов среди верующих, а также усиление роли буддистских организаций[3]. «Возрождение буддизма» на острове и в особенности роль

---

[2] Ссылаясь на наставницу Чжаохуэй, представитель БАКР пояснил нам, что на Тайване в настоящее время живут около 30 тысяч монахов и монахинь. Если на монахинь приходится примерно 75 % от этого количества, то на Тайване проживает 22,5 тысячи монахинь (телефонный звонок от 7 мая 2008 года).

[3] Согласно данным отчетов, представленных в министерство внутренних дел Тайваня буддистскими организациями, число буддистов на острове увеличилось с 800 тысяч верующих в 1983 году до 4,9 миллиона в 1995 году. К концу 2002 года этот показатель увеличился до 5,48 миллиона «верующих»

буддийских монахинь в этом деле будет иметь особое значение в будущем. Не только институционализированный тайваньский буддизм будет способствовать дальнейшему развитию и преобразованию буддизма общемирового, но и «буддизм возрожденный», благодаря вкладу многих последователей этого течения в благотворительную деятельность, светское и религиозное образование, печатное дело, СМИ, искусство, защиту окружающей среды и прав животных, в общественное движение против использования ядерной энергии и ликвидацию последствий стихийных бедствий. Таким образом, «возрожденный буддизм» будет играть значительную роль в формировании гражданского общества на поставторитарном Тайване. Наконец, активное участие в этих процессах женщин, как монахинь, так и мирянок, одновременно является и результатом ускоренных социально-экономических изменений на Тайване с 1970-х годов, и новым инструментом для создания большего числа возможностей и расширения прав тайваньских женщин. Как феномен буддийских монахинь на Тайване связан с феминизмом — сложный

(притом что общее население Тайваня составляло 22,5 миллиона). Число «буддийских святилищ» выросло с 1157 в 1983 году до 4037 в декабре 2002 года. См.: URL: www.moi.gov.tw/stat (дата обращения: 02.04.2008). Однако важно сделать одно отступление: в данных отчетах не раскрывается с какой-либо определенностью, что именно подразумевается под «верующими» и «святилищами». Есть вероятность, что данные завышены. Как отмечает [Yü 2013: 267], человек вполне может объявить себя «буддистом», но формально не принять под руководством наставника обет «трех прибежищ» (подразумевается обет, которым верующие заявляют, что они ищут «прибежища в Будде, *дхарме* и *сангхе*». — *Прим. пер.*). Ситуация осложняется и тем, что, когда мы запросили у министерства внутренних дел актуальные данные за декабрь 2006 года, нам сообщили, что ведомство в последний раз запрашивало данные по количеству верующих (165 049) и святилищ (2262) у властей городов уездов, а не у буддистских организаций. Сотрудник министерства, с которым я общалась, признал, что эти цифры, с его точки зрения, занижены (телефонный звонок в Статистическое управление при министерстве внутренних дел Тайваня от 3 апреля 2008 года). Представитель Буддийской ассоциации Китайской республики заявил, что им неизвестно точное число людей на Тайване, исповедующих буддизм, но назвал примерное число храмов: около 2000 святилищ (телефонный звонок от 7 мая 2008 года).

вопрос. В ходе изучения жизни и работы буддийских монахинь Тайваня я осознала, что предмет моего исследования неразрывно связан с более широкими вопросами о роли женщин, о значении пола и о гражданском обществе на Тайване, а также с историей современного китайского и общемирового буддизма.

Не так давно начали проводиться первые научные исследования тайваньских буддийских монахинь как уникального феномена[4]. Есть работы, в которых монахинь упоминают в контексте историй святилищ, изучения свода *виная* — правил и распорядка монашеских общин — или описывают биографии самых выдающихся из них [Li Yuzhen 2002: 1–2, 7–10, 14–16]. В некоторых случаях феномен монахинь обозначают как периферийный аспект общей истории буддизма на Тайване[5]. Хотя монахини и мирянки Тайваня описаны на страницах множества эссе и нескольких докторских диссертаций[6], настоящая книга — первая монография на английском языке, которая полностью посвящена феномену

---

[4] В частности, см. [Jiang 1992a, 1992b, 1997; Shih Heng 1995; Shih Chao Hwei 2002a, 2002b; Yang, Zhang 2004; Chern 2001a, 2002]; все работы Ли Юйчжень.

[5] Кань Чжэнцзун в своей работе представляет развитие тайваньского буддизма после 1945 года [Kan 2004] — исследование в глубоко патриархальном ключе. 500 страниц текста, полного досконально проработанных умозаключений и полезной информации, представляет собой хронику жизнедеятельности монахов и мирян, составлявших меньшинство на Тайване. При этом монахиням и мирянкам — большинству среди буддистов на Тайване — уделяется всего несколько страниц. Если Кань и упоминает монахинь и женщин в целом, то обычно это сводится к цитатам, в которых другие авторы высказывают пренебрежительное отношение к роли женщин в тайваньском буддизме. Более того, Кань ничего не противопоставляет таким предубеждениям и никак не комментирует их. См. [Kan 2004: 75, 285–288, 407–415, 467]. В [Jones Ch. 1999: 51–52, 62–63, 152–156] можно найти краткие, но все же проницательные замечания по поводу тайваньских монахинь.

[6] Что касается докторских диссертаций по тайваньским монахиням и/или мирянкам, см. [Chern 2000; Li Yuzhen 2000c; Crane 2001; Huang 2001; Foy 2002], а также биографию монахини-первопроходчицы Ши Тяньи [Shi Jianye 1999]. Среди примечательных эссе по монахиням или/и мирянкам см. [Huang, Weller 1998; Li Yuzhen 2004a, 2004b; Lu Hwei-Syin 1998; Cheng 2003; Travagnin 2004a, 2004b]; работы Lu. Диссертация [Qin 2000] посвящена буддийским монахиням с горы Эмэй в китайской провинции Сычуань.

женщин в буддизме Тайваня [Cheng 2007][7]. В силу того, что моя специализация — история современного Китая, эта работа является в первую очередь историческим исследованием. При этом я также опиралась на научные исследования в области буддологии, антропологии и социологии. В дополнение к письменным источникам в книге представлены данные, полученные в ходе интервью, выездных мероприятий и участия в буддистских учебных лагерях, а также приведены личные наблюдения, которые я накопила, прожив почти половину жизни на Тайване.

Данное исследование не является хроникой жизни женщин-буддисток или буддийских монахинь Тайваня. Я фокусирую внимание на периоде после 1949 года и последующих десятилетиях возрождения буддизма на Тайване, стремясь ответить на три основных вопроса:

1. Каким образом женщины способствовали развитию буддизма на Тайване?

2. В какой мере буддизм определяет роль и идентичность тайваньских женщин?

3. Как женщины — буддистки влияют на формирование будущего всего тайваньского общества?

Под женщинами — буддистками Тайваня я подразумеваю как монахинь, так и мирянок. Как отмечает монахиня Икун, буддистки-мирянки, «нашедшие пристанище» и следующие пяти священным заповедям буддизма (не убий, не воруй, не прелюбодействуй, не лги и не потребляй средства, вызывающие помутнение сознания), внесли неоценимый вклад в развитие тайваньского буддизма своим участием в волонтерских мероприятиях храмов, а также деятельностью в качестве светских учителей, приобщаю-

---

[7] Сравнительное исследование работ о буддийских монахинях на Тайване и Шри-Ланке. Книга представляет собой осмысление «феминистской критики буддизма в западном ключе» и обозначает то, как монахини по-разному интерпретируют отдельные идеи и каноны о женщинах и соотношении полов в источниках на пали и китайском. Особое внимание уделяется жизненным обстоятельствам монахинь, их религиозным практикам и иным важным факторам в данном контексте. См. рецензию Э. А. де Видо на это исследование в: Journal of Chinese Philosophy. December 2007. Vol. 34, № 4. P. 606–611.

щих учеников к *дхарме* [Shi Yikong 2004: 67], и спонсоров финансовой поддержки святилищ и наставников. С сожалением вынуждена отметить, что в настоящем исследовании отсутствуют индивидуальные или этнографические портреты мирянок и монахинь как отдельных личностей или сообществ.

> Факт — монахини составляют большинство в тайваньской *сангхи*[8], и их прекрасные качества и многочисленные достижения способствуют процветанию тайваньского буддизма. Однако именно этот «блеск» скрывает от нас то, как на самом деле проходит жизнь монахинь в различных *сангхах* и что составляет жизненный путь самой *сангхи*...

Только продолжительное проживание в буддийском сообществе дает доступ к такому знанию. Но даже в этом случае монахини, как и любой другой человек, не всегда готовы поделиться своими настоящими мыслями и чувствами [Li Yuzhen 2000: 3, 17].

Краткое содержание глав

глава 1 представляет собой краткий исторический обзор роли женщин-буддисток в Китае и на Тайване, в ней также анализируются причины расцвета монашеского ордена на острове и описывается разнообразие, которое характеризует современное сообщество буддийских монахинь Тайваня. Здесь же отмечаются требующие дальнейшей проработки проблемы историографии буддизма на Тайване и деятельности монахинь Китая и Тайваня в эпоху Цин.

глава 2 посвящена Чжэнъянь, пожалуй, самой известной монахине Тайваня. Последние 40 лет Чжэнъянь вместе с другими монахинями и многочисленными учениками из числа мирян управляет Буддистским благотворительным фондом *«Цыцзи»* (*«Милосердная помощь»*) — неправительственной организацией, которую некоторые источники называют крупнейшим НПО на Тайване. *«Цыцзи»* внес значительный вклад в развитие благотво-

---

8 Название буддийской общины. — *Прим. пер.*

рительности, медицины, образования и культуры [Huang, Weller 1998: 391]. В этой главе, частично основанной на личном опыте автора в качестве участника и наблюдателя работы фонда, выдвигается ряд предположений, почему «*Цыцзи*» добился таких впечатляющих успехов.

глава 3 — одно из первых исследований на английском языке, посвященное проекту «Надежда», в рамках которого фонд «*Цыцзи*» содействовал восстановлению 50 общеобразовательных школ, которые были разрушены или повреждены в результате землетрясения 21 сентября 1999 года. Помимо рассмотрения специфических особенностей проекта, в этой главе также анализируются перспективы реализации конечной цели «*Цыцзи*» по построению «новой тайваньской цивилизации» и проблемы привлечения религиозных организаций в работу общеобразовательных школ.

В главе 4 описаны женщины фонда «*Цыцзи*», в том числе монахини, различные группы последователей среди мирян и бодхисаттва Гуаньинь, которая выступает основным источником вдохновения для всех начинаний Чжэньянь. В этой главе мы продемонстрируем, как «женщины *Цыцзи*» способствовали успешному претворению в жизнь идеала буддийского сочувствия от лица несущей спасение миру «бодхисаттвы-матери». Мы также ответим на вопросы: как и в какой степени «*Цыцзи*» расширяет границы возможностей для женщин? Какие выводы мы можем сделать исходя из этого о тайваньском обществе и о положении женщин в нем? Может ли призыв «*Цыцзи*» к феминизации тайваньского общества на основе специфической трактовки буддизма, принятой в этой организации, стать долгосрочным решением проблем, с которыми сталкивается Тайвань?

«*Цыцзи*» — важная, но далеко не единственная группа буддисток, которая существует на Тайване. В главе 5 мы расскажем о монахинях из Буддийского института «*Сянгуан*» («Светило» или «Благоухающий свет»), расположенного и осуществляющего свою деятельность в южных районах острова. Основная цель организации — подготовка монахинь к работе в качестве мастеров и учителей *дхармы*, а также проведение занятий по буддийским темам для широкой общественности. Мы рассмотрим историю института, содержание и суть его образовательных и культурных миссий, а также его проекты в области социального обеспечения, первый из которых затрагивает работы по ликвидации последствий землетрясений, второй — организацию занятий для «невест из-за рубежа», то есть женщин, приехавших на Тайвань из других районов Юго-Восточной Азии. Пример Буддийкого института «Сянгуан» продемонстрирует разнообразие, а порой и противоречие во взглядах монахинь на сущность феминизма, гендерную принадлежность и гендерные роли, а также на способы решения вопросов по расширению прав и возможностей для женщин в обществе, и, в свою очередь, позволит сравнить их взгляды со взглядами представительниц «Цыцзи».

В главе 6 исследуется связь между женщинами и «буддизмом для человеческой жизни» — гуманистическим буддизмом. Возрождение буддизма на Тайване было во многом вдохновлено философией гуманистического буддизма или «буддизма [для] человеческой жизни» (жэньцзянь фоцзяо), которая была разработана в течение XX века монахами-реформаторами, Тайсюем (1890–1947) и Иньшунем (1906–2005)[9]. После исторического очерка о зарождении гуманистического буддизма в Китае и его развитии на Тайване мы сопоставим гуманистический буддизм с общемировыми вариациями социально вовлеченного буддизма (включенного в общественную жизнь). В этой же главе мы постараемся ответить на следующие вопросы: благоприятствует ли гуманистический буддизм в наибольшей степени увеличению числа женщин-буддисток, как монахинь, так и мирянок? Объяс-

---

[9] Монах-реформатор из Китая Тайсюй (1890–1947) разработал концепцию *жэньцзянь фоцзяо*, желая найти ответы на критику буддизма и вызовы, брошенные религии в современном мире. Подробнее см. [Pittman 2001; Jones Ch. 1999]. Под «тремя столпами» (букв. горами) *жэньцзянь фоцзяо* на Тайване подразумеваются «Цыцзи» («Милосердная помощь», учреждена в 1966 году) во главе с Чжэнъянь, «Фогуаншань» во главе с Синьюнем (буквально «Гора света Будды», 1967 год) и «Фагушань» во главе с Шэнъянем («Гора барабана *дхармы*», 1989 год). О каждой из них рассказывается в главе 6.

няет ли воздействие именно этого течения преобладание женщин в тайваньском буддизме? Предполагает ли приверженность к «социально вовлеченному» буддизму отстаивание прав женщин и равноправия полов, в том числе поддержку женских монашеских орденов? Важное значение в анализе связей между гуманистическим буддизмом, буддистским активизмом и равенством полов приобретает вклад Чжаохуэй и ее Института «Хунши» («Великий обет»[10]), которым и посвящена данная глава.

В заключении мы постараемся ответить на ключевые вопросы, обозначенные во введении: каким образом женщины способствовали развитию буддизма на Тайване? Какое участие принимают тайваньские буддистки в общемировом движении буддисток? В какой мере буддизм определяет роль и идентичность тайваньских женщин? Как женщины-буддистки на Тайване достигли духовной, профессиональной и социальной свободы? Какую роль женщины-буддистки играют в создании будущего для тайваньского общества? Каким образом и в какой степени буддистские организации Тайваня способствуют развитию гражданского общества на острове? Наконец, в чем заключается уникальность тайваньских монахинь-буддисток в контексте общемирового буддистского движения?

Надеюсь, что эта книга, несмотря на некоторые недочеты, поспособствует дальнейшим исследованиям роли женщин в тайваньском буддизме на протяжении всех периодов истории, в том числе исследованиям, посвященным описанию жизни отдельных монахинь и находящихся в их ведении монастырей, а также позволит еще больше рассказать о передаче и обновлении тайваньскими монахинями непрерывной древнейшей традиции *бхикшуни-сангха* — сообществ полностью посвященных буддийских монахинь — новым поколениям.

---

[10] Название является прямой отсылкой к обещанию Будды спасти все живое. — *Прим. пер.*

глава 1
Бесконечные горизонты буддийских монахинь Тайваня[1]

В устных и письменных источниках Тайвань часто обозначается как «*тянькун*» для буддистских монахинь [Luminary Publishing Association, 50: 86–122][2]. «*Тянькун*» буквально означает «небесное пространство» или «небеса», но мы предпочитаем трактовать это слово как «бесконечные горизонты». Тому есть две причины.

[1] Первые версии данной главы были опубликованы ранее в: Taipei Ricci Bulletin. 1999–2000. Vol. 3. P. 79–89; и в: Karma Lekshe Tsomo ed. Buddhist Women and Social Justice. NY: SUNY Press, 2004. P. 219–231. Материал перепечатывается с разрешения издателей.

[2] Для этой главы мы пообщались с главой Буддийского института «Сянгуан», наставницей У Инь (уезд Цзяи), ее бывшей заместительницей монахиней Минцзя; профессором кафедры философии Национального университета Тайваня наставницей Хэнцин, профессором в области педагогики при Университете «Сюаньчжуан» наставницей Цзяньшэнь, монахинями Шаньхуэй из храма «Цяньгуань» (уезд Цзяи), Гуанго и Сяньюэ из монастыря «Линцзюшань» (Цзилун), наставницей Ляньчань из ассоциации «Уянь» (Тайбэй), монахинями Цзинсинь из храма «Бэньюань» (Гаосюн) и Маньгуан из «Фогуаншань» (уезд Гаосюн). Выражаем особую признательность настоятельнице Чжаохуэй из Буддийского института «Хунши», которая многократно вела с нами беседы и поддерживала переписку. Благодарим профессора Доминика Тиля, который организовал и провел телефонный обзвон всех официально зарегистрированных в Тайбэе по состоянию на август 1999 года буддистских монастырей. Эти беседы легли в основу раздела «Почему становятся монахинями?» настоящей главы. Мы также выражаем отдельную благодарность доктору Цзян Цаньтэну и доктору Ли Юйчжэнь за их щедрую помощь и содействие.

Во-первых, для того, чтобы обозначить Тайвань как свободное и открытое пространства для развития буддизма и деятельности ордена буддийских монахинь, которое резко контрастирует с континентальным Китаем, где монахини «полностью зависят от патрилинейной политической иерархии» [Qin 2000: 223–226; 239–331; 265; 437–439][3] коммунистической партии государства и, в частности, Буддийской ассоциации в КНР.

Развитая экономика и открытое гражданское общество Тайваня напрямую способствовали стремительному подъему буддизма и монашеского ордена на острове в последние десятилетия. Более того, с 1987 года, после отмены военного положения, на Тайване не было ни одного центрального буддистского или правительственного ведомства, которое бы контролировало обряды рукоположения или каким-либо образом управляло и координировало деятельность буддийских монастырей, храмов и мирских организаций, как это происходило и происходит в Китае и других странах, где исповедуется буддизм. Ли Юйчжэнь отмечает, что Буддийская ассоциация Китайской Республики (БАКР)[4] даже на пике своего влияния с 1949 по 1987 год, когда она была единственной организацией, которая управляла делами рукоположения на Тайване и, предположительно, имела прямой доступ к власти и ресурсам Гоминьдана, не выступала в качестве

---

[3]   Цинь ясно показывает, насколько проблематично для монахинь с горы Эмэй найти оптимальную дорогу в жизни именно в качестве практикующих религиозные ритуалы женщин. Они добились поддержки со стороны мирян и получили доступ к ритуальным и финансовым полномочиям, которые традиционно были монополизированы монахами. При этом монахини так и остаются в подчиненном положении по отношению к монахам, причем такое положение закреплено на официальном уровне. «Сохранение доминирующей роли мужчин над женщинами в буддийской монашеской традиции обосновывается с позиций патриархальной административной системы, сформированной государством». Сюда входят, в частности, квоты, которые должны обеспечить численное превосходство монахов над монахинями [Qin 2000: 226, 239–240].

[4]   Примечательно, что фактически данная организация называется Буддийской ассоциацией Китая, что указывает на восприятие государственности на Тайване. Разница между этой структурой и континентальным аналогом в пределах китайского языка — лишь в слове «ассоциация». — *Прим. пер.*

центрального духовного ведомства. По ее словам, «чтобы понять причины активной деятельности тайваньских монахинь после 1970-х годов, следует обратить внимание на структуру тайваньского буддизма, она децентрализована» [Li Yuzhen 2000c: 22–23]. Буддийские храмы и монастыри на Тайване независимы и самоуправляемы. К тому же они самостоятельно находят необходимые им источники финансовой помощи.

Во-вторых, словосочетание «бесконечные горизонты» указывает на значительную разносторонность буддийских монахинь Тайваня, о которой мы еще расскажем. Отмечается и весьма разнообразный состав членов даже отдельных монашеских сообществ (в том числе по возрасту, семейному происхождению, образованию, талантам и темпераменту). Конечно же, отличия фиксируются и между различными монастырями. Этому способствует упоминавшаяся выше атмосфера свободы и децентрализации. Более того, на Тайване действуют как исключительно мужские и женские монастыри, так и смешанные *сангхи*[5]. *Тайваньская модель смешанных сангх*, где монахи и монахини совместно совершают обряды и работают в одном пространстве, не имеет аналогов в традициях китайского ортодоксального буддизма, как и в каком-либо другом районе Азии. Эти необычные организации сформировались под влиянием особых исторических обстоятельств, которые мы подробно рассмотрим далее.

---

5   Как следует из сводов правил для монахов и монахинь *виная*, наставник-мужчина может принимать в ученики как монахов, так и монахинь, а наставница-женщина — только монахинь. В тайваньских храмах со смешанными *сангхами* монахи и монахини проживают отдельно друг от друга и следуют всем предписаниям для монашествующих, в том числе целибату. Сопоставление жизни при исключительно женских и смешанных *сангхах* потенциально раскроет различия в институциональном оформлении сообществ и подходах к обучению и руководству ими, а также специфические проблемы, с которыми сталкиваются смешанные сообщества, придерживающиеся целибата. Исходя из наблюдений Чэн Вэйи, некоторые тайваньские монахини полагают, что для монахинь более благоприятными оказываются именно исключительно женские *сангхи*. Но есть и те, кто считает, что смешанные *сангхи* открывают большие возможности по части образования и проповедования буддизма [Cheng 2007: 149–166].

Реконструкция буддистской истории Тайваня:
проблемы и перспективы

Тайваньские ученые сравнительно поздно начали изучать историю института буддизма на Тайване при династии Цин. Ранее в науке основной упор в исследованиях был сделан на тренды развития буддизма в течение XX века, в особенности на события после 1949 года и возрождение буддизма в последние десятилетия. Но буддистские институты и практики были неотрывной частью истории Тайваня еще с начала заселения острова китайцами. О китайской миграции на Тайвань известно еще из источников XIV века. Пики последующих миграций пришлись на конец династии Мин в 1644 году, а также на 1661 год, когда на Тайвань прибыл выступавший против династии Цин военачальник Чжэн Чэнгун[6] и изгнал с острова нидерландских колонистов. Клан Чжэн правил Тайванем 22 года, с 1661 и вплоть до 1683 года, когда власти Цин захватили Тайвань и обозначили остров как *фу*, или округ провинции Фуцзянь, которая находится на юго-востоке континентального Китая. Китайские мигранты привозили с собой на Тайвань культы своих божеств, в том числе бодхисаттвы милосердия Гуаньинь, «богини морей» Мацзу и духов *ванъе* (буквально — «князья»), которые считались спасителями от болезней и бедствий. Источники времен династии Цин указывают, что во время «периода Чжэн» тайваньские власти и местные мелкие аристократы основали три буддийских храма в районе современного города Тайнань. Также сообщается, что на острове находилось несколько буддийских монахов, присланных из Китая [Kan 2004: 22–23]. На «период Чжэн» приходится и деятельность «шести выдающихся учителей буддизма», среди которых значилась и одна мирянка — член свергнутой династии Мин [Cheng 2007: 36].

Син Фу-Цюань отмечает на основе анализа исторических хроник, что эпоха Цин была «временем процветания для тайваньского буддизма» за счет политической и экономической

---

6 В западных источниках известен как Косинга от китайского словосочетания *госинъе* — «господин с императорской фамилией». — *Прим. пер.*

поддержки, которую получали верующие от властей, ученых мужей, торговцев и обычных людей [Hs'ing 1983: 6]. «Уездный газетир Тайваня» за 1720 год отмечает, что в городе Тайнань и одноименном уезде существовало шесть буддийских храмов, в том числе «*Гуаньцы*», вероятно — женский монастырь [Ibid.: 5]. Впоследствии буддийские храмы также были построены в Тайбэе, Цзилуне и Синьчжу, в том числе «*Дицзан*» (1757 год). Одни храмы учреждались правительственными чиновниками и представителями интеллигенции, другие — торговцами. Как и всегда, большую роль в содержании храмов играли пожертвования от верующих мирян [Ibid.: 11–16].

Буддийские круги континентального Китая и Тайваня поддерживали постоянное взаимодействие, начиная с периода правления Чжэн Чэнгуна (1661–1683) [Kan 1999; Shi Huiyan 1996]. Например, такие святилища, как храм «*Кайюань*» в Тайнане (1689 год) и храм «*Луншань*» в Тайбэе (1740 год), были «филиалами», само название которых выступало отсылкой к «головным» храмам на материке. Храм «*Кайюань*», в частности, был учрежден и финансировался официальными лицами и учеными мужами. Во времена династии Цин он был крупнейшим буддийским святилищем на Тайване и одним из «пяти великих цинских монастырей» Тайнаня, наряду с храмами «*Чжуси*», «*Мито*», «*Фахуа*» и «*Лунху Янь*». Китайские храмы отправляли монахов на Тайвань служить настоятелями, а кандидаты на пострижение в монахи с Тайваня путешествовали в провинцию Фуцзянь (в частности, в храм «*Юнцюань*» в районе Гушань) или в Сямэнь, где проходили церемонию посвящения. По возвращении на Тайвань они могли служить в том же храме, где служили до того, как приняли постриг, или в других храмах по назначению [Hs'ing 1983: 14–15; Kan 1999].

Углубленное знакомство с историей буддийских служителей и институтов на Тайване времен династии Цин не входит в рамки настоящего исследования. Однако нам все же стоит по меньшей мере отметить несоответствие, возникающее между в целом позитивными нарративами развития буддизма на Тайване при династии Цин, которые мы находим в работах Сина [Hs'ing 1983] и Хуэйяня Ши [Shi Huiyan 1996, 1999], и прямо противоположными замечаниями о «слабости» буддизма на «диких рубежах [империи]»: «китайские и японские ученые единогласны в негативных оценках положения буддистского учения на Тайване в период с... правления Чжэн Чэнгуна до уступки Тайваня Японии в 1895 году» [Jones Ch. 1999: 9][7]. Основываясь на источниках, опубликованных в 1970-е годы, Чарльз Джонс делает вывод, что «монахов на Тайване... было довольно мало, и по большей части это были не самые просветленные умы... В монашеской братии было немного достопочтенных мужей и премного шарлатанов» [Jones Ch. 1999: 13, 30][8].

Подобное пренебрежительное отношение к буддистским монахам и институтам на Тайване, существовавшее вплоть до XX века, неизменно фиксируется в источниках периода пребывания острова в составе японских колоний (монахи и миряне Тайваня описываются в них как люди «темные» и «суеверные»), правительственных документах Гоминьдана и даже в ряде современных работ. В книге 1995 года, изданной под редакцией тайваньского монаха, прямо утверждается, что с XVII века по 1895 год на Тайване «было незначительное число официально посвященных монахов, и сам тайваньский буддизм часто принимал формы весьма странные и причудливые» [Kan 2004: 26, 30][9].

Более сбалансированный взгляд представлен в работах Сина [Hs'ing 1983], Кана [Kan 1999] и Ши [Shi Huiyan 1996, 1999], он основан на обширном собрании источников за различные периоды правления Цин. Авторы перечисленных работ прослеживают постепенное развитие буддистских институтов на Тайване. Ведущую роль здесь сыграли Тайнань, а также крупные населенные пункты. Винсент Гуссарт также отмечает, что проблематично обосновывать «слабость» тайваньского буддизма на данном этапе истории исключительно с позиций «отсутствия центра

---

[7]   «Дикие рубежи» — распространенная характеристика в колониалистском дискурсе. Данное описание требует тщательной оценки именно в данном контексте. См. [Teng 2006].

[8]   Джонс здесь использует исследование [Chen Ruitang 1974] и «Всеобщий газетир провинции Тайвань» за 1971 год, который публиковался националистами на Тайване.

[9]   Кань цитирует [Shi Miaoran: 277].

посвящения в монахи» [Goossaert 2002: 42, примечание 21][10]. Богатые крупные монастыри, которые традиционно осуществляли церемонии посвящения, располагались лишь в нескольких провинциях континентального Китая. Более того, по состоянию на 1900 год «"буддизм" [как практика] полностью интегрировался в "народные религиозные верования" китайцев», поэтому описание существовавших синкретичных практик как гетеродоксальных и странных, или обозначение их как суеверий фактически предполагает принятие критической риторики буддистов-модернизаторов [Goossaert 2002: 42][11]. Соответственно, мы должны отметить, что вышеобозначенные критические замечания отражают предубеждения японских колониальных и националистических «модернизационных» сил, которые были нацелены на трансформацию и ассимиляцию буддистских институтов и практик на Тайване, а также программу китайских буддистов-реформаторов, которые стремились отделить собственно «буддизм» как изучение и проповедование буддийских сутр от «суеверных религиозных практик» [Goossaert 2002]. В любом случае, для того чтобы сформулировать объективные выводы о положении дел буддийских монахов и буддистских институтов на Тайване периода Цин, потребуется значительная доказательная база: свидетельства и исследования, касающиеся вопросов численности и происхождения монахов на Тайване, характеристика структуры их отношений между храмами и правящими элитами, описания и точные перечни ритуальных и литургических практик, которые были распространены на местах.

Женщины-буддистки на Тайване эпохи династии Цин

Благодаря усилиям небольшого числа ученых, работавших последние годы на Тайване, мы можем дать общий обзор жизнедеятельности и практик буддисток на острове в период правления

---

[10] [Chen Ruitang 1974: 10–11] связывает отсутствие центра посвящения со слабостью или ущербностью буддизма на Тайване.

[11] Личная переписка от 11 июля 2007 года.

Цин (с XVII века по 1895 год). В это время женщины на Тайване были исключены из публичного участия в конфуцианских ритуалах и не могли служить даосскими священнослужителями, но могли работать в качестве заклинательниц духов. Некоторые женщины также были вовлечены в *фуцзи* — практику гадания посредством письма на песке или в золе, которая ассоциируется с «залами феникса», под которыми подразумеваются китайские религиозные культы [Jordan, Overmyer 1986][12]. Многие женщины принимали участие в деятельности популярных религиозных сект под общим названием *чжайцзяо*, что можно перевести как «постничество». Члены таких общин частично или полностью придерживались вегетарианской диеты и поклонялись либо Гуаньинь, либо Нерожденной праматери (*Уэшн лаому*) — предполагаемой прародительнице человеческого рода [Li Yuzhen 2000c: 73][13]. Тайваньские постнические секты принимали как мужчин, так и женщин, но японские власти отмечали «присутствие значительного числа женщин среди последователей *чжайцзяо*» [Cheng 2003: 41], что сопоставимо с аналогичным феноменом в сельских районах провинции Гуандун в конце XIX века [Topley 1978][14]. Следовать предписаниям *чжайцзяо* можно было, не покидая стен собственного дома. При этом участие в сектах воспринималось как временная или постоянная альтернатива договорному браку для молодых женщин, а для вдов — как возможность спастись от притеснений со стороны членов семьи.

---

[12] Хэ Ваньли из Университета Эмори исследует сравнительно недавний феномен работы на Тайване женщин в качестве даосских служительниц. Пример тому — прошедшие посвящение и соблюдающие целибат служительницы *«Даодэюань»* в Гаосюне, которые в своей практике объединяют ритуалы *«Чжэнъи»* и идеалы «внутренней алхимии» в соответствии с традициями *«Цюаньчжэнь»*.

[13] Подробнее о *чжайцзяо* на Тайване см. [Jiang, Wang 1994; Jiang 1997a: 49–60; Jones Ch. 1999: 14–43].

[14] Марджори Топли исследовала проблему «нежелания вступать брак» среди женщин и деятельность женских «залов постной пищи» — *чжайтан* — в дельте реки Чжуцзян, Гонконге и Сингапуре. В некоторых районах провинции Гуандун отказ женщин от вступления в брак или отсрочка замужества были связаны с их желанием (или желанием их семей) заработать на местных шелкопрядильных предприятиях.

Свидетельства существования на Тайване *чжайцзяо* прослеживаются по крайней мере до XVII века, однако отношения между сектами и институционализированным буддизмом были сложными. Такие ученые, как Топли и Цзян, обращают внимание на то, что сектантское движение *чжайцзяо* отличалось от буддизма и имело собственные «тексты, патриархальный порядок преемственности, ритуалы инициации, иерархию священнослужителей и институты» [Li Yuzhen 2000c: 75; Jiang 1997b]. Ли Юйчжэнь предполагает, что анализировать *чжайцзяо* и женщин-верующих Тайваня необходимо с учетом традиций институционализированного буддизма, и предлагает следующую типологию последователей учения (сюда не входят священнослужители и монахини, которые были участниками японских сект, действовавших на Тайване) [Li Yuzhen 2000c: 77]:

Не придерживающиеся целибата женщины — последовательницы *чжайцзяо*, которые проживали дома, но ходили на службы в святилища *чжайцзяо*.

Придерживающиеся целибата женщины — члены *чжайцзяо*, которые проживали в семейных *чжайтан* (буквально «зал постной пищи») или коммунальных *цайтан*. Многие *чжайтаны* были построены благочестивыми семействами. Несколько известных и обеспеченных кланов на Тайване, в том числе семейство Линь из Баньцяо, семейство Чжэн из Синьчжу и семейство Линь из Уфэна, строили *чжайтаны* для своих незамужних дочерей, которые в них жили, совершали религиозные ритуалы, а в отдельных случаях даже занимались управлением *чжайтана*. Некоторые исключительно женские *чжайтаны* возглавлялись женщинами [Zhang Kunzhen 2003: 156–161], но во многих *главными смотрителями были* священнослужители-мужчины — *цайгуны*. Жен последних называли *цайпо*. В зависимости от конкретного типа *чжайтана* имущество и руководящий пост зачастую передавались по наследству, как внутри семейств, так и от наставника к ученику.

Непосвященные женщины — последовательницы *чжайцзяо* — *цайгу* или *чжайгу*. Они проживали в частных буддистских залах — *фотан* — или горных женских монастырях, связанных с храмами, которые были расположены по маршрутам паломничества Гуаньинь на Тайване. Тайвань —

Илл. 1.1. Статуя Гуаньинь (Элиза А. де Видо)

в частности, гора Путо — многие века был важным центром паломничества почитателей Гуаньинь (илл. 1.1). Одно из наиболее известных святилищ Гуаньинь — храм Луншань, который был основан в Тайбэе в 1740 году. Помимо посещения множества городских храмов, посвященных Гуаньинь, паломники выезжали и в *яньсы* — сельские святилища Гуаньинь, которые располагались на границе между населенными пунктами и «дикой местностью» горных районов [Li Yuzhen 2000c: 74] (цит. по: [Lin Mei-Rong et al. 2004]).

Наконец, мы подходим и к категории буддийских монахинь, связанных с такими китайскими буддистскими институтами, как *фосы, чаньсы и чаньюань*[15].

---

[15] Различные контекстуальные обозначения буддийских монастырей или храмов. — *Прим. пер.*

Энигматичный статус монахинь на Тайване эпохи династии Цин

То небольшое число исследователей, которые посвятили время изучению рассматриваемой проблематики, возлагают большие надежды на предполагаемую эффективность религиозного законодательства Цин, а также точность записей японских колониальных чиновников. Во-первых, здесь следует отметить часто повторяемое утверждение, что «цинский закон 1764 года воспрещал женщинам младше 40 лет вступать в женские буддистские монастыри» [Jiang 2001b: 59]. Однако ученые, в том числе Цзян Цаньтэн, не уточняют того, где и как именно действовали подобные предписания на огромных территориях империи Цин.

В свою очередь, Винсент Гуссарт, который инициировал прорывной проект по составлению карт «религиозной» и «клерикальной» географии Китая времен поздней империи, обнаружил множество материалов по зарегистрированным и незарегистрированным духовным служителям-женщинам (как буддийским, так и даосским) эпохи Цин. Его находка ставит под сомнение то, что законотворчество Цин и конфуцианская антидуховная литература как-либо препятствовали вступлению женщин в религиозные ордена. Гуссарт отмечает, что в отдельных районах Китая существовало значительное число женских монастырей, более того, многие духовные лица — женщины работали управляющими при местных храмах[16]. Соответственно, выводы, к которым

---

[16] Гуссарт выступает с предположением, что региональные различия между группами священнослужителей (монахов и монахинь, как буддистов, так и даосов) связаны со спецификой передачи храмовой собственности и управляющих должностей между наставниками и учениками, а также потребностями в следовании определенным культам и исполнении некоторых ритуалов местными сообществами, которые поддерживают соответствующие группы. Соответственно, по мнению автора, в определенных районах сформировалась традиция, в свете которой считается «нормальным и почетным» (а также экономически целесообразным) направлять или позволять сыну или дочери вступать в буддистскую *сангху* [Goossaert 2000: 16–18].

пришли Цзян Цаньтэн и Чарльз Джонс, о том, что законы Цин полностью исключили возможность для женщин становиться монахинями на Тайване, — преждевременны [Jiang 1997a: 49–60; Jones Ch. 1999: 153].

Во-вторых, ученые полагаются на авторитет доклада о состоянии религии на Тайване, который был обнародован в марте 1919 года колониальными властями Японии. В документе утверждается, что на Тайване не было посвященных монахинь, а были «только *чжайгу*»[17]. Однако этот доклад — официальный отчет, заключает в себе лишь японскую точку зрения и не предоставляет полноценный обзор местных буддистских практик и роли женщин в буддизме на Тайване. Не следует воспринимать то, что колониальные власти Японии выдавали за истину по состоянию на март 1919 года, как достоверное описание буддизма и его положения, сложившегося на Тайване за 50, 100 или 200 лет до этого.

Неопределенный статус монахинь на Тайване в эпоху династии Цин требует отдельного полномасштабного исследования. К сожалению, в данной работе мы ограничимся рассмотрением лишь двух небольших примеров. Первый взят из газетира (региональной хроники), текст был опубликован тайнаньским чиновником Чэнь Вэньда в 1720 году:

> Монахи и монахини (*сэнни*) часть народа (*минь*), но при этом они являются инакомыслящими. Однако за все предшествующие династии их деятельность не упраздняли, поскольку монахи и монахини заботятся о вдовах, вдовцах, сиротах и людях, не имеющих средств к существованию, оказывая им поддержку в их горестях, когда те сталкиваются с болезнью или приближением смерти. Многие монахи на Тайване — красивые молодые люди, которые жуют бетель и смотрят пьесы в театрах на открытом воздухе. Старые монахини (*лаони*) готовят подростков, как мальчиков, так

---

[17] Taiwan Shukyō Chōsa Hōkokushō [Report of the Investigation into Religion in Taiwan]. Тайбэй: Taiwan Sōtokufu, 1919; [Shi Huiyan 1999: 263–264]. Джонс также настаивает, что к концу правления династии Цин на Тайване не было монахинь [Jones Ch. 1999: 153] (цит. по: [Cheng Ruitang 1974: 11]).

и девочек, к тому, чтобы те стали последователями их учения. Это нарушает гармонию Неба и Земли, а также разрушает традиции народа[18].

Тайнаньский чиновник, написавший этот отрывок в начале XVIII века, демонстрирует некоторую амбивалентность по отношению к монашеству. Признавая их сострадательность и вклад в дело социального обеспечения на протяжении всей истории, он все же характеризует монахов как «инакомыслящих» и отмечает то, как «красивые молодые» монахи фактически нарушали принятые ими к исполнению заветы. При этом чиновник прямо критикует «старых монахинь» за нарушение конфуцианских норм в части сегрегации полов.

Вторая краткая отсылка к монахиням относится к 1811 году, когда тайнаньские власти конфисковали храм, посвященный даосскому патриарху Люй Дунбиню, и переименовали его в академию «Иньсинь». Чиновники обосновали свое решение тем, что проживавшие при храме монахини *(бицюни)*[19] *нарушили принятый в нем «совершенный порядок (цингуй)»*. Никаких других комментариев не приводится, за исключением замечания в «Реестре образования», что этот храм был «*чжайтаном* Белого лотоса»[20] — что свидетельствует о сектантской и, соответственно, запрещенной религиозной деятельности. Из представленных описаний мы не можем сделать вывод о том, какую именно форму буддизма практиковали монахини («Белый лотос» или нечто иное). Обвинение в сектантстве выглядит скорее как предлог для конфискации собственности[21]. При этом следует

---

[18] Chen Wenda, ed. Taiwan wenxian congkan (Type 103. Taiwan County Gazetteer, Geography, Customs. Taipei: Economic Research Office, Bank of Taiwan, 1958 (Oct.). P. 60).

[19] Указанное обозначение — фактически калька с санск. *бхикшуни*. Далее используется верный вариант написания. — *Прим. пер.*

[20] Общество Белого лотоса — тайная буддийская секта. — *Прим. пер.*

[21] Lian. *Chuan* 11, "Education Record," and *Chuan* 22, "Religion Record" // Taiwan tongshi [General History of Taiwan]. Taipei: Tatong Shuju, 1977. Лянь Хэн (1876–1936) опубликовал первое издание «Общей истории Тайваня» («*Тайвань тунши*») в Тайбэе в 1920–1921 годах.

обратить внимание, что здесь используется именно термин *би-цюни*, а не *чжайгу*. Впрочем, подтвердить, были ли эти монахини действительно посвящены, мы все равно не можем.

В эпоху Цин монахи с Тайваня регулярно отправлялись в провинцию Фуцзянь для участия в ритуалах посвящения. Существует вероятность, что церемонию рукоположения наравне с ними проходили их сестры или матери[22]. Также возможно, что «китайские монастыри, проводившие обряды посвящения, дозволяли женщинам передавать через других людей оплату и получать сертификат о посвящении без необходимости принимать непосредственное участие в церемонии». Такая процедура обозначалась как *цзицзе* — «посвящение по почте» [Li Yuzhen 2000c: 87–88]. Однако неясно, какое количество тайваньских женщин воспользовалось этой возможностью [Li Lingyu 2005: 42].

Хроники, которые велись буддийскими храмами на Тайване в эпоху Цин, либо утрачены, либо сохранены лишь частично. Это объясняется тем, что японские колониальные власти «уничтожили значительную часть архивов и исторических документов, принадлежавших храмам и молитвенным домам» [Jones Ch. 1999: 86]. Для дальнейших исследований в данной сфере потребуется собрать исторические источники (если таковые еще существуют) из центров посвящения в провинции Фуцзянь, городе Сямэнь и других мест и найти в них записи или хотя бы упоминания о тайваньских монахинях. Это позволило бы нам не только понять, сколько официально посвященных монахинь проживало на Тайване до 1919 года[23], но также больше узнать о деятельности бхикшуни в XVIII–XIX веках. Упомянутые выше источники дают нам лишь весьма отдаленное представление о жизни монахинь.

---

[22] В начале XX века монах Цзюэли сопровождал своих последовательниц-монахинь до храма «*Юнцюань*» в провинции Фуцзянь, где те могли изучать буддизм и проходить посвящение. См. следующий раздел.

[23] В ноябре 1919 года китайские монахини из храма «*Кайюань*» провели первое посвящение для монахинь на Тайване. Ранее — в 1917 году — святилище уже начало проводить церемонии посвящения для монахов [Shi Huiyan 1999: 263–264].

Женщины-буддистки в период колониального правления Японии, 1895–1945 годы

Колониальные власти Японии насаждали государственный синтоизм и способствовали развитию на Тайване так называемых «8 школ и 12 сект японского буддизма». Из последних наибольшее распространение получили *Сото-сю, Риндзай-сю* и *Дзёдо-синсю* («Истинная школа чистой земли») [Jones Ch. 1999: 35; 83–92]. Японские буддийские секты, в первую очередь *Сото-сю*, постепенно взяли под свой контроль большинство сект *чжайцзяо*[24]. Однако некоторые монахи, среди которых также упоминаются Цзюэли, Шаньхуэй, Бэньюань и Юндин, стремились, несмотря на свое сотрудничество с японскими колониальными и буддистскими структурами, обеспечить сохранение и развитие китайского буддизма на Тайване[25]. Так, Шаньхуэй продолжала давнюю традицию Тайваня по поддержанию буддистских обменов с континентальным Китаем. По ее приглашению на Тайвань обучать верующих приезжали буддийские монахи с материка, в том числе глава Буддийской ассоциации Китайской Республики Юаньин и известный буддист-реформатор Тайсюй, проходили обучение тайваньские монахи и при возглавляемом Тайсюем Буддийском институте *«Миньнань»*. Позднее тайваньские монахи первыми провели обряды посвящения, состоявшиеся на острове: первая церемония посвящения монахов на Тайване прошла при храме *«Кайюань»* в 1917 году, а первая церемония

---

[24] Японские власти усилили меры по контролю деятельности буддистов после так называемого «Инцидента вокруг храма *"Силайань"*» 1915 года — одного из самых крупных вооруженных восстаний этнических китайцев и коренных жителей Тайваня против японцев. Указанное святилище выступило местом планирования бунта. Среди арестованных и подвергнутых наказаниям лиц в связи с восстанием были миряне-буддисты, практиковавшие *чжайцзяо*.

[25] В рамках этой одной главы невозможно рассмотреть всю сложность взаимодействия между обосновавшимися на Тайване китайскими буддистами, разнообразными постническими сектами *чжайцзяо*, японскими буддистами и японскими колониальными властями в период с 1895 по 1945 год. См. [Chen Lingrong 1992; Jiang 1996: 100–243, Jiang 2001b; Jones Ch. 1999: 33–96].

посвящения монахинь — в 1919 году. Обряды посвящения проводились на острове при различных храмах вплоть до 1942 года[26]. С учетом значительного числа буддисток на Тайване неудивительно, что женщин было больше, чем мужчин, и на церемониях посвящения, которые состоялись в 1924, 1934 и 1940 годах [Shi Huiyan 1999: 261–264].

Монах Цзюэли особенно выделялся своим стремлением образовывать и воспитывать буддисток. Он проводил открытые занятия, основал Институт женских исследований «Фаюнь» и четыре женских монастыря [Tsomo 2004a: 87–88]. Тремя крупнейшими женскими монастырями колониального периода на Тайване считались: основанный монахом Юндином в 1908 году «Лунхуань» в районе Даган, учрежденный Цзюэли в 1928 году храм «Пилу Чань» в районе Хоули и основанный ученицей Цзюэли монахиней Мяоцин в 1927 году храм «Юаньтунчань» в уезде Тайбэй. Многие монахини, служившие при этих святилищах, после войны станут ведущими фигурами в буддистских кругах на Тайване[27].

Более того, Цзюэли лично сопровождал свою ученицу Мяоцин (1901–1956) во время поездки в Фуцзянь для ее посвящения при храме «Юнцюань» (точный год проведения обряда неизвестен). Мяоцин в дальнейшем проводила лекции для женщин по вопросам *дхармы* при храмах «Фаюнь» и «Луншань», которые возглавлял Цзюэли [Li Yuzhen 2000c: 92–93]. Еще одна из учениц Цзюэли, Мяосю (1875–1952), приняла обряд посвящения при храме «Юнцюань» (год также неизвестен) [Kan 1999: 58], а последовательница Шаньхуэя, Дэцинь (1888–1961), изучала в том же храме буддизм в 1935 году [Ibid.: 13]. При этом консерваторы неоднократно критиковали Цзюэли за поддержку, которую он оказывал монахиням и буддисткам [Li Lingyu 2005: 50–52].

---

[26] Пять ведущих храмов китайского буддизма японского периода включают в себя «Линцюань» в Цзилуне, «Фаюнь» в Синьчжу, «Кайюань» в Тайнане, «Чаофэн» в уезде Гаосюн и чань-буддийский «Линъюнь» в Тайбэе.

[27] Все три указанных женских монастыря еще существуют, но в наше время представляют собой сравнительно небольшие структуры с довольно ограниченным влиянием.

Что касается возможностей, открывавшихся перед тайваньскими женщинами в японском буддизме, известны случаи посвящения монахинь в рамках школы *Риндзай-сю*. Японские власти создавали определенные возможности для получения буддийского образования и профессиональной подготовки для женщин на Тайване [Ibid.: 43–46], но устанавливали квоты, которые оставляли преимущество в приобщении к буддизму за мужчинами. Только мужчины могли быть посвящены в священнослужители со всеми вытекающими из этого формальными, административными и финансовыми полномочиями [Li Yuzhen 2000c: 91–95]. Небольшое число тайваньских женщин из богатых семей получили образование в Японии, некоторые из них стали важными связующими звеньями между буддийскими традициями на Тайване до и после 1949 года [Shi Jianye 1999: 11–12; Shi Chuandao 2004a: 63; Travagnin 2004a: 83–96][28].

Расцвет женского монашеского ордена после 1949 года

После поражения Гоминьдана в Гражданской войне буддийские монахи, в основном уроженцы провинций Цзянсу и Чжэцзян, в поисках убежища прибывали на Тайвань[29]. Несмотря на то что в их числе были известные как в Китае, так и на Тайване религиозные деятели, не все местные жители оказывали им помощь и содействие или были рады их присутствию на острове. Приезжие по большей части не владели местным наречием, на котором общались тайваньцы. Многие монахи не были приняты в тайваньские храмы и фактически были вынуждены самостоятельно обеспечивать себя средствами к существованию. На фоне хаоса в период передачи Японией острова Тайвань Китаю и последующих антикоммунистических кампаний монахи зачастую проповедовали свою веру в подполье, переходя при этом из храма в храм. Религиозные деятели, лишенные прямой политической

---

[28] О монахине Тяньи, которая является примером этого явления, см. главу 5.

[29] Остается неизвестным точное число монахинь, которые в то время перебрались из Китая на Тайвань [Li Lingyu 2005: 64].

защиты со стороны националистических властей, могли быть подвергнуты гонениям, преследованиям и арестам.

Такие китайские монахи, как Байшэн (1904–1989), Цыхан (1893–1954), Иньшунь (1906–2005) и Синъюнь (1927 г. р.), в сущности, выживали благодаря участию местных буддисток. Здесь стоит упомянуть монахинь, которые служили в период с 1945 по 1980-е годы, в том числе Юаньжун, Тяньи, Цыгуань, Цыхуэй, Дасинь, Сюгуань, Сюхуэй, Жусюэ и Мяоцин. Эти монахини способствовали переходу от буддизма времен японского правления к институционализированному китайскому буддизму. В процессе возрождения буддизма на Тайване они сотрудничали с монахами из Китая, строили храмы и учреждали институты по изучению буддизма, переводили лекции китайских монахов о *дхарме* на тайваньский диалект, сами преподавали *дхарму*, популяризировали буддийские обеты и готовили новое поколение монахинь. При этом монахини признавали действие системы, в которой центральное место занимали монахи, и не получали (или даже не могли надеяться получить) соответствующей благодарности за свои труды от общества [Shi Jianye 1999: 7, 9, 23–32][30].

Коренные социально-политические преобразования после 1949 года по-разному отразились на положении буддистов и буддисток. Новоявленные буддистские власти были полны решимости «очистить» тайваньский буддизм от «иноверной скверны» в виде состоящих в браке священнослужителей, не прошедших церемонию рукоположения монахинь и невегетарианских практик. Они преследовали цель восстановить на Тайване то, что можно было бы назвать ортодоксальным китайским буддизмом. БАКР и ее союзники вступили в борьбу (иногда не на жизнь, а на смерть) за власть и имущество с женатыми японскими священ-

---

[30] [Jiang 2003: 3–246] подробнее анализирует этот важный переходный период. Также см. [Luminary Publishing Association, 50: 93]. Кроме того, [Li Yuzhen 2000с: 97] подчеркивает ту важную роль, которую монахиня Юаньжун сыграла во время церемоний посвящения 1953 года. Юаньжун выступала примирительницей между монахами — коренными тайваньцами и Буддийской ассоциацией Китайской республики.

нослужителями и тайваньскими монахами, которые имели собственную иерархию и связи на местах [Li Yuzhen 2000c: 109][31]. При этом для многих *чжайгу* и монахинь, которые были посвящены в годы японского правления, признание авторитета БАКР, принятие пострига и полного посвящения от этой организации представлялось повышением собственного статуса, за которым могло последовать назначение на административные и ритуальные посты [Li Yuzhen 2000c: 83–85]. Правда, за это приходилось «расплачиваться» тем, что авторитет на Тайване приобретали и наращивали прибывшие с континента монахи-мужчины [Li Lingyu 2005: 64–65].

Есть ряд причин, объясняющих факт процветания ордена монахинь на Тайване после 1949 года. Главные тайваньские монахини столкнулись с тем, что они назвали «кризисом». Речь шла даже о «*мофа*» — истощении *дхармы* [Li Yuzhen 2002: 3]. В тайваньском буддизме женщины по численности превосходили мужчин. Свидетельствами тому служили количество *чжайгу* и число кандидаток на посвящение. Прибывающие с материка монахи были поражены тем, как много *чжайгу* поступали на обучение в буддистские институты, как много *чжайгу* в конечном счете вступали в ряды монахинь и как долго на Тайване продержался обычай совместного проживания и/или исполнения обрядов при храмах мужчинами и женщинами. Некоторые священнослужители даже предполагали, что БАКР следовало препятствовать всем подобным тенденциям [Kan 2004: 287]. Как писал в 1950 году китайский монах Дунчу, «на Тайване проживает свыше двух тысяч буддийских монахов, монахинь и женщин, приверженных *чжайцзяо*. Причем монахи составляют менее $\frac{1}{10}$ числа монахинь, среди которых, в свою очередь, менее 10 % получили полноценное буддийское образование» [Cheng 2007: 155].

---

[31] К тому времени уже скончались три ведущих монаха японского периода: Цзюэли в 1933 году, Шаньхуэй в 1945 году и Бэньюань в 1947 году. Подробнее о «судьбе *чжайцзяо*» во время и после колониального периода см. [Jones Ch. 1999: 88–92].

Однако были и такие монахи, которые, в соответствии с духом *упайи* — «искусными средствами» к достижению просветления[32], считали необходимым развивать орден монахинь. С течением времени они начали делать особый упор на представлениях о равенстве, содержащихся в буддийских трактатах, и выделяли значительное время и ресурсы на подготовку и обучение буддисток. Помимо этого, такие монахи, в сравнении с коллегами из других исповедующих буддизм стран и регионов, смягчали в своих учениях отсылки касательно женской неполноценности и женского кармического бремени, которые встречаются в буддийской литературе[33].

---

[32] *Санск.* учение о том, как учитель ведет ученика к просветлению. — *Прим. пер.*

[33] Естественно, эти учения не были исключены полностью. Большинство монахинь знали о «пяти препятствиях» (по «Сутре Лотоса»), которые предположительно лишали их возможности достичь полноценного просветления, и «84 неприглядных жестов» у женщин, которые охватывали такие «женственные» склонности, как узость взглядов, дурной нрав, непослушание, невежество и ревность. Все это монахини должны были «искоренять» в себе. Здесь же мы находим наставления монахиням по части «правильных» телодвижений и жестов. В частности, монахини должны были оставаться незаметными и не «отвлекать» монахов. «Эти 84 требования в значительной мере напоминают качества, которые конфуцианство ожидает от "скромных барышень"» [Li Yuzhen 2000c: 112–113]. Один показательный пример среди множества — монах Гуанцинь, который «требовал от монахинь-последовательниц первые семь лет провести на кухне...». Такой подход объяснялся не только необходимостью для практически любого нового монаха или монахини выполнять некоторые обязанности в качестве члена монашеского сообщества, но и тем, что, по мнению Гуанциня, «приготовление пищи — лучшая возможность восполнить карму по факту рождения в женском теле». Кроме того, Чэн Вэйи фиксирует, что тайваньским монахиням обычно запрещалось проводить ритуалы с духами. По всей видимости, это было связано с распространенным мнением, будто бы женщины наделены «несущей грязь природой и плохой кармой» [Cheng 2007: 65–66]. Автор также отмечает, что на Тайване во время похорон женщин в прежние времена регулярно зачитывались отрывки из женоненавистнической «Сутры чаши крови». [Crane 2001] исследует пример одного тайваньского храма, который возглавлял монах, имевший в своем окружении монахинь-учениц. Те были особенно нацелены на преодоление «неблагоприятных качеств женщин», «женской нечистоты» и «большего бремени по карме и более тяжелой

Вместо жалоб по поводу сокращения числа монахов досто-почтенный мастер Байшэн предлагал китайским монахам, пока они ждут увеличения числа последователей в будущем, посвящать и обучать тайваньских монахинь, чтобы обеспечить преемственность буддийского наследия в этот переходный период [Li Yuzhen 2000c: 112][34].

В частности, Байшэн — ведущий религиозный деятель, который председательствовал несколько сроков в БАКР, — предоставлял монахиням материальную помощь для посещения летних учебных центров. Вместе с группой монахинь Байшэн учредил Институт китайского буддизма «*Трипитака*». В свою очередь, Иньшунь основал Женский буддистский институт «*Фуянь*», Цыхан — зал службы «*Майтрея*», Синъюнь — Буддийский институт «*Шоушань*» [Li Yuzhen 2000c: 117–118; Shi Jianye 1999: 30; Travagnin 2004b: 196].

судьбы женщин», которые суммарно будто бы препятствуют женщинам на пути к духовности. Отсюда следовало такое умозаключение: монахиням надлежало во всех случаях стремиться в пределах этой жизни к «сближению с мужчинами в духовном отношении» в надежде, что женщинам в следующей жизни будет дано переродиться в мужчин. Как Ли Юйчжэнь, так и Чэн Вэйи отмечают, что некоторые монахини признавали факт больших сложностей и трудностей, испытываемых по факту рождения в женском теле. При этом монахини трактовали все это в позитивном ключе как личные вызовы, которые следует преодолевать, проявляя мощную духовную восприимчивость женщин [Li Yuzhen 2000c: 11; Cheng 2007: 67]. Стоит подчеркнуть, что тайваньские женщины отвергают саму идею «плохой кармы» у женщин, отмечая, что бодхисаттвы часто предстают именно в виде женщин [Cheng 2007: 68].

[34] Сукдхам Суним замечает, что корейские монахини были лишены возможности получать формальное монашеское образование с XV века вплоть до 1956 года. Здесь возникает интересная параллель с ситуацией на Тайване: «...корейские монахи-наставники в 1950-е годы сыграли существенную роль в обучении корейских монахинь, дабы те могли поспособствовать возрождению корейского буддизма». На институциональном уровне корейский буддизм подавлялся на протяжении всего правления династии Чосон (примерно 1400–1910 годы), а затем столкнулся с реалиями колониального правления Японии, у которого были свои подходы к буддизму. Корейским буддистам приходилось конкурировать за последователей и финансы с христианами [Chung 2006: 221].

Полагая, что «буддистками должны руководить буддистки» [Li Lingyu 2005: 70], Байшэн пришел к мнению о необходимости подготовки большего числа учителей и наставниц при структурах посвящения, дабы было возможно оказать содействие как можно большему числу кандидаток на посвящение [Li Yuzhen 2000c: 113–114]. Байшэн выступал за подготовку как специализирующихся на исполнении обрядов монахинь, которые бы могли обучать будущих монахинь правильным позам при выполнении ритуалов, так и монахинь — специалисток по посвящению, которые бы могли задавать ставленницам корректные вопросы.

Скорее всего, Байшэн не мог предвидеть, к чему в конечном счете приведет его стремление поддерживать монахинь в качестве священнослужительниц и наставниц при посвящении в совокупности с его склонностью жестко продвигать *винаю*: монахини стали способствовать восстановлению системы двойного посвящения. Ли Юйчжэнь замечает, что феномен двойного посвящения (или двойного рукоположения), который «отсутствовал в традиции китайского буддизма многие столетия», — еще одна причина усиления ордена монахинь на Тайване в последние десятилетия[35]. Однако на возобновление системы ушли годы борьбы и труда. В 1957 году посвященная и наделенная богатым опытом монахиня Юаньжун (1905–1969) провела обряд рукоположения для монахинь в женском чань-буддийском монастыре «Восточной горы». Церемонию бойкотировали практически все монахи. Однако это не остановило Байшэна, в 1961 году он предложил гонконгской монахине Фоин составить «Аннотацию *"Бхикшуни Виная"*», которую позже он начал использовать в качестве пособия для обучения монахинь. Фоин стала популярным лектором, и ее часто приглашали выступать в тайваньских женских монастырях [Ibid.: 107–120]. По просьбе монахинь Байшэн провел первое двойное посвящение в тайбэйском храме *«Линьцзи»*

---

[35] Большинство сводов правил *виная* устанавливают, что для посвящения женщины в монахини на первой церемонии в женской *сангхе* требуется присутствие десяти монахинь, а на второй церемонии в мужской *сангхе* — десять монахов [Li Yuzhen 2000c: 341–342].

в 1970 году. Мероприятие не вызвало какого-либо резонанса. Однако ученица Юаньжуна, монахиня Тяньи (1924–1980), столкнулась со всеобщим осуждением и скандалом после того, как в 1976 она году взялась за организацию церемонии посвящения для *бхикшуни* в монастыре «Лунху» [Ibid.: 125–129]. Все наставники обряда посвящения, за исключением Байшэна, покинули свои посты, которые сразу же были заняты младшими монахами. В подготовке мероприятия также участвовали Синъюнь и его ученица Икун. Многие женские монастыри направили на церемонию рукоположения своих послушниц. Несмотря на многочисленные барьеры, посвящение 1976 года прошло успешно и стало прорывом, который способствовал распространению практики двойного посвящения на Тайване. Начиная с 1980-х годов тайваньские буддисты регулярно проводят церемонии двойного посвящения как на Тайване, так и за его пределами.

Помимо того что феномен двойного посвящения сделал возможным для монахинь проходить подготовку и становиться наставницами по проведению различных обрядов, в том числе посвящения, а заодно приобретать ценный опыт в качестве руководителей и лидеров, «процедура двойного посвящения сопровождается передачей наследия от старших *бхикшуни* к младшим послушницам, закрепляя из поколения в поколение ощущение общей идентичности и приверженности женщин» [Ibid.: 209][36].

Еще один аспект, стимулировавший развитие ордена монахинь на Тайване, — принципиальное внимание, которое ведущий священнослужитель Иньшунь уделял принципам равенства полов, заключенным в буддийских доктринах:

> Буддизм не проводит какие-либо границы между мужчинами и женщинами в вопросах веры, допустимых практиках и мудрости... Праведному пути могут следовать, стремясь

---

[36] Наставница Хэнцин и многие другие старшие монахини поддерживают идею двойного посвящения. Однако наставница Чжаохуэй, отстаивая гендерное равенство между монахинями и монахами, замечает, что для посвящения в монахини достаточно одобрения комитета в составе десяти опытных монахинь, без необходимости прохождения второго посвящения с участием монахов [Chiu 2007: K8–9].

к освобождению, в равной мере как женщины, так и мужчины... Женщины наделены умом и силой. Они ни в коей мере не ущербны [Travagnin 2004b: 186–187].

Важно отметить, что в марте 1965 года ведущие наставники Иньшунь и Шэнъянь пришли к следующей общей позиции: тайваньским буддистам нет нужды уделять «чрезмерное внимание» Восьми *гарундхаммам*, из-за действия которых монахини в исторической перспективе пребывали в подчиненном положении по отношению к монахам (которые Восьми *гарундхаммам* не подчинялись); вместо этого в буддийских учениях необходимо подчеркивать «равенство»[37].

Впрочем, далеко не все буддисты поствоенной эпохи были столь прагматичны и прогрессивны. Буддистское руководство

---

[37] [Jiang 1992b: 84–85] со ссылкой на переписку между наставниками. Шэнъянь просил совета Иньшуня по поводу собственных планов основать новую буддистскую организацию. Шэнъянь не знал, что делать с большим количеством монахинь [Bingenheimer 2004: 160–161]. «Известно, что посвящение первой *бхикшуни* Махапраджапати... было проведено Буддой только после того, как монахини приняли восемь правил». Традиционалисты всегда напоминают об этом для обоснования гендерной иерархии в буддийских институциях. Однако недавние «текстовые исследования демонстрируют, что соответствующие дискриминационные положения были тайно включены в более ранние источники» и что они никоим образом не могут быть приписаны Будде. Наиболее яркий пример — «собрание монахинь», которых просто не существовало на момент посвящения Махапраджапати [Tsomo 1999b: 27–28]. Восемь *гарундхамм* включают в себя следующие положения: 1. Монахиня всегда должна проявлять уважение к монаху, вне зависимости от того, какого он возраста и насколько опытен. 2. Монахиня не должна в сезон дождей находиться в месте, где нет монахов. 3. Ежемесячную церемонию прочтения правил *виная* должен проводить монах. 4. По окончании сезона дождей монахиня должна отчитаться о фактических и предполагаемых нарушениях дисциплины перед собраниями монахов и монахинь. 5. При совершении серьезного нарушения монахиня должна сознаться в нем перед собраниями монахов и монахинь. 6. По завершении двухлетнего послушания монахиня должна пройти посвящения и у монахов, и у монахинь. 7. Монахиня не должна оскорблять монаха каким-либо образом. 8. Монахиня не может наставлять монаха, но монах может наставлять монахиню [Keown 2003: 99–100]. Подробнее о Восьми *гарундхаммах* на Тайване см. главу 6.

было неизменно обеспокоено вопросом привлечения в свои ряды монахов-мужчин. В середине 1960-х годов японский ученый Фудзиёси Дзикай после посещения тайваньских храмов задавался вопросом, был ли «странный» феномен преобладания на Тайване монахинь связан с чрезмерно небрежным или ненадлежаще реализуемым процессом посвящения. Вторя словам ученого, некий автор, писавший под псевдонимом Чунь Лэй, выступил с критической статьей под названием «Тайваньский буддизм утратил свой блеск». Полностью игнорируя религиозные убеждения и наличие иных мотивов для участия женщин в религиозной жизни, не учитывая специфику религиозной истории Тайваня, автор выделяет следующие причины упадка: во-первых, наличие большого количества «приемных дочерей» (*яннюй*) на Тайване; во-вторых, безостановочный несовершенный процесс посвящения, который выродился в «фабрикацию монашек», рынок талонов на бесплатное питание, биржу веры. Автор отказывается как-либо комментировать статус *яннюй* (а равно и то, как *яннюй* могут быть связаны с дефектами обрядов посвящения), ограничиваясь лишь замечанием, что эта тема «слишком обширна». Но логику рассуждений Чунь Лэя можно уловить: многие приемные дочери во взрослом возрасте неспособны найти себе работу или мужа и поэтому вынужденно обращаются в монахини, чтобы как-то выжить[38]. Более того, автор уверяет, что на Тайване в монахини принимают кого угодно, вне зависимости от мотивации, личной истории и уровня образования.

---

[38] Передача собственных дочерей на удочерение как родственникам, так и — за отдельную плату — посторонним людям, была распространенной практикой на Тайване начиная с эпохи династии Цин вплоть до 1970-х годов. Некоторые девушки, попав в чужую семью, могли в дальнейшем выходить замуж за приемных братьев и становиться *тунъянси* — «снохами, взращенными с детства». Во времена контроля Японии над Тайванем усилилась товаризация *яннюй*. Существовало великое множество формальных и весьма детализированных операций и контрактов по сделкам, связанных с этими женщинами [Gates 1996: 127]. Также см. [Lin Manqiu et al. 2000: 161–163]. При этом пока что неизвестно, сколько именно тайваньских *яннюй* в конечном счете стали монахинями. Наставница Чжэнъянь — яркое олицетворение этого тренда. Подробнее см. главу 2.

> Этот «промышленный конвейер» (*чжицзаосо*) штампует монахов и монахинь, которые лишь и делают, что выпрашивают подаяние на строительство храмов, становятся настоятелями и настоятельницами, берут себе учеников и трещат о легендах. Такие монахи — аномальные наросты и нарывы, которые абсолютно бесполезны для мира... Наличие такого значительного числа монахинь не означает, что буддизм процветает. Доказательство развития буддизма — наличие высококвалифицированных монахов[39].

Предельно очевидно, что «Чунь Лэй» питал определенные предубеждения к женщинам, и к буддисткам в частности. В рамках данной книги у нас нет возможности ответить на вопрос, действительно ли обряды посвящения на Тайване в 1950–1960-е годы проводились ненадлежащим образом. Но мы считаем достаточным отметить то, что такие уважаемые монахи, как наставник Шэнъянь, также были озабочены уровнем проведения существовавших ритуалов, недостаточностью образовательных ресурсов и инфраструктуры для полноценной подготовки монахов и монахинь [Kan 2004: 289, 412]. Однако выделять буддисток как объект для порицания некорректно и несправедливо. Да, значительное число кандидатов на посвящение составляли женщины из *чжайцзяо*, но среди них было много и демобилизованных солдат. Некоторые послушники, как мужчины, так и женщины, были без образования или малограмотными, некоторые были очень пожилыми людьми, ищущими лишь еды и крова, а некоторые были нездоровы телом и разумом [Ibid.: 279–280, 409–410]. Но никакой точной статистики по послушникам у нас нет. Более того, неграмотность никак не помешала достопочтенному учителю Гуанциню (1892–1986) стать известным тайваньским мастером школы «Чистой земли» («*Цзинту*») и наставником школы чань-буддизма, который обучил не одно поколение монахов и мирян [Kan 1999: 229–230]. История китайского буддизма полна примеров выдающихся буддистов и буддисток, которые могли быть малообразованнными или просто «неграмотными»,

---

[39] Xin juesheng. 1965, Dec. 15. Vol. 12, № 3. P. 5; а также [Kan 2004: 410–411].

но при этом обладали знанием буддийских канонов, полученным через устную передачу (беседы и лекции), не говоря уже о том, что они обладали великой проницательностью и мудростью.

И все же после окончания войны лидеры буддистского движения на Тайване неизменно направляли силы на привлечение в монашество молодых мужчин, которым общество и без того давало богатый выбор карьерных возможностей за пределами религиозной сферы. Не стоит также забывать, что тайваньские устои требовали от сыновей обеспечить родителей внуками и финансовой поддержкой. Помимо этого, в отличие от Таиланда и других стран и районов распространения буддизма, на Тайване религиозным сообществам приходилось конкурировать за мужские ресурсы и таланты с другими религиозными «экономиками мериторных благ»[40]. Вероятно, наиболее успешным каналом привлечения молодых монахов было буддистское движение в кампусах образовательных учреждений — *дачжуань сюэфо юньдун*. Начиная с конца 1950-х годов буддийские монахи и представители мирских буддийских организаций, в том числе общества «Лотос», стали организовывать кружки и назначать стипендии при техникумах, школах и университетах Тайваня, адаптируя методику обращения в веру тайваньской молодежи, к которой прибегали католики и протестанты. В этот же период начинается выпуск популярных изданий и записей лекций, буддийских сутр, молитв, песен и так далее[41].

---

[40] В своем превосходном исследовании о монахинях, следующих традициям тибетского буддизма в области Занскар на индийской стороне Гималаев, Ким Гучов четко описывает «экономику личных заслуг, в рамках которой [правда, по-разному и далеко не всегда на условиях паритета] и монахини, и монахи от лица своих "клиентов" в сопредельных деревнях производят достойные уважения деяния и прочие ритуалы». В эксклюзивной экономике заслуг, сформировавшейся в рамках буддизма, «частые и практически не прерывающиеся общедеревенские и домашние обряды основываются на обширных взаимосвязях и взаимодействии между монашествующими и мирянами» [Gutschow 2004: 83–89].

[41] См. [Li Yuzhen 2000c] по поводу существенной роли мирянок в сообществах «Чистой земли» в Китае и на Тайване в XX веке. В период военного положения партийное государство во главе с националистами запрещало любые

Мирянин Чжоу Сюаньдэ (1899–1988) был одним из лидеров буддистского студенческого движения, которое зародилось в 1958 году. Как и многие буддисты-«возрожденцы» начала XX века, Чжоу был в первую очередь обеспокоен тем, чтобы китайские студенты не утратили перед лицом вестернизации и христианства свои конфуцианско-буддийские нравственные и культурные корни. Чжоу печально отмечал, что «в тайваньском буддизме женщин больше, чем мужчин, стариков больше, чем молодежи, Будда ничем не отличается от остальных богов, и в целом в буддистской среде господствуют суеверия, пассивность и пессимизм, и все это необходимо срочно исправлять» [Ibid.: 466–468].

Таким образом, цель кружков, лекций, учебных лагерей и стипендий, доступных для учащихся колледжей и университетов, сводилась к *привлечению в религию именно мужчин*. И многие молодые люди действительно принимали решение стать буддийскими монахами. Однако через кружки в долгосрочной перспективе удавалось рекрутировать гораздо большее число женщин. Это связано с тем, что после 1968 года, когда власти ввели обязательное всеобщее девятилетнее образование, среди молодых женщин становилось все больше тех, кто начал получать полное среднее и высшее образование. В целом высокий уровень и распространенность практики совместного обучения мужчин и женщин на Тайване является еще одним фактором, способствующим расцвету ордена монахинь, что выделяет Тайвань в ряде других стран буддийской религиозной традиции. Как отмечает Ши Цзянье, «после 1945 года... расширение ордена [тайваньских] монахинь происходило параллельно [социально-экономическому] развитию Тайваня... и повышению статуса женщин [на острове]» [Shi Jianye 1999: 9].

открытые призывы вступать в религию при общеобразовательных школах. Религиозным деятелям любых конфессий практически было отказано в выступлениях при образовательных заведениях и на прочих платформах. Таким образом, собрания студентов-буддистов официально регистрировались в качестве «учебных» или «культурных» кружков [Kan 2004: 465–511, в особенности 482, 489–490].

Разносторонность монахинь современного Тайваня

Высокообразованные монахини, достигшие больших успехов в таких сферах, как образование, социальные услуги и искусство, составляют большую гордость для Тайваня[42]. Новатором во многих направлениях стала достопочтенная наставница Сяоюнь (родилась в 1913 году в Гуанчжоу, скончалась в 2004 году в уезде Тайбэй), — художница, представляющая линнаньскую школу живописи[43] (см. илл. 1.2), и поэтесса, она стала первой принявшей посвящение ученицей Таньсюя, 44-го патриарха школы китайского буддизма *Тяньтай*. Сяоюнь стала также первой монахиней, которая преподавала, а позже и руководила структурой высшего образования — Университетом китайской культуры на Тайване. Учрежденная ею буддийская обитель «Лотос» уже на протяжении десятилетий осуществляет подготовку монахинь. В возрасте 76 лет Сяоюнь приняла решение основать Университет *Хуафань*, частично финансируемый за счет продажи ее собственных картин. *Хуафань* — первый буддистский университет на Тайване, который был официально признан министерством образования Китайской Республики.

Еще одна выдающаяся фигура — наставница Хэнцин (1943 г. р., Тайвань), которая стала монахиней в 1976 году в буддийском монастыре *Ваньфочэн* близ Сан-Франциско. Хэнцин закончила докторантуру Висконсинского университета и стала первой буддийской монахиней, получившей докторскую степень в американском вузе. Позже она приступила к работе в качестве профессора кафедры философии Национального университета Тайваня (НУТ). В период работы в НУТ Хэнцин основала Центр буддийских исследований, который имеет собственную научную библиотеку и обширные электронные базы данных. Причем

---

[42] См. приложение 2 к [Li Yuzhen 2000]. Здесь представлены краткие биографии 15 выдающихся тайваньских монахинь.

[43] *Линнань* — буквально «к югу от горных хребтов». В данном контексте обозначает художественные течения южных районов Китая, в первую очередь — провинции Гуандун. — *Прим. пер.*

Илл. 1.2. Наставница Сяоюнь за написанием иероглифа «*Будда*» (Ши Жэньлан)

Хэнцин основала центр исключительно на пожертвования монахов и мирян: «От НУТ не поступило ни гроша» [Luminary Publishing Association, 50: 100].

Многие отличившиеся успехом монахини вышли из международной китайской организации буддизма Махаяны «*Фогуаншань*» и поспособствовали развитию буддизма как на Тайване, так и за его пределами[44]. Одной из протеже (и гордостью) «*Фогуаншань*» является наставница Ифа (1960 г. р.). Она стала монахиней в 1979 году, успешно выпустилась из Национального университета Тайваня с дипломом юриста и прошла докторантуру Йель-

---

[44] См. [Cheng 2007: 48–49] и Shi Tzu Jung, «The Development of the *Bhikkhunī* Order» в [Tsomo 2004a: 77]. «Вы в самом деле не слышали о "пяти драконах *Фогуаншань*" [— пяти ведущих *бхикшуни*-последовательницах Синъюня]? Без них не было бы и *Фогуаншань*» [Cheng 2007: 48–49]. Драконы в целом имеют позитивную коннотацию и являются благоприятными символами в китайской культуре.

ского университета. Сейчас она преподает в Бостонском университете и тесно сотрудничает с Университетом Запада, учрежденным «*Фогуаншань*». Ифа специализируется на исследованиях китайского буддизма, *винае*, равенстве прав женщин и мужчин в буддизме и вопросах межконфессионального диалога.

Еще одна монахиня, которая известна своей самоотдачей и творческим видением, — Ляои (ок. 1960 г. р.) из монастыря «*Линцзюшань*», учрежденного чань-буддийским монахом Синьдао. Ляои была инициатором учреждения Музея религий мира (2001 год) в уезде Тайбэй. Это был первый музей подобной направленности в мире.

Последующие главы настоящей книги будут посвящены наставницам Чжэнъянь (1937 г. р., Тайвань) и Чжаохуэй (1957 г. р., Мьянма). Чжэнъянь возглавляет крупный международный Буддистский благотворительный фонд «*Цыцзи*». За последние десятилетия Чжэнъянь воспитала небольшую группу последовательниц-монахинь, однако бо́льшую часть времени она посвятила основной миссии фонда «*Цыцзи*», а именно проведению акций при содействии многочисленных активистов-мирян. В свою очередь, Чжаохуэй неутомимо трудится в научной и социальной сфере и является одной из самопровозглашенных буддисток-феминисток Тайваня.

Между тем Цзян Цаньтэн напоминает нам о том, что разнообразие женского монашества и женских храмов на Тайване не исчерпывается вышеуказанными «звездами» и монахинями, представляющими крупные международные храмы с огромными ресурсами [Jiang 1992: 77–85]. Тайваньские женщины также имеют возможность присоединиться к одному из многочисленных небольших монастырей, которые расположены в крупных городах или их окрестностях. Такие монастыри могут специализироваться в первую очередь на проведении буддийских похоронных ритуалов или публичных церемоний по типу душеспасительных молебнов «с просьбой облегчения страданий и защиты провидения», а также предоставлять различные услуги, в том числе хранение праха и останков усопших в соответствующих пагодах-колумбариях (*нагута*). Примером может послужить один из множества подобных храмов — святилище «*Бэньюань*» в городе Гаосюн[45]. Местная группа в составе шести монахинь поклоняется бодхисаттве Дицзану (буквально — «Чрево Земли»), который поклялся не знать покоя до тех пор, пока все страждущие души не будут спасены. Монахини практикуют буддизм школы «*Тяньтай*» и предлагают местным жителям занятия по медитации, языку жестов и английскому языку.

Ли Юйчжэнь упоминает еще двух монахинь, получивших высшее образование, которые поклонялись Дицзану. Одна из них, Дицзяо, прославилась в качестве медиума, способного общаться с духами. Она учредила женский монастырь и пять центров медитации на Тайване, а также шесть филиалов за пределами острова. Вторая монахиня, Цзиндин, в дополнение к множеству других своих достижений, учредила несколько женских монастырей и центров *дхармы*, содействовала наставнице Сяоюнь в основании Университета «*Хуафань*» и разработала практику медитации при ходьбе [Li Yuzhen 2006].

На современном Тайване монахи и монахини, ведущие аскетический или отшельнический образ жизни и уделяющие повышенное внимание медитации, — редкость. Однако примером среди тех, кто продолжает эту традицию, можно назвать монахиню Фухуэй из уезда Мяоли. Фухуэй приобрела известность благодаря уникальным способностям исцелять людей и изгонять злых духов. Небольшое святилище, при котором служила монахиня, даже после ее кончины в 1985 году остается обязательным местом для посещения многих паломников, ищущих спасения в водах «великого сострадания», благословленной Фухуэй [Jiang 1992: 77–85; Li Yuzhen 2004a: 98–99].

Среди других типов монахинь можно отметить следующие:

> *Независимые монахини*: как уже отмечалось выше, заслуженный профессор философии Национального университета Тайваня настоятельница Хэнцин не связана с какими-либо храмами и посвятила жизнь преподаванию и академическим

исследованиям. Еще один пример — настоятельница Жунчжэнь. Она родилась около 1957 года и выросла в семье бедного рыбака, поэтому не имела доступа к полноценному образованию вплоть до того момента, пока она не стала монахиней при Институте «Хунши», основанном Чжаохуэй в Таоюане. Несмотря на проблемы со здоровьем, Жунчжэнь живет одна при небольшом буддийском святилище в деревне уезда Пиндун. Здесь она проводит занятия и наставляет соседей, которые сталкиваются с тяжелыми проблемами, в том числе безработицей и алкоголизмом[46].

Монахини, работающие при благотворительных мирских фондах, но не имеющие собственных учеников: Ляньчань (род. около 1960 года, Тайнань) учредила Общество защиты слепых «Уянь», где она помогает инвалидам по зрению выработать жизненные навыки и приобщиться к буддизму. Ляньчань практикует китайский и тибетский буддизм, занимается каллиграфией и также выступает редактором серии изданий «Биографии монахинь Тайваня»[47].

Монахини, живущие при храмах, но работающие в других местах: Шаньхуэй стала монахиней-буддисткой при храме «Биюнь» в уезде Тайнань в 1971 году. В 1985 году она перебралась в храм «Цяньгуан» в уезде Цзяи, где начала проводить занятия по буддизму для местных мирян. В 1990 году Шаньхуэй согласилась вести курсы в местной тюрьме, где ее слушателями были 300–500 человек. Она также проводила занятия и для большей аудитории: в Центральной военной тюрьме и тюрьме уезда Цзяи ее лекцию посетило порядка 2000 человек. Шаньхуэй всегда сама готовила материалы к занятиям и даже выступала в качестве посредника в процессе проведения переговоров, когда в тюрьмах начинались беспорядки. Помимо занятий в тюрьмах, она проводит вечерние занятия по буддизму для мирян. Все свое время она посвящает преподаванию и освобождена от выполнения административных обязанностей в храме и совершения ритуалов. Ученики Шаньхуэй берут на себя чтение нараспев буддийских сутр на таких церемониях, как

---

46 Интервью с Ши Жунчжэнь, 11–12 мая 2007 года, Гонконг.

47 Интервью с Ши Ляньчань, декабрь 2001 года и июнь 2002 года, Тайбэй.

похороны и закладки первых камней. Не считая помощи
мирян в организационных вопросах, Шаньхуэй работает
одна. Она была удостоена множества наград за свою деятельность от местных и центральных властей[48].

Как видно из приведенных выше примеров, многие из буддийских храмов на Тайване напрямую не используют термин «жэньцзянь фоцзяо» и не заявляют о какой-либо связи, даже в виде
косвенного вдохновения, с идеями мастеров Тайсюя и Иньшуня,
но тем не менее используют современные средства организации
и прозелитизации в достижении своей цели «создать чистую
землю по всему миру». Здесь следует упомянуть храм «Хэнань»,
основанный в 1967 году мастером Чуаньцином, учеником Гуанциня, который, как мы помним, исповедовал чань-буддизм
и буддизм «Чистой земли». Святилище расположено в живопис-
ном месте недалеко от моря, в окрестностях города Хуалянь. При
храме служит 21 монахиня в возрасте от 20 до 60 лет, многие из
них получили высшее образование и имели опыт работы до
прихода в монашество. Монахини проводят все стандартные
ежедневные и круглогодичные церемонии, предписанные буддизмом, а также организуют сессии медитации. Однако их специфическая задача, начало которой положил еще Чуаньцин, заключается в продвижении дхармы посредством искусства, литературы, музыки и презентаций на стыке различных медиа.
Важно проводить обширные исследования для выявления различий между практиками работы буддийских храмов на Тайване
и оценки того, насколько доктрины и течения современного
китайского буддизма, связанные с жэньцзянь фоцзяо, уже стали
или могут стать мейнстримом для тайваньских буддистов. За
редкими исключениями буддийские монахини всех сект и школ
в полной мере пользуются современными технологиями и средствами организации, прозелизации и преподавания, не только
не отвергая, но и активно стремясь к взаимодействию с обществом и «этим миром» в целом.

---

48 Интервью с Ши Шаньхуэй, 4 сентября 1999 года, Цзяи.

Почему становятся монахинями?

В зависимости от времени и места женщины становились буддийскими монахинями по самым разным психологическим и социально-экономическим причинам. Поэтому ученые, которые стремятся проследить историю буддийских монахинь, должны помнить о склонности авторов религиозных биографий к идеализации в описаниях персонажей, а также скептически относиться к стереотипам и клевете, которые содержатся в антирелигиозной литературе [Faure 2003: 40–51]. Принимая во внимание эту важную оговорку, историю китайских *бхикшуни-сангх* можно представить следующим образом. Первые свидетельства распространения буддизма на территории Китая относятся к 65 году нашей эры [Tsai 1994: 2], однако первый мужской монастырь, по всей видимости, был учрежден лишь во II веке, а первый из известных женских монастырей — в IV веке. Первые монахини могли получить посвящение лишь от монахов-мужчин[49]. Однако в V веке в Китае, благодаря визитам делегаций монахинь со Шри-Ланки, сформировалась линия преемственности с полноценным посвящением в *бхикшуни*. В дальнейшем сообщества монахинь быстро росли, и в некоторых монастырях жили сотни монахинь [Tsai 1994: 2, 5–6][50].

В китайской литературе существует множество примеров сборников биографий монахов. Одно из первых таких изданий — «*Гаосэнчжуань*», или «Жизнеописания выдающихся монахов» —

---

[49] Обоснованность церемоний посвящения ранних монахинь оспаривалась в то время. «Все каноны *виная* указывают на минимальное число монахов и монахинь, которые должны присутствовать на церемонии посвящения. Для посвящения послушника-мужчины требуется, чтобы при [монашеской *сангхе*] было десять монахов. В пограничных районах достаточно пяти монахов. Для посвящения женщины большинство сводов *виная* устанавливают, что для первой церемонии требуются десять монахинь, а для второй — десять монахов. Остается предполагать, что в пограничных районах для тех же целей достаточно пяти монахинь и пяти монахов» [Heirman 2001: 294–295].

[50] Также см. Ranjani de Silva, «Reclaiming the Robe: Reviving the *Bhikkhunī* Order in Sri Lanka» в [Tsomo 2004a: 121], Chikusa Masaaki, «The Formation and Growth of Buddhist Nun Communities in China» в [Ruch 2002: 12].

было опубликовано еще в 530 году нашей эры. Что же касается монахинь, то единственным примером книги подобной тематики вплоть до Нового времени является сборник «Бицюничжуань», или «Жизнеописания монахинь» (517 год), подготовленный монахом Баочаном. В сборнике он повествует о жизнях 65 известных монахинь, которые служили в монастырях и храмах в период с IV по VI век. Героини издания отличались друг от друга по возрасту и семейному положению, но по большей части все они происходили из аристократических или образованных семей. Монахини жили как отшельницы, занимались медитацией, преподавали, служили управляющими. Были среди монахинь и те, кто провел ритуал самосожжения, в буквальном смысле принеся себя в жертву Будде и всему сущему [Ruch 2002: 3–20] (также см. [Tsai 1994]).

Отвечая на критические замечания конфуцианцев, что «покидать дом» и «уходить от мира» («чуцзя»[51]) означает нарушать предписания по части почтительности к родителям и, соответственно, потрясать весь социальный порядок, буддисты отмечали, что, как раз наоборот, монашеская жизнь — «высший акт почтительности к предшествующим поколениям», поскольку посредством молитв, ритуалов и благих дел человек помогает своим родителям в следующей жизни переродиться во что-то лучшее или даже достигнуть свободы от цикла реинкарнации [Hinsch 2006: 16–17][52]. В частности, в «Жизнеописаниях монахинь» автор рассказывает о том, как Ань Линшоу хотела стать монахиней, но «родители противились ее решению и обвиняли ее в себялюбии и непочтительности». Линшоу в ответ сказала им: «Я хочу посвятить себя изучению Пути как раз потому, что желаю освободить все живое от страданий. И, конечно, больше всего

---

[51] Китайский оборот допускает оба указанных прочтения. — Прим. пер.

[52] В то же время в «Жизнеописаниях монахинь» высоко оценивается поступок монахини Фашэн, которая приняла на себя заботу и взяла на попечение пожилую вдову, тем самым распространив «почтительность к родителям» за пределы собственной семьи и превратив ее в «выражение всеобщей буддийской нравственности», вселенского сострадания [Ibid.: 23]. См. также [Cole 1998].

я желаю освободить моих родителей от их человеческой формы!» [Hinsch 2006: 16].

В последние десятилетия прорывные исследования Ли, Леверинга, Се и Гранта позволили найти и описать жизнь множества женщин, служивших учителями по *дхарме* и настоятельницами монастырей и имевших последователей как среди мирян, так и среди монахов во времена династий Тан, Сун, Мин и начале династии Цин. Некоторые из этих монахинь обладали влиятельными связями с императорским двором и культурными кругами. Указанные исследователи открыли нам доступ к традициям и достижениям китайских монахинь, которые многого добились по части преподавания, формирования институтов, поддержания аскетичного образа жизни и благотворительности [Li Yuzhen 1989; Levering 1991, 1992, 1998, 2000; Hsieh 1991; Grant 1996].

В 1939 году монах Чжэньхуа (1908–1947), художник и ученый, трудившийся в провинциях Чжэцзян и Цзянсу, — опубликовал продолжение к «Жизнеописаниям монахинь» Баочана. Его книга включает биографии 248 монахинь, живших во времена династий Тан, Сун, Мин и Цин, а также в период Китайской Республики [Shi Zhenhua 2005]. Особо примечательно, что Чжэньхуа обнаружил архивные материалы по обстоятельствам жизни 86 монахинь, служивших в различные временные отрезки и в различных районах империи Цин[53]. Таким образом, автор восполнил большие пробелы, существовавшие в описаниях деятельности и практик монахинь того периода. Многие из этих 86 монахинь были преданными последовательницами чань-буддизма и/или чань-буддизма / школы «Чистой земли». Многие из них проводили не один год в затворничестве (*бигуань*)[54]. Чжэньхуа расска-

---

[53] Несмотря на предположения, высказываемые у [Faure 2003: 27; Mann 1997: 10], представляется преждевременным заявлять, будто бы направленные против духовенства конфуцианские трактаты и законы конца Китайской империи эффективно или последовательно лишали женщин возможностей становиться монахинями при династиях Мин и Цин. См. [Goossaert 2000, 2006].

[54] Выводы Чжэньхуа позволят нам избежать часто выстраиваемой неверной иерархии, которая противопоставляет практикующих медиативные практики *бхавана* монахов в традиции чань-буддизма и мирян, следующих

зывает нам о монахинях, чьи достижения в практике буддизма привлекали на их сторону учеников как из числа мирян, так и из числа монахинь других школ. Некоторые из этих женщин отмечаются в хрониках конфуцианских элит, часть из них оставила после себя *юйлу* (собрания изречений), также среди них были талантливые поэтессы[55].

Нравоучительные конфуцианцы были склонны относиться к женским монастырям как к «пристанищам последней надежды», а к монахиням — как к изгоям общества, однако в действительности эти женщины происходили из самых разных социально-экономических сред и имели разную степень образования. Как и монахини предшествующих династий, некоторые из них были особами, приближенными к императорской семье, или выросли в семьях буддистов и были направлены в монастыри еще в детские годы, некоторые вступали в монастыри в молодости с согласия родителей (иногда вместе с сестрами и/или кузинами), другие же становились монахинями во избежание заключения договорного брака или вследствие смерти супругов.

27 биографий из книги Чжэньхуа посвящены монахиням, которые жили в период Китайской Республики, и раскрывают подробности об их семейном происхождении, месте принятия ими посвящения, их отношениях с монахами, чиновниками и мирянами, а также историю их паломничества по Китаю, Тибету

практикам «Чистой земли». См. в [Qin 2000: глава 5] проработанный анализ медиативных практик «Чистой земли» как средства для преобразования тела и духа.

[55] Экономическая деятельность — еще один оставленный без должного внимания аспект истории монахинь. При династии Сун некоторые женские монастыри на правом берегу реки Янцзы специализировались на шелкоткачестве. По заявлениям иностранцев на протяжении XIX века, монахини (важно подчеркнуть, что доподлинно неизвестно, какой именно конфессии) занимались самой различной экономической деятельностью, в том числе сбором чайных листьев (в провинции Сычуань), вышивкой, шитьем, прядением и ткачеством, а также воспитывали сирот, чтобы те в будущем могли работать или стать послушниками (в городе Чаочжоу провинции Гуандун) [Gates 1996: 50, 194].

и другим странам[56]. И вновь Чжэньхуа представляет нашему вниманию женщин, которые были активно вовлечены в исследования, преподавание и сочинительство, учреждали монастыри, институты, мирские организации и проводили благотворительные мероприятия. Перед нашим взором предстают практики буддизма, достойные особого внимания, которые прилежно занимались песнопением, выполняли медитации и предавались отшельническому образу жизни. Остается надеяться, что работа Чжэньхуа станет предметом полноценного исследования, которое, в частности, раскроет обстоятельства жизни и службы буддийских монахинь времен Цин и Республики[57].

Несмотря на давнюю традицию участия женщин в буддистских ритуалах, деятельности *чжайцзяо* на Тайване и большой вклад послевоенного поколения в повышение статуса женщин, вплоть до 1980-х годов монахинь часто представляли как необразованных, обездоленных бесприютниц [Tsung 1978; Chern 2000]. Однако в исследовании Ли Юйчжэня подчеркивается, что некоторые монахини происходили из состоятельных семей и/или известных буддистских кланов. Более того, Ли детально изучала случаи до 1980-х годов, когда женщины в возрасте 20–30 лет становились монахинями, и обнаружила, что вопреки стереотипам, которые изображали монахинь как особ непочтительных к родителям, эгоистичных и «бегущих от брака», в действительности эти молодые женщины часто жертвовали возможностями получения образования и вступления в брак и шли работать на фабрики или

---

[56] В 1927 году Тайсюй пишет, что в Китае должно было быть 20 тысяч монахинь. Причем он подразумевает монахинь самых высоких качеств. См. [Shi Taixu 1927]. По подсчетам Буддийской ассоциации Китая, в 1930 году в Китае проживало 225,7 тысячи монахинь, однако неизвестно, монахини каких конфессий учитывались [Goossaert 2000: 11–12].

[57] При изучении имеющейся литературы по данной теме мы обнаруживаем, что [Welch 1967] вообще не упоминает монахинь. «Талантливый опус» Юй Цзюньфан (2000 год) включает множество отрывочных отсылок к буддийским монахиням, но более подробно рассматривает феномен «одомашненной религиозности» на поздних этапах Китайской империи. Аналогичным образом, статья [Zhou 2003] фокусирует наше внимание на мирянках, а не на монахинях, живших в тот же период.

в другие места, чтобы оказать помощь своим семьям, овдовевшим матерям, а также братьям и сестрам (очень часто — младшим братьям). И лишь по прошествии многих лет посвящения себя делам семьи они становились монахинями [Li Yuzhen 2000c: 266, 287–289, приложение 2].

Многие монахини выросли в семьях, где почитали Гуаньинь — бодхисаттву милосердия, «Нерожденную праматерь» (*ушэн лаому*), тысячелетнее божество. У некоторых женщин монахинями были бабушки и другие старшие родственницы, которым помешали стать монахинями в молодости, но они все же добились этого в более зрелые годы [Ibid.: 284–285]. На решение вступить на путь буддийского монашества иногда влияли кончина или болезнь родителя или другого близкого родственника [Chandler 2004: 151–152; Li Yuzhen 2004a: 104, примечание 12]. Для многих монахинь присоединиться к ортодоксальному буддизму стало возможным благодаря участию в деятельности буддистских кружков при училищах, школах и университетах [Shi Jianxian 2006]. Молодые женщины, изучающие искусство, науки, предпринимательство, информатику или вырабатывающие профессиональные навыки, стремятся к углубленному знакомству с буддизмом для саморазвития или достижения просветления. Многие монахини сообщили нам, что приобщение к доктрине и практикам буддизма открыло дверь в совершенно новый мир духовного развития, с которым бы они не смогли соприкоснуться в рамках образовательной системы Тайваня.

По мере того как эти молодые женщины покидают безопасные пределы традиционных тайваньских семей и тихую гавань образовательных учреждений и вступают в настоящий мир, они сталкиваются зачастую с самыми различными проблемами личного, семейного и межличностного характера. Так, наставница Цзяньдуань стала монахиней в возрасте 24 лет не по причине отсутствия счастья в семейной жизни, неудавшейся любви или провала в учебе, как это допускают многие тайваньцы, когда речь заходит о буддийских монахинях. Цзяньдуань рассказывает о том, что у нее было замечательное детство и что родители относились к дочерям и сыну абсолютно одинаково. О «дискриминации по гендерному признаку» ей стало известно, только когда она пришла в университет. Но даже в детстве Цзяньдуань сознавала, что все отношения между людьми рано или поздно заканчиваются и что каждый из нас должен быть готов остаться наедине с собой и полагаться только на себя. В первый год обучения в университете Цзяньдуань узнала больше о Будде и поняла, что *дхарма* учит тому, как прожить жизнь правильно и обрести счастье в самом себе. После она задумалась: есть ли возможность проявить заботу не только по отношению к своей семье, но и по отношению к посторонним людям и вещам? Цзяньдуань стала прилежно изучать буддизм и была глубоко тронута сокрытой в учении доктрине о недолговечности жизни человека. Она стала задаваться вопросами: «Чего я хочу? Чего я могу добиться в этой жизни? Как сделать так, чтобы мои мечты стали реальностью?» [Li Lijun 2006].

Находясь в подобном переломном моменте, многие молодые женщины, так же как когда-то Цзяньдуань, задаются вопросом о принятии монашества. Однако для того, чтобы стать послушницей, нужно пройти напряженный и многоуровневый период наблюдения, испытаний и оценки[58]. Некоторые из молодых женщин, которые проявляют интерес к монашеской жизни, уже имеют навыки в таких сферах, как наставничество, медицина и детское образование. Среди них бывают учительницы, которые чувствуют, что достигли некоего предела в значимости и эффективности собственных педагогических методов, и находят

---

[58] В каждом храме установлены разные процедуры обучения и отбора. В большинстве случаев предполагается, что будущие монахини должны заручиться согласием семьи. Это особенно принципиально для тайваньских буддистов в свете так называемого «инцидента в чань-буддийском храме "Чжунтай"». В 1996 году, ближе к концу летнего лагеря, проводившегося храмом для студентов вузов, 129 девушек решили принять постриг, не уведомив об этом свои семьи. Паникующие родители поспешили в храм и силой увозили дочерей домой (в отдельных случаях девушек даже связывали веревками). Большинство комментаторов на Тайване, в том числе представители буддийского монашества, раскритиковали «Чжунтай» за непоследовательность и непрозрачность в привлечении на свою сторону потенциальных послушников. Как представителей храма, так и студенток обвиняли в нарушении принципа почтительности к родителям. См. [Li Yuzhen 2000c: 260–265].

в буддизме новый источник духовного и философского вдохновения. Есть и те женщины, которые хотят заниматься наукой, издательской деятельностью, связями с общественностью, искусством, общественной деятельностью, индивидуальным или коллективным образованием для взрослых людей и/или социальными услугами. Все эти карьерные возможности вполне доступны через службу в том или ином монашеском сообществе, которое специализируется на одном конкретном направлении для решения своих задач. Монашеская жизнь может привлекать женщин и тем, что монастыри зачастую выступают спонсорами послевузовского профессионального образования монахинь как на Тайване, так и за его пределами. В некоторых случаях вступление в монашество может представлять собой единственную возможность для женщин получить высшее образование.

Конечно, для продвижения по карьерной лестнице и духовного просвещения вовсе не обязательно становиться монахиней. Вполне можно оставаться мирянкой — последовательницей буддизма. Таким образом, процесс отбора кандидаток в послушницы и их посвящения в монахини направлен на выявление тех, кто готов и способен следовать буддийским предписаниям всю жизнь и служить в крайне регламентированном пространстве религиозной общины. Не менее важно находить людей, которые готовы посвятить себя интересам и задачам отдельно взятого монастыря: чем бы ни занимались в светской сфере монахини, их основное предназначение — проповедовать *дхарму*[59]. Как мы

---

[59] Все монастыри должны ориентироваться на положения *виная*, однако конкретные особенности ежедневной хозяйственной деятельности, финансовой и кадровой политики и долгосрочные цели каждой структуры определяются настоятелями и их учениками самостоятельно. Обучение и подготовка монахов и монахинь также основываются на принципах, заложенных в *виная*. Но и здесь учебная программа, длительность послушничества, процедуры отбора и иные процессы определяются каждым отдельным монастырем самостоятельно. Монастыри — автономные организации, которые действуют на основе самоуправления, самооценки и саморегулирования. Каждый монастырь устанавливает собственную систему положений, в которую входят устав и регламенты. В идеальных случаях все положения являются результатом консенсуса членов храма.

можем заметить, следование буддийским канонам и жизнь в *санг-хе* требует от человека как искренности намерений, так и немалой силы духа[60].

Проблема феминизма

С учетом того, какого процветания и мощи достиг местный орден *бхикшуни*, можно было бы предположить, что тайваньские буддистки идентифицируют себя или как минимум сотрудничают с феминистским движением, которое подразумевает под собой деятельность, направленную на создание полноценных трудовых возможностей для женщин, повышение их правового статуса и улучшение качества их жизни[61]. Важно также отметить, что существует отдельное всемирное движение, инициированное буддистками-феминистками в конце 1980-х годов, выступающее за обеспечение большего равенства полов в буддистских институтах, а также благосостояния и прав буддисток[62]. Отождествляют ли тайваньские монахини себя с тайваньскими и международными феминистскими движениями? Схожи ли их взгляды с убеждениями феминисток? При знакомстве со множеством высоконезависимых, самоуправляемых сообществ талантливых

---

[60] В рамках полевых исследований нам не удалось найти информацию, подтверждающую численность или процент монахинь, которые возвращаются к мирской жизни. [Chandler 2004: 206–212] сопоставил численность сообщества при «*Фогуаншань*» в 1988 и 1997 годах и пришел к выводу, что за девять лет общий показатель возвращения к мирской жизни составил 37 %. Причем монахи демонстрировали гораздо большую склонность к возвращению к жизни вне религии, чем монахини.

[61] Бывший вице-президент Тайваня Аннетт Люй (Люй Сюлянь) испытала на себе влияние западного феминизма и с начала 1970-х годов выступила одним из лидеров движения за права женщин вопреки тем рискам, которые были связаны с организацией массовых движений после введения военного положения. См. главы 12 и 16 в [Farris et al. 2004].

[62] См. многочисленные издания под редактурой Кармы Лекше Тсомо, которая стала инициатором этого движения в 1987 году и основала вместе с другими активными буддистками Международную организацию женщин-буддисток «*Сакьядхита*». Об учреждении «*Сакьядхита*» см. [Tsomo 1989; Tsomo 1999b].

и трудолюбивых буддисток у нас вполне может сложиться такое впечатление. Однако сами монахини предпочитают говорить о своем усердии и традиционных представлениях о полах и не связывают свои «успехи» с успехами феминистского движения (см. также [Li Yuzhen 2000c: 12–14; Cheng 2007: 190–191]). Так, монахиня Шаньхуэй сказала нам, что женщины наследуют от матерей теплое сердце, склонное к состраданию, и потому более предрасположены к следованию примеру бодхисаттв[63]. Икун полагает, что

> [мужчины]... — индивидуалисты. Они стремятся развивать карьеру. Даже если мужчины и становятся *бхикшу*[64], они все равно неохотно следуют предписаниям монашеской жизни. Женщины же мягкосердечны и уступчивы, они комфортно ощущают себя в группах людей, поэтому с большей вероятностью согласятся на долгую монашескую жизнь [Yikong 1992: 1].

Цзинсинь считает, что женщины чаще страдают, а потому они лучше переживают лишения и тяжкий труд, чему мужчины, и следовательно, лучше подходят для монашеской жизни[65]. Хэнцин утверждала, что женщины по природе склонны проявлять себя в области культуры, [светского] высшего образования и науки, буддистского образования и коллективного образования для взрослых. Даже Чжаохуэй, называющая себя феминисткой, отмечает, что монахини преуспели в продвижении буддизма на Тайване благодаря своей «мягкой женской натуре, которая заставляет человека ощущать, будто бы его ласкают весенние ветерки» [Shih Chao Hwei 2001b: 4][66]. Предполагаемые женские достоинства — сопереживание, забота и склонность к примире-

---

[63] Интервью с Шаньхуэй, 4 сентября 1999 года, Цзяи.

[64] Высшая степень посвящения у буддийских монахов. — *Прим. пер.*

[65] Интервью с Цзинсинь, 5 августа 2000 года, Гаосюн.

[66] Наставница Чжаохуэй «...выступает за такие женские черты, как "мягкость", самоуважение, чувство собственного достоинства и "способность делиться с другими"» [Chiu 2007: K2, K10].

нию — воспринимаются как образцы «искусных средств» и буддийской добродетели. Таким образом, сила женщин заключается в их отличии от мужчин[67].

На самом деле, орден монахинь на Тайване процветал скорее в параллели, а не в сотрудничестве с феминистскими движениями как на острове, так и за его пределами. Монахини полагают, что они трудятся во имя благополучия всего тайваньского общества, а не только во имя защиты прав женщин, и отмечают, что достижения их ордена являются результатом больших усилий и жертв, а не следствием феминистических теорий или практик[68]. Многие из женщин, интервью с которыми мы провели в рамках подготовки этой книги, полагают, что улучшение положения женщин на Тайване в последние десятилетия — «естественный результат» общего «прогресса и развития» Тайваня, а не только последствия деятельности движения за права женщин. Аналогичным образом один из выводов в диссертации Ли Юйчжэнь

---

[67] Автор настоящей книги не согласна с утверждением Хилари Крейн, что «гендер — относительная величина — выстраивается не столько на физических различиях, сколько на взаимоотношениях... Китаянка... считается женщиной лишь постольку, поскольку она исполняет роль женщины (в качестве дочери, матери, жены и так далее) по отношению к другим людям» [Crane 2001: 237]. Автор отстаивает мысль, что гендер на Тайване — конструкт, строящийся на предполагаемых «сущностных» различиях между полами и социальных взаимоотношениях. Причем здесь не возникает противоречия, это две стороны одной и той же медали. Замечание Крейн о том, что «...монахини усердно работают над формированием и исполнением мужеподобного гендера, что, как они надеются, в конечном счете дарует им мужеподобное тело» [Ibid.: 241], основано преимущественно на оценке опыта весьма нетипичного буддистского монастыря и, по всей видимости, чрезмерно апеллирует к конструктивистским нарративам, представленным в таких работах, как [Zito, Barlow 1994].

[68] Согласно выводам Цинь Вэньцзе, монахини с горы Эмэй представляются здесь контрастным примером: они борются за возрождение собственных буддийских практик в свете «заложенных» им в сознание идеалов китайского коммунизма по поводу гендерных отношений и социального равенства. Монахини с горы Эмэй стремятся через буддизм претворить в жизнь обещанные, но не реализованные при коммунизме идеалы равенства и свободы [Qin 2000: 465].

сводится к тому, что монахини на протяжении многих лет в первую очередь стремились к легитимизации своего образа жизни без открытого противостояния патриархальным устоям общества.

Заключение

Для того чтобы должным образом осветить все темы, которые были подняты в этой главе, потребовалась бы по меньшей мере отдельная книга. В частности, все еще требуют самостоятельного исторического исследования три темы: буддизм на Тайване времен династии Цин, монахини при династии Цин и во времена Китайской Республики и монахини и другие буддистки на Тайване до 1949 года. В настоящей главе мы представили подробный разбор исторических хроник, демонстрирующий, как орден монахинь на современном Тайване возобновляет давнюю традицию непосредственного участия китайских монахинь в преподавании, сочинительстве, медитациях, учреждении институтов, аскетических практиках и благотворительности. Мы также должны отметить некоторые особенности, которые представляются уникальными для современного тайваньского буддизма: беспрецедентная поддержка монахинь со стороны монахов в получении образования и продвижении по службе (еще со времен колонизации острова Японией); усиление статуса монахинь через систему двойного посвящения; особое внимание ведущих монахов к доктрине равенства людей; отсутствие жестких требований по следованию Восьми *гарундхаммам*; слабая (а после 1987 года децентрализованная) структура управления буддистскими организациями; высокая степень свободы вероисповедания; буддистское движение на кампусах образовательных учреждений для привлечения молодых монахов и монахинь; высокая оценка и признание тайваньскими буддистами важности «женских» и «материнских» черт в жизни и деятельности монашеских орденов.

Все вышеперечисленные особенности в сочетании с развитой экономикой Тайваня сформировали пространство, в котором буддийские монахини могут процветать. Показательным примером служит монахиня Чжэнъянь и учрежденный ею Буддистский благотворительный фонд *«Цыцзи»*. Следующая глава будет посвящена диалогу с наставницей Чжэнъянь — единственной монахиней, возглавляющей крупную буддистскую организацию на современном Тайване (*«Фогуаншань»*, *«Фагушань»* и *«Чжунтай»* руководят монахи, родившиеся на материке). Во многом рекомендации и практики Чжэнъянь помогают понять тысячам тайваньских женщин то, что на самом деле значит быть «женщиной» и «буддисткой».

глава 2
Аудиенция у наставницы Чжэнъянь[1]

Ши Чжэнъянь часто сравнивают с матерью Терезой и Альбертом Швейцером, ученики же называют ее инкарнацией бодхисаттвы Гуаньинь, любящей, терпеливой, добросердечной матерью, а кроме того — благосклонной и мудрой наставницей (илл. 2.1). С 1966 года Ши Чжэнъянь возглавляет Буддистский благотворительный фонд «*Цыцзи*» (буквально — «Милосердная помощь», *Фоцзяо цыцзи гундэ хуэй*, далее — «*Цыцзи*») — международную НПО с попечительским советом, которую некоторые источники называют самой крупной гражданской организацией Тайваня [Huang, Weller 1998: 391][2]. Фонд имеет свыше пяти миллионов участников[3] по всему миру и представительства не только по всему Тайваню, но и еще в более чем 20 странах мира[4]. «*Цыцзи*» — в первую очередь светская организация, в список деятельности которой входит: благотворительность, содействие

---

[1] Первая версия этой главы была опубликована в [DeVido 2004].

[2] О деятельности «*Цыцзи*» написано множество работ. См. [Huang, Weller 1998; Ding 1996; Weller 1999; Huang 2001; Laliberté 2004] и многие издания за авторством Лу Хуэйсинь (Lu Hwei-Syin). Мы глубоко обязаны доктору Лу за то время, которое она нам уделила, и те идеи, которыми она с нами поделилась.

[3] Десять миллионов волонтеров, сторонников и сотрудников по состоянию на 2019 год (Buddhist Tzu Chi Foundation, Holding Together, Building Hope. Hualian, Taiwan: Tzu Chi Foundation, 2019. P. 10).

[4] Это заявление самого фонда «*Цыцзи*». Джулия Хуан написала серию статей о «*Цыцзи*» и глобализации, в том числе [Huang 2003a, 2003b].

ликвидации последствий стихийных бедствий, оказание медицинской помощи и проведение медицинских исследований (в том числе в больницах и первом банке доноров костного мозга на Тайване), обеспечение образования (от детских садов до аспирантуры и медицинского училища), распространение культуры (телеканалы, фильмы, журналы, книги, кафе) и защита окружающей среды[5].

Каким образом Чжэньянь — «безвестная девушка, слабая женщина, рядовая монахиня», как указывается в брошюрах «Цыцзи», — сплотила вокруг себя столь преданную аудиторию мирян и учредила организацию, занимающуюся не только благотворительностью, но и медициной? Среди всех крупных буддистских организаций Тайваня «Цыцзи» примечательна тем, что фонд возглавляет монахиня, уроженка острова. И именно по этой причине изучение деятельности Чжэньянь и «Цыцзи» позволит нам ответить на вопрос: каким образом женщины способствовали развитию буддизма на Тайване?[6]

Чтобы иметь непосредственный доступ к объекту нашего исследования, мы несколько раз посещали штаб-квартиру «Цыцзи» в Хуаляне и также принимали участие в трехдневных выездных семинарах, которые проводила Ассоциация преподавателей «Цыцзи» — одно из множества подразделений фонда, ко-

---

[5] Статус монахинь, работающих в «Цыцзи», рассмотрен в главе 3. Прослеживается некоторое сходство между «Цыцзи» и японским «Сока Гаккай» — обществом «Созидания ценностей», которое в первую очередь следует постулатам «Сутры Лотоса». В обоих случаях мы имеем дело с крупными, иерархически выстроенными, финансово состоятельными международными буддистскими группами, собравшими вокруг себя миллионы последователей-мирян. Обе организации проводят миссии, затрагивающие области образования, ликвидации последствий природных бедствий, культуры и охраны окружающей среды. Но «Сока Гаккай», в отличие от «Цыцзи», прямо вовлечено во внутреннюю и внешнюю политику Японии и придерживается антивоенной позиции. См. [Mertraux 1996].

[6] См. подробное и глубокое исследование о Чжэньянь и «Цыцзи» у [Huang 2001]. Важно подчеркнуть, что если мы не указываем иные источники, то замечания, высказываемые по поводу Чжэньянь и «Цыцзи» в настоящей книге, являются собственными мыслями автора настоящей книги.

торые также включают в себя специальные группы для работы с молодежью и предпринимателями. Ассоциация преподавателей была основана в 1992 году, с тех пор ее участники проводят регулярные сборы и сессии при штаб-квартире. Ассоциация разработала особые методы преподавания, она публикует учебники, выпускает телепрограммы и журнал, а также организует всевозможные мероприятия.

Основная цель лагеря «Безмятежные размышления» при Ассоциации преподавателей *«Цыцзи»* — познакомить учителей колледжей и вузов с деятельностью *«Цыцзи»* и сутью учения Чжэнъянь, которое так и называется: «Безмятежные размышления» (*«Цзинсы юй»*). Преподаватели могут применить полученные знания в своей работе, дабы «[надлежащим образом] воспитывать молодежь и формировать более здоровое, мирное и стабильное общество». Чжэнъянь взяла название для своего учения в одном из отрывков «Сутры бесчисленных значений» (*«Улянъи цзин»*) — своего любимого буддийского текста. В сутре рассказывается о пути бодхисаттвы, заключающемся в практике сострадания и стремлении к *бодхичитте* — полному просветлению сознания — как во имя самого себя, так и во благо всех живых существ. Сама Чжэнъянь следующим образом трактует отрывок:

> Как следует из значения самого термина, «Безмятежные размышления» — это сохранение спокойствия ума в любой ситуации и существование в мире в состоянии полной умиротворенности. Мы рождены в этом мире и потому не можем отстраниться от происходящих в нем дел. Однако в этом мире не всегда все идет так, как мы ожидаем. Поэтому мы должны научится справляться с постоянно меняющимся миром, придерживаясь своих принципов и сохраняя спокойствие в мыслях[7].

---

[7] *Taishō Tripi.taka*, CBETA Project, T09n0276_p0384b17 (02), T09n0276_p0384b18 (02), to T09n0276_p0384b19 (03). «Думы их спокойны и чисты, глубоки и бесконечны. И остаются они в этом состоянии на многие столетия и тысячи *коти* и *кальпы*. И открываются им бесчисленные знания и учения, овладевая которыми они способны проникать вглубь всех вещей» [Ting 2007: 248]. Подробнее см. [Shi Zhengyan n. d.].

Илл. 2.1. Наставница
Чжэнъянь (фонд «Цыцзи»)

Популярность учения связана с тем, что оно простыми словами раскрывает ключевые понятия буддизма и конфуцианства. «Цыцзи» проповедует в мире буддистские каноны, в которые умело вплетены знакомые для всех китайцев конфуцианские ценности, в том числе почтительность к родителям, общественная гармония, исполнение человеком возложенных на него социальных ролей, уважение существующих властных отношений и вера в то, что нравственное очищение отдельного человека может способствовать просветлению его семьи, сограждан и всей страны в целом [Shi Zhengyan 1996: 43, 174–175; Shi Zhengyan 1993b: 160]. «Безмятежные размышления» также включают вполне реальные и содержательные советы по преодолению сложностей в любви, дружбе, браке, семье, работе и решению любых других проблем, с которыми сталкивается современный человек. Другие буддийские наставники на Тайване, в том числе Сяоюнь и Синъюнь, также выступали за «синтез нравственного и религиозного учения» буддизма и конфуцианства, потому что такая их форма подачи способствовала бы более легкому процессу восприятия у мирян. Однако именно «Безмятежные размышления» стали бестселлером, а учебные материалы по ним еще с 1992 года используют в тайваньских школах [Jones Ch. 1999: 213][8].

Записи из лагеря «Безмятежные размышления», 1–3 апреля 2000 года

Регистрационный взнос за участие в лагере составил NT$2500[9] (примерно US$80). В общую стоимость входило размещение и питание. Всем нам выдали по комплекту унисекс-формы рядовых членов ассоциации: белые штаны, голубая рубашка поло и прочный темно-голубой ранец, украшенный логотипом ассоциации: три листика дерева *бодхи* — так называемого фикуса священного — в окружении листьев лотоса, сложенных в форме двух рук ладонями вверх. Нам также предоставили по набору столовых приборов в голубом мешочке на веревочке, сумку для обуви, ремень *«Цыцзи»*, голубую ленточку для волос и серую пижаму. В информационном бюллетене значилось следующее:

> Мы уверены, что пребывание с нами станет для вас приятным и насыщенным духовным приключением...
> Наше расписание на каждый день... скорее всего, сильно отличается от того распорядка дня, к которому вы привыкли. Надеемся на ваше понимание и готовность с радостью следовать ему. Мы убеждены, что забота со стороны монахинь и других сотрудников *«Цыцзи»* в сочетании с добротой, тесной дружбой и энтузиазмом всех наших сестер и братьев принесут вам счастье, сравнимое с ощущением, испытываемым человеком, которого ласкают весенние ветерки.

---

[8] См. подробнее главу 3 по поводу места «Безмятежных размышлений» в тайваньских школах. О наставнице Сяоюнь см. [Chen Xiuhui 2005], а о наставнике Синъюне см. [Chandler 2004: глава 8].

[9] NT$ — новый тайваньский доллар. — *Прим. пер.*

Илл. 2.2. Покои безмятежных размышлений, Хуалянь (Элиза А. де Видо)

В Покоях безмятежных размышлений (илл. 2.2) конец и начало вашего дня будут отмечать звуками вечерних барабанов и утренних колоколов. Тем самым вы приобщитесь к упорядоченной жизни[10].

Ассоциация преподавателей разделила всех участников лагеря на группы по четырем основным географическим районам, каждую из которых возглавил отдельный руководитель. По прибытии на железнодорожный вокзал в Тайбэе участников из Северного Тайваня разделили на более мелкие группы во главе с «мамой» или «папой» — опытным сотрудником «*Цыцзи*». По-

---

[10] «Покои безмятежных размышлений» на китайском обозначаются как «*Цзинсы Цзиншэ*», где «*цзиншэ*» также можно перевести как «академия», «обитель» и «храм».

следующие три дня мы провели под пристальным взглядом и четким контролем наших «временных родителей», которые следили за тем, чтобы все участники лагеря следовали установленному расписанию, вели себя в соответствии с общими правилами и поддерживали единый коллективный дух «*Цыцзи*».

С самого начала представители «*Цыцзи*» подчеркивали важность для новоприбывших чувства принадлежности к группе «людей "*Цыцзи*"». Это касалось в первую очередь внешнего вида: рубашки должны были быть застегнутыми на все пуговицы, волосы аккуратно собраны в хвост синей лентой, шнурки обуви приведены в порядок, ранец всегда застегнут и висит на правом плече[11]. «*Шанжэнь* — святая мать — ожидает, что мы все будем выглядеть чисто и опрятно»[12]. Во время пребывания в лагере нас также научили азам «буддистского этикета», который предполагал следование некоторым правилам при ходьбе, сидении и принятии пищи. Более того, у «*Цыцзи*» есть собственный «кодекс чести» по поводу того, как следует выражать те или иные мысли и чувства[13].

---

[11] Другие буддистские и религиозные группы Тайваня имеют отдельные логотипы, униформы, песни и прочие атрибуты, отражающие принадлежность мирян к тому или иному движению. Но только «*Цыцзи*» придает групповой и подгрупповой идентичности организации столь определяющее значение.

[12] «*Шанжэнь*» буквально обозначает «верхний человек / высшая личность», в данном случае — «святой отец/мать» при обращении к монаху/монахине. Это одно из возможных уважительных обращений к выдающемуся наставнику в буддизме как в современном китайском буддизме, так и ранее в истории. Подробнее о взаимоотношениях и связях между Чжэньянь и ее последователями см. [Huang 2001].

[13] «*Цыцзи*» ценит и поощряет выражение человеком эмоций. Организация особенно подчеркивает такое достоинство, как «*кэай*» — в самом буквальном смысле умение быть человеком, которого «можно любить». Тем самым «*Цыцзи*» стремится покончить со стереотипами по поводу буддизма как чрезмерно серьезной и склонной к подавлению человека религии. Как и в случае перформансов в искусстве, демонстрация эмоций может быть одновременно и искренней, и заранее тщательно подготовленной. См. в [Huang 2001: глава 5] подробности «обстоятельств и контекста», в которых как женщины, так и мужчины в «*Цыцзи*» могут выражать свои эмоции посредством плача и безмолвных песнопений — песен, исполняемых с помощью языка жестов.

Илл. 2.3. Зал безмятежных
размышлений, Хуалянь
(Элизабет Зелиньска)

Во время поездки на поезде до Хуаляня мы рассказывали друг другу о себе, пели песни, играли в детские игры с хлопками и практиковались в языке жестов. Расписание на следующие три дня было насыщенным и разнообразным. Несмотря на ранние подъемы, времени на отдых в середине дня не было предусмотрено — необычная практика для групповых мероприятий на Тайване. Впрочем, все это было в духе призывов Чжэнъянь к самодисциплине и самоотречению, а равно и частью обета бодхисаттвы. «Отдых должен лишь подразумевать смену вида деятельности» [Shi Zhengyan 1993b: 156].

В изящном Зале безмятежных размышлений в Хуаляне (илл. 2.3) состоялась встреча учителей со всего Тайваня. В общей сложности на мероприятии присутствовали 63 человека — как давние, так и новые члены «Цыцзи». Новички проходили между рядами учащихся и волонтеров «Цыцзи» из числа взрослых. Все с большим воодушевлением пели и хлопали в ладоши. Важно отметить, что все три дня мероприятия участников сопровождала съемочная группа, которая документировала все происходя-

Лагерь «Безмятежные размышления» для профессиональных преподавателей: расписание мероприятий

Суббота, 1 апреля	Воскресенье, 2 апреля	Понедельник, 3 апреля
Облака бодхисаттвы собираются со всех концов земли...		3:50–4:20 Пробуждение (по звуку деревянной трещотки)
	5:30–6:00 Пробуждение (по звону колокола)	4:20–5:40 Прогулка по саду на рассвете. Участие в утренней службе
	6:00–6:40 Завтрак	5:50–6:45 Завтрак и уборка
	6:40 Сбор в коридоре	6:45–8:20 Встреча с волонтерами «Цыцзи»
	7:00–10:00 Экскурсия в учебные заведения «Цыцзи», от детских садов до вузов. Экскурсия в больницу и медицинское училище	8:20–8:50 Экскурсия по Покоям безмятежных размышлений — «сердцу "Цыцзи"» и самому раннему из сохранившихся строений в комплексе «Цыцзи»
		9:00–10:15 Лекция школьного воспитателя о том, как помогать учащимся осознавать особенности взаимоотношений между мужчинами и женщинами

Суббота, 1 апреля	Воскресенье, 2 апреля	Понедельник, 3 апреля
		10:30–11:40 Лекция старшего члена «Цыцзи» на тему «Теория и практика "Безмятежных размышлений" наставницы Чжэнъянь»
	10:20–11:50 Лекция монахини о правилах поведения для членов «Цыцзи»	
	12:00–13:00 Обед в Покоях безмятежных размышлений	11:50–13:30 Обед и отдых
	13:00–13:30 Возвращение в лекционные аудитории	13:30–14:00 Репетиция церемонии закрытия
	13:30–14:10 Лекция монахини об истории организации «Цыцзи»	
15:00–16:30 «Возведение надежды»: лекция известного тайваньского инженера о миссии «Цыцзи» по восстановлению и отстройке заново 50 школ, пострадавших или полностью разрушенных в результате землетрясения 21 сентября 1999 года	14:20–15:30 «Великая любовь не знает границ»: лекция директора-мирянина о международной деятельности «Цыцзи»	14:00–16:00 Церемония закрытия
16:50–18:30 Посещение выставки «Мудрости и любви» — собрания текстов и фотографий, посвященных четырем основным		

Суббота, 1 апреля	Воскресенье, 2 апреля	Понедельник, 3 апреля
направлениям деятельности «Цыцзи» на Тайване и за его пределами: Благотворительность; Медицинская помощь и медицинские исследования; Образование; Культура. Здесь же была представлена информация о банке костного мозга «Цыцзи», международной деятельности по ликвидации последствий стихийных бедствий (в частности, землетрясений), деятельности по защите окружающей среды и об общественных волонтерских программам	*15:40–17:40 Аудиенция наставницы Чжэнъянь*	*16:00 Радостное возвращение домой...*
18:30–19:50 Ужин и купание	*18:00–19:00 Ужин*	
19:50–21:10 «Печать культуры»: лекция о возможностях СМИ и Интернета в XXI веке и о том, как эти средства могут быть использованы во благо миссии «Цыцзи»	*19:00–20:50 Дискуссии в небольших группах*	
21:10–22:00 Дискуссии в небольших группах	*21:00–21:30 Безмятежные размышления*	
22:30 Сон	*21:30 Сон*	

щее, в том числе они вели запись лекций, дискуссий, экскурсий и приемов пищи. Камера снимала даже наше заселение в общежития. Постоянные распевы «*Эмитофо*» — китайского обозначения будды Амитабхи — под легкий аккомпанемент звучали фоном во всех общественных местах. Все аудитории и общественные пространства были снабжены экранами различных размеров, на которых не только проигрывали видео и музыку, но и транслировали происходящее в лагере.

Таким образом, можно выделить три уровня переживания опыта «*Цыцзи*»:

Индивидуальные переживания каждого отдельного человека, которыми нужно обязательно делиться с окружающими.
Постоянная запись всех наших мероприятий съемочной группой.
Просмотр каждым человеком записей мероприятий на экранах.

Все эти три уровня обрели единую форму официальной видеозаписи нашего пребывания в лагере, которую мы посмотрели на церемонии закрытия. Большое количество используемых аудиовизуальных средств в совокупности с интенсивной фиксацией и проигрыванием записей недавних событий — довольно распространенная практика на Тайване, в том числе в крупнейших буддистских организациях. Однако по нашим впечатлениям «*Цыцзи*» особенно озабочена тем, чтобы не упустить ни один миг проводимых мероприятий. Это можно объяснить практическими соображениями — в дальнейшем записи можно использовать для прозелитизма, но это также свидетельствует и о сознательном намерении «*Цыцзи*» «вершить историю»[14].

---

[14] Тема того, как и почему буддистские группы, в частности «*Цыцзи*», применяют передовые коммуникационные технологии, заслуживает отдельного исследования с позиций визуальной культуры. В том числе следует задаваться вопросом по поводу того, не противоречит ли их одержимость буквальным *захватом* «моментов бытия» через видеозаписи (а также текстовые записи) буддийскому учению о непостоянстве, корректных практиках концентрации внимания, осознанности и т. д.

Как читатели уже имели возможность убедиться, в график наших мероприятий входили церемонии открытия и закрытия, лекции, всевозможные экскурсии, свободные дискуссии, приемы пищи и аудиенция у наставницы Чжэнъянь. Было сложно приобщиться к постоянному потоку мероприятий, на которых каждый из нас был обязан держать себя в приподнятом расположении духа, делиться чувствами и ощущениями и участвовать в общем действии как физически, так и духовно (в виде улыбок, песен, хлопков в ладоши, благодарностей и взываний к Амитабхе). Люди старались скрывать свою усталость, однако не у всех это получалось[15]. Кроме того, единственным местом, где человек мог уединиться во время пребывания в лагере, была уборная. Все остальное время — когда мы сидели, стояли, ходили, ели и спали — мы были частью «небольшой группы». Для «*Цыцзи*» сплоченность — это самое главное. Как заметил один из сотрудников организации во время дискуссии, «все достигается через коллектив и посредством общих усилий, в том числе мудрость». Однако этот человек никак не прокомментировал тот факт, что, несмотря на важность учителей и групп в качестве проводников к истине, достижение мудрости предполагает значительное напряжение личных сил человека: стремление к поиску информации во всех источниках, как устных, так и письменных, готовность к рефлексии и медитации [Sangharakshita 2000: 31][16].

Впрочем, постоянная активность не помешала программе лагеря расширить наш кругозор. Участников особенно вдохновляла перспектива встречи с самой наставницей Чжэнъянь. Опытные сотрудники из числа мирян провели нас в зал Гуаньинь. Учителя, присевшие на выложенные на пол подушки,

---

[15] Во время одной из наших вечерних встреч в узком кругу высокопоставленный представитель Ассоциации преподавателей «*Цыцзи*» признался, что чувствует давление и вину за то, насколько его «небольшие» усилия несопоставимы с достижениями коллег. С его слов, он настолько боялся не оправдать ожидания *Шанжэнь* и отступить от установленных высоких стандартов, что постоянно усиленно потел.

[16] В «*Цыцзи*» этому ключевому положению буддизма практически не уделяется внимания.

ожидали прибытия *Шанжэнь*, ее свиты монахинь и старших руководителей-мирян. Ожидание мы скрашивали пением песен «*Цыцзи*» и практикой языка жестов[17]. По центру комнаты были выставлены стул и письменный стол для наставницы Чжэнъянь. На стол ее помощники поставили цветочную композицию и микрофон, а также положили блокнот и механический карандаш.

Наконец, прозвучал призыв: «Просим вас подняться, чтобы поприветствовать *Шанжэнь*». Все замерли. В зал под светом прожекторов вступила она, облаченная в серые одеяния. Она медленно и бесшумно прошествовала к столу, села и кивком предложила и нам занять места. Ее помощники затем настроили микрофон и проверили готовность зала к съемке. Причем все эти операции они производили, сидя на корточках, из уважения к сидящей *Шанжэнь*. В комнате явственно ощущалось напряженное ожидание. Все старались дышать как можно тише. Каждое движение Чжэнъянь казалось продуманным и целенаправленным, сдержанным и изящным. Затем наставница заговорила с нами о важности образования и роли учителей в обществе и необходимости для каждого из нас включать в нашу работу буддийское учение и дух «*Цыцзи*». Чжэнъянь в основном говорила на *путунхуа* — стандартизированной версии китайского языка, но переходила на южноминьский язык[18], когда хотела пошутить, передать какую-то эмоцию или подчеркнуть определенную мысль. Такие переходы часто наблюдаются у носителей, для которых южноминьский — родной язык. Говорила Чжэнъянь терпеливым и ласковым тоном, подобно учителю или родителю, наставляющему ребенка. Так, она задавала нам полуриторические вопросы, на которые мы должны были односложно отвечать «Да!»

---

[17] Язык жестов используется не только для общения со слабослышащими или глухими людьми, но и для создания ауры тишины, мира и благодати. Анализ языка жестов и безмолвных песнопений см. у [Huang 2001: глава 5].

[18] Одна из разновидностей китайского языка, распространенная в провинции Фуцзянь, на Тайване, а также во многих странах Юго-Восточной Азии. — *Прим. пер.*

или «Нет!». Легкий и высокий голос наставницы играет множеством красок, он словно чередование света и тени от облаков, проходящих над головой[19].

По впечатлениям от одной этой встречи, мы бы не стали характеризовать Чжэнъянь, как это делают ее последователи, в первую очередь как человека, олицетворяющего собой материнскую любовь. Перед собой мы увидели искренне доброжелательного, но сдержанного человека, чья мудрость и проницательность дополнялась склонностью к саркастически-тонкому юмору. В Чжэнъянь ощущалась властность матриарха или даже патриарха, авторитет традиционного китайского высокопоставленного чиновника, который творит словом и пером. Каждая ее фраза заключала в себе силу этики и закона[20].

По окончании лекции люди из аудитории выходили в центр комнаты и, стоя слева от Чжэнъянь, задавали вопросы, говорили об общих проблемах или рассказывали личные истории, свидетельствующие о вере в Чжэнъянь и «*Цыцзи*»[21]. И наставница, и монахиня, сидевшая рядом с ней, делали подробные записи.

Женщины и мужчины, не в силах сдерживать слезы, срывающимися голосами вещали о своих переживаниях. Церемония во многом напоминала схожие мероприятия у христиан и японских светских буддистов из общества «Сока Гаккай»[22]:

---

[19] См. также [Huang 2001: 46–48]. Однако далеко не всем нравится звук голоса Чжэнъянь и ее склонность к *диннин* — чтению нотаций (подобно тому, как учитель обращается к маленьким детям). Монахиня из другой буддистской группы заметила, что у Чжэнъянь слишком легкий и высокий голос для наставницы и что ему не хватало величественности и торжественности (*чжуанъянь*).

[20] Лу Хуэйсинь в целой серии эссе отмечает, что Чжэнъянь сочетает в себе «традиционные» черты строгого отца и нежной матери («*фуянь муцы*»). Стюарт Чандлер замечает то же самое по поводу монаха Синьюня из «*Фогуаншань*» [Chandler 2004: 37].

[21] Мастер настоятельно рекомендовал оставаться на Тайване и «продолжать помогать тайваньскому обществу».

[22] Представители «*Сока Гаккай*» «часто высказываются насчет некоего духа "*Сока Гаккай*" и воодушевленно рассказывают о том, как это буддийское движение изменило их жизнь» [Metraux 1996: 274].

(Женщина): Благодаря «*Цыцзи*» мне не только открылся истинный смысл жизни и любви, я лучше узнала себя.

(Женщина): Каждый раз, когда я возвращаюсь в Покои безмятежных размышлений, я плачу от счастья. А все потому, что, как мне кажется, я возвращаюсь домой, в обитель моей души. Причем плачу я с момента прибытия и до тех пор, пока не вернусь в Тайбэй!

(Мужчина): Я всегда думал, что я вроде бы довольно хороший человек. Я усердно работал и старался помогать людям. Но при этом я никак не мог найти время позаботиться о собственных родителях! А потом я прочитал отрывок из «Безмятежных размышлений»: «Жизнь течет быстро... Есть две вещи, которые не терпят отлагательства: исполнение долга перед родителями и свершение добрых дел...» Как я сожалел по поводу моих дурных мыслей! И чувствовал себя очень виноватым... Так мне открылось, насколько мудра наша *Шанжэнь*!

(Мужчина): Да, говорят, что «мужчины не плачут», но здесь, в «*Цыцзи*», я позволяю себе это, потому что мы все — одна большая семья[23].

Учителя снова встретились с наставницей Чжэнъянь на церемонии закрытия лагеря. Каждый участник стоял на коленях на подушках и держал в руках по небольшому стеклянному подсвечнику в форме цветка лотоса с красными свечами, изготовленными монахинями вручную. Учителя выстроились в несколько рядов, благочестиво сцепив руки, словно готовясь к причастию, мы встали и направились к центру комнаты, где Чжэнъянь вручала каждому учителю по памятному сертификату. Кроме того, каждой группе участников было дозволено сделать групповое фото с *Шанжэнь*. Учителям также подарили по ламиниро-

---

23 См. [Huang 2001: глава 5], где представлен исчерпывающий анализ феномена плача в «*Цыцзи*». Автор упоминает, в частности, множество разновидностей плача: исповедальный, искупительный, удивленный/смущенный (при получении упреков со стороны старших членов организации), очищающий, скорбный/сочувствующий (при столкновении с болью и страданиями), церемониальный, экстатичный (во время встреч с Чжэнъянь) и групповой (к которому тяжело не примкнуть).

ванной фотографии Чжэнъянь, запечатленной во время чтения лекции; бледно-зеленый, светящийся в темноте молитвенный браслет (четки), на одной из бусин которого вытиснена фотография в сепии молодой Чжэнъян (ее самый известный портрет); книжные закладки с цитатами из «Безмятежных размышлений». Так и подошла к концу работа лагеря. Все участники разъехались в надежде «когда-нибудь снова увидеться, если то предначертано *юаньфэнь* — судьбой».

В целом лагерь «Безмятежные размышления» мало затрагивал проблематику беспристрастия и проницательности/мудрости, которая составляет ядро «Сутры бесчисленных значений». В равной мере мероприятие никак не способствовало свободному размышлению на тему учения Чжэнъянь, критическим обсуждениям буддизма или иных тем. Основная цель всего проекта, как и других инициатив «Цыцзи», — приобщение участников через точно отработанные манипуляции эмоциями и следование четкой телесной дисциплине к осознанию буддизма (в трактовке Чжэнъянь), деятельности «Цыцзи» и групповой идентичности «Цыцзи» (также см. [Huang 2001: главы 4, 6]). Часто заявляется, что «Цыцзи» — как круг, в котором «все люди равны и не существует иерархии, где кто-либо был бы сверху, снизу, позади, выше или ниже кого-либо другого» [Pan 2004: 427]. И действительно, члены «Цыцзи» — как миряне, так и монахи — являются людьми самого различного происхождения: это люди из разных мест, разного уровня образования, с разными семейными связями, разной классовой принадлежности и так далее. Выражаясь метафорично: различные подгруппы «Цыцзи» подобны вечно сменяющим друг друга волнам; мощь же общего потока зависит от слияния всех волн воедино [Ibid.: 428][24]. Тем не менее Джулия Хуан посвятила три главы своей диссертации иерархическому сознанию и структуре «Цыцзи». Организация классифицирует разнообразные

---

[24] Автор вспоминает о том, как Коммунистическая партия Китая описывала нравственное превосходство и власть народных масс через образы волны или прибоя. Впрочем, в рассуждениях Чжэнъянь, разумеется, нет места для осмысления ожесточенной классовой борьбы, чуждой ее философии.

проекты по шкале от «общедоступных» до «эксклюзивных», в зависимости от приверженности участников учению и их опыта участия в волонтерских инициативах «Цыцзи» [Huang 2001: 137]. Вне зависимости от заявлений и веры в эгалитаризм «Цыцзи» вполне очевидно принимает форму иерархичной пирамиды, на вершине которой находится наставница Чжэнъянь [Ibid.: 83].

О харизме

Во время возвращения на поезде в Тайбэй группа выглядела несколько подавленной. Большинство из нас обессиленно рухнули в кресла от усталости, пытаясь найти собственное «я» после нескольких дней подавления всякой самости. В мире не так много людей, которые бы могли конкурировать с Чжэнъянь по силе воли и харизме. Именно эти качества позволили «маленькой, хрупкой, ослабленной как тяжелыми болезнями, так и нескончаемой переработкой» девушке возглавить «Цыцзи» и реализовывать масштабные благотворительные проекты. В этом контексте вспоминается одна яркая сценка из пребывания в лагере. В самом начале церемонии со свечами девушка-мирянка не могла справиться с газовой зажигалкой, чтобы зажечь первую свечу. Возникла неудобная пауза. Чжэнъянь выступила вперед, подхватила зажигалку и одним движением сама зажгла свечу. Этот грациозный, но убедительный жест будто бы объявлял: «свеча должна быть зажжена... СЕЙЧАС». Пламя передавалось от человека к человеку, пока по всему залу не распространилось мягкое золотистое свечение.

Джулия Хуан отмечает, что «Чжэнъянь не просто духовный лидер, но и лицо, принимающее все окончательные решения в "Цыцзи". На всех уровнях управления "Цыцзи" ощущается сила ее авторитета» [Ibid.]. Религиозные лидеры по определению должны обладать сильной волей, ясным пониманием своих целей и всепроникающей харизмой, которая будет привлекать и удерживать рядом с ними как учеников, так и последователей-мирян. Вспоминается риторический вопрос одного из членов «Цыцзи»: каким образом Шанжэнь удается всего лишь одной фразой побуждать стольких людей?[25] Возможно, мы сумеем ответить на этот вопрос, если разгадаем формулу харизмы Чжэнъянь. Румынский философ Мирча Элиаде описывает харизму как «прирожденную грацию, духовный дар, который наделяет человека особыми способностями», а также склонность к «лидерству и власти». Такая формулировка, впрочем, вызывает только дополнительные вопросы. Макс Вебер дает нам более вразумительное определение. Немецкий социолог отмечает, что харизма проявляется в процессе взаимодействия между лидером и его (ее) сторонниками, это пример успешных общественных отношений, строящихся на общих ценностях. Французский историк Марк Блок пишет о харизме *«королей-чудотворцев»*, наделенных «царственным даром»:

> коллективные идеалы [народа] и личные амбиции [королей] сливались в некий психологический комплекс, исходя из которого короли Франции и Англии заявляли о наличии у них способности творить чудеса, а их подданные признавали за ними такую способность.

При этом ни Вебер, ни Блок не комментируют, как именно такой лидер управляет разрастающейся структурой на протяжении столь долгого времени.

Харизма Чжэнъянь заключается в удачном стечении обстоятельств: ее волевое стремление реализовать собственное видение буддизма наложилось на социально-культурные особенности ее последователей и сагу о тайваньском чуде. Здесь стоит немного рассказать о ранней жизни Чжэнъянь, о ее семье и о том, какие условия способствовали ее становлению монахиней-буддисткой.

Рассказы о ранней жизни Чжэнъянь

Многие современники Чжэнъянь так же, как и она сама, познали в детстве болезни и смерть и выросли в довольно бедных семьях, однако выбор, который Чжэнъянь сделала с учетом исход-

---

[25] См. [Huang 2001: главы 1, 2]. Автор анализирует понятие харизмы применительно к Чжэнъянь и *«Цыцзи»*.

ных условий своей судьбы, был довольно необычным. Множество
изданий на английском и китайском языке рисуют в целом схожий
портрет юной девушки, которой только предстояло стать наставницей. Наша цель здесь не повторять общеизвестные детали,
а изучить ее раннюю жизнь на предмет источников духовности
и силы воли, которые она проявляет, в частности через расширя-
ющуюся деятельность «Цыцзи».

Ван Цзиньюнь родилась в районе Циншуй уезда Тайчжун
в 1937 году. Семья дяди по линии отца удочерила ее в младенче-
ском возрасте. С появлением приемной дочери судьба «смило-
стивилась» над прежде бездетной семьей, и позднее у пары ро-
дились собственные сыновья[26]. Ван Цзиньюнь выросла, хорошо
ориентируясь в сельской местности и окрестностях Фэнъюань,
где проживала ее вторая семья. В речах и трактатах Чжэнъянь
содержатся многочисленные аллюзии к жизни в тайваньской
«глубинке». При этом ее приемные родители не были крестьянами. Они владели несколькими объектами недвижимости и управ-
ляли региональной сетью кинотеатров.

В официальных источниках вообще ничего не говорится
о повседневной жизни Цзиньюнь. Мы ничего не узнаем о том,
как и где она училась, какие отношения связывают ее с родными
и близкими. «Сознание сострадания бодхисаттвы Гуаньинь»
впервые пришло к Цзиньюнь во время американских авианалетов
на оккупированный японцами Тайвань. Девочка заметила, что
люди в бомбоубежищах молились о том, чтобы Гуаньинь «дала
снарядам упасть в море» [Liu 1997: 32].

Как это часто бывает в жизнеописаниях, о Чжэнъянь нам
рассказывают то, что будущая наставница рано проявила свои
духовные способности. «С юных лет Цзиньюнь предавалась
глубоким размышлениям, задаваясь вопросами о том, откуда
берет начало жизнь, куда направляются люди после смерти

---

[26] Как уже упоминалось в главе 1, *яннюй* — «приемные дочери» — были крайне распространенным явлением на Тайване до 1970-х годов. Бытовала вера
в то, что старшая дочь сможет *«чжаоди»* — «призывать младших братьев»,
то есть обеспечить рождение в семье мужского потомства. Стоит отметить,
что Ван Дуаньчжэн, младший брат самой Чжэнъянь, является одним из
ведущих администраторов-мирян в *«Цыцзи»*.

и в чем заключается смысл существования людей между рождением и кончиной» [Shi Zhengyan 1993a: 211][27]. В нескольких биографиях пересказываются озарения, которые снизошли на Чжэнъянь в момент кризиса, когда ее брат, мать и отец переживали тяжелые недомогания, и подчеркивается, как Чжэнъянь уже тогда проявляла себя как образцовая дочь и сестра. Примерно в возрасте десяти лет Цзиньюнь в течение восьми месяцев присматривала за братом, которого положили в больницу с тяжелым заболеванием. Девочка «восхищалась духом врачей и медсестер, спасавших пациентов» [Shi Zhengyan 1993a: 211]. Когда Цзиньюнь было 15 лет (12 лет по некоторым источникам):

> ...у ее матери диагностировали язву желудка. Женщине была необходима операция — рискованное мероприятие в те времена. Стремясь проявить почтительность и облегчить страдания матери, Цзиньюнь... поклялась отогнать от женщины все страдания и обратилась с молитвой к Гуаньинь... «Я, Цзиньюнь, готова отдать матери 12 лет моей собственной жизни». Возможно, Небеса и Земля сжалились над добродетельной девушкой, потому что болезнь матери постепенно пошла на спад, а позже чудесным образом совсем исчезла. Цзиньюнь в знак благодарности за эту милость стала вегетарианкой [Shi Zhengyan 1993a: 211–212].

По окончании средней школы (немногие девушки ее поколения могли получить полное среднее образование) Ван Цзиньюнь как старший ребенок и дочь была обязана начать помогать семье в домашних делах и делах бизнеса. Ли Юйчжэнь отмечает, что, поскольку приемная мать Цзиньюнь сильно ослабла после частых беременностей, дочери пришлось взять на себя многие обязанности матери [Li Yuzhen 2000c: 261]. Когда Цзиньюнь было 20 лет, у ее отца случился инсульт, и на следующий день он умер. Неожиданная смерть отца, который всегда казался сильным и здоровым, стала «большим ударом для девушки. Она начала искать места для уединения, желая обнаружить истоки и пределы жизни и стремясь

---

[27] Схожим образом в житии Синъюня заявляется, что тот с самых ранних лет демонстрировал неоднократные проявления спонтанной щедрости и сострадания [Chandler 2004: 41].

разрешить для себя загадку непостоянства всего живого» [Liu 1997: 33; Shi Zhengyan 1993a: 212]. Приняв на себя роль сразу и матери, и отца, Цзиньюнь прежде всего привела в порядок семейные дела, чтобы обеспечить мать и четырех младших братьев. А затем она на несколько лет отправилась в путешествие в глушь центральных и восточных районов Тайваня[28]. Во время странствий Цзиньюнь пережила множество прозрений, каждое из которых (за исключением периода одиночной медитации) было связано со знаменательными встречами с женщинами (ее первой наставницей-буддисткой и другими монахинями, верующими мирянками, тяжелобольной коренной жительницей Тайваня и тремя монахинями-католичками) и мужчинами (Сюй Цзунмином, мирянином, ее вторым наставником-буддистом, а также с ее учителем Иньшунем, выдающимся исследователем буддизма в целом и проповедником гуманистического буддизма в частности).

Путешествие: ряд озарений

Скитания по дикой местности, которые в свое время совершали Иисус Христос, первые Отцы Церкви, праведники, китайские отшельники и даже Мао во время Великого похода, даруют путешественникам духовный капитал и легитимность, на которые они смогут опереться в будущем. Путники не только переживают испытания и лишения, но выходят из них победителями, пускай даже ослабленные телом, но преисполненные энергией на дальнейшие свершения. После нескольких лет духовного роста Цзиньюнь приняла решение стать монахиней. Сформировав свои представления о сущности буддизма и инструменте, который должен был помочь ей исполнить обет, данный бодхисаттве, она создала в 1966 году организацию «*Цыцзи*».

---

[28] См. [Tsomo 2004a: 99]. В «Жизнеописаниях монахинь» Ши Баочана особо восхваляются буддистки, которые сначала выполнили все предписываемые им конфуцианством обязанности по отношению к своим семьям, демонстрируя предельное и неизменное почтение к старшим с самого раннего возраста, и в дальнейшем превзошли пределы даже этого нравственного долга через буддийские практики [Hinsch 2006: 9].

После кончины отца Цзиньюнь обратилась за духовной поддержкой и наставлениями к учителю Сюдао, настоятельнице
близлежащего монастыря «*Цыюнь*». Цзиньюнь выросла и была
воспитана в условиях существующего религиозного ландшафта
Китая. Девушке было хорошо известно, как тайваньцы почитали
Гуаньинь, «Нерожденную праматерь», и Мацзу, но она была мало
знакома с буддийскими канонами, которые тогда еще не были
опубликованы и широко распространены на Тайване. Сюдао —
одна из немногих тайваньских монахинь, которые изучали *дзен*-
буддизм в Японии, — стала первой наставницей Цзиньюнь[29]. Как
указывается в биографии Чжэньянь авторства Чэнь Хуэйцзяня,
между Сюдао и Цзиньюнь состоялась следующая беседа, которая
вдохновила девушку стать монахиней:

> Цзиньюнь спросила: какая женщина испытывает счастье?
> Сюдао ответила: та, которая может нести корзинку с едой.
> Цзиньюнь задумалась: но я ношу такие корзинки каждый
> день, но не могу назвать себя счастливой. Отчего? Тогда же
> она подумала: что было бы, если бы женщина могла, как
> мужчина, вершить большие дела в мире?

Вот еще один рассказ на тему того, как Цзиньюнь пришла
к мысли о необходимости принять монашеский обет:

> Однажды, когда ей было 24 года, на перепутье между летом
> и осенью она шла мимо рисового поля у монастыря [«*Цы-
> юнь*»] и заметила, как две монахини собирали рис. Познако-
> мившись с женщинами, Цзиньюнь присоединилась к их ра-
> боте. Стебли риса качались под порывами ветра, словно
> желая что-то ей рассказать. Во время срезания колосков
> к Цзиньюнь вдруг пришло озарение, и она ощутила себя
> воистину счастливой, будто бы ее сердцу открылись сразу все
> тайны Небес. Солнце клонилось к закату, и сбор урожая
> подошел к концу. Пришло время прощаться. Неожиданно
> молодая монахиня спросила: «Не хочешь ли ты пойти с на-

---

[29] Сюдао — хороший пример монахини, чья деятельность охватывала весь период до и после трансформации, которую тайваньский буддизм пережил
в 1950-е годы. По возвращении из Японии Сюдао, позже официально приняв-
шая посвящение в *бхикшуни* на Тайване, учредила храм «*Цыюнь*» в Фэнъюане.

ми?» Но вопрос нисколько не удивил Цзиньюнь, ведь она уже приняла решение. «Да, пойдемте прямо сейчас. Я готова». Вторая монахиня, чуть постарше Цзиньюнь, взяла ее за руку и, с ярким блеском в глазах, спросила: «А ты свободна ото всех препятствий?» Цзиньюнь кивнула. «Свободна от всего». На железнодорожной станции монахини поинтересовались у нее: «Куда поедем? На север? Или на юг?» [Цзиньюнь] ответила: «Поедем туда, куда направляется первый остановившийся на станции поезд». Все обстоятельства сложились идеально [Shi Zhengyan 1993a: 212–213][30].

Наставница Сюдао и Ван Цзиньюнь вместе объездили храмы Тайчжуна и Гаосюна, а потом некоторое время пребывали в деревушке Луе близ Тайдуна[31]. Женщины жили уединенно при небольшом святилище Нерожденной праматери. Пищей им служили собранные дикорастущие овощи и фрукты, изредка — орехи и ямс. Цзиньюнь помогала жившей поблизости госпоже Чжоу Цзиньжу набирать воду утром и вечером. Как-то госпожа Чжоу угостила Цзиньюнь ужином и была поражена поразительной силой духа молодой женщины. С приближением зимы госпожа Чжоу, беспокоясь по поводу здоровья Цзиньюнь, сшила ей голубое платье и теплое покрывало. Однако подарки так и остались невручёнными. Оказалось, что Цзиньюнь и наставница Сюдао уже успели покинуть деревню и отправились в другие храмы в окрестностях Ланьшаня, Чжибэня и Хуаляня. Госпожа Чжоу волновалась за безопасность женщин, потому что рельеф в тех местах был довольно сложным. Повернувшись лицом к горам, Чжоу вознесла молитву Нерожденной праматери и попросила ее быть милостивой к молодым верующим[32].

---

[30] Остается неясным, в какой мере текст основан на прямых цитатах Чжэнъянь, а в какой мере — на исторических фантазиях составителя и редактора.

[31] За исключением случаев, когда указано обратное, описание первой части жизни Чжэнъянь основано на [Chen Huijian 1983–1989].

[32] Проведя некоторое время в Хуаляне, Сюдао вернулась в храм *«Цыюнь»* в Фэньюане и оставалась его главой вплоть до момента написания настоящей книги. Мы познакомились с Сюдао, когда ей было уже 80 с лишним лет. Наставница лично ответила на звонок в *«Цыюнь»*. В мае 2008 года, когда

Цзиньюнь никого не знала в Хуаляне, но ей пришла на помощь пара благочестивых буддистов — господин Сюй Цзунмин и его супруга. Она повстречалась с ними в храме *Дунцзин*. Господин Сюй был сведущ в буддийских канонах, и Цзиньюнь попросила его стать ее вторым учителем. Цзиньюнь самостоятельно совершила постриг, но ей еще предстояло принять все требующиеся от монахини формальные обеты. Молодая монахиня отправилась в храм *Линьцзи* в Тайбэе, но там ей было отказано в проведении ритуала, поскольку она нарушила устоявшуюся практику и не заручилась поддержкой официального наставника перед тем, как принять постриг. Однако Цзиньюнь повезло, она встретилась с почитаемым монахом Иньшунем и стала его ученицей. Таким образом, Чжэнъянь — имя ей подобрал лично Иньшунь — смогла принять монашеские обеты.

В возрасте 26 лет Чжэнъянь вернулась в Хуалянь, где она продолжила путь духовного развития, служа главным образом при храме *Пумин*. Лекции Чжэнъянь по «чреву Земли» Кшитигарбхе[33] и «Сутре Лотоса» вскоре начали привлекать многих учениц-монахинь и последователей-мирян. Она отвергла несколько предложений стать настоятельницей святилищ в других районах Тайваня, предпочитая остаться в Хуаляне вместе со своими учениками. Чжэнъянь и ее последователи обеспечивали себя сами посредством земледелия и продажи ремесленных изделий. Они не просили милостыню и не принимали какие-либо подношения[34].

в китайской провинции Сычуань произошло мощное землетрясение, Сюдао выделила NT\$6 000 000 (примерно US\$194 000) организации *Цыцзи* на ликвидацию последствий стихийного бедствия (URL: http://www.newdaai. tv/?view=detail&id=42003 (дата обращения: 31.05.2008)).

[33] Один из наиболее почитаемых бодхисаттв в буддизме. — *Прим. пер.*

[34] Можно найти многие интересные параллели между жизненными обстоятельствами Чжэнъянь и наставника в традиции чань-буддизма Чжиюань Синган. Они обе считаются образцами почтительных к родителям дочерей, ни та, ни другая не жили за счет пожертвований, обеих называют талантливыми лекторами по вопросам *дхармы*, у обеих в последователях состояли и монахини, и миряне (как женщины, так и мужчины), обеих превозносят за неустанную благотворительную деятельность [Grant 1996: 54, 58–59].

Самадхи при свечах

После обряда посвящения Чжэнъянь примерно шесть месяцев вела отшельнический образ жизни и посвятила себя изучению «Сутры Лотоса». Как-то ночью, во время чтения при свечах, при взгляде на пламя на Чжэнъянь снизошло важное видение, которое легло в основу ее учения о природе и Вселенной и из которого она исходила во всех своих последующих действиях и решениях.

> Свеча не может гореть без фитиля. Но даже при наличии фитиля его нужно сначала поджечь, чтобы извлечь из него пользу. Зажженная свеча роняет слезы из воска, но подобный «плач» лучше для нее, чем не гореть вовсе. Когда восковая слеза «скатывается» со свечи, ее сразу же удерживает тонкая пленка. Ровно также, как между небесами и землей есть напоминающий кожу слой, имеющий утешительное и примирительное действие. Чтобы убедиться в существовании этого явления, Чжэнъянь принесла небольшую жертву Буддам, оставив себе на правом плече ожог благовониями. Как только кожа была опалена, на рану снизошло ощущение прохлады, которое укрыло рубец второй кожей... Мучения рождения и смерти похожи на слезы, которые проливает свеча. Они приносят нам не только боль, но и немедленное утешение[35].

---

[35] Чжэнъянь полагает, что истинное сострадание не выразить словами, поэтому утешение должно быть чем-то большим, чем пожелания, и предполагает активное физическое вмешательство в ситуацию. «*Фувэй*» — собственно обозначение «утешения» на китайском — охватывает целый набор разнообразных реакций, в том числе особую тональность разговора, выражение лица и такие действия, как ласкательные движения, которыми может успокаивать, например, ребенка мать. Чжэнъянь часто описывает ласку и утешение через образ «прохлады». Эта метафора прослеживается, в частности, в рассуждениях, что «*Цыцзи*» напоминает безграничный лес деревьев-*бодхи* — познавших просветление бодхисаттв. Здесь «каждый, кто сталкивается со сложностями или лишен уверенности, может приобщиться к прохладе *бодхи*» [Shi Zhengyan 1993a: 210]. А для людей, страждущих в реальном мире, «члены "*Цыцзи*" выступают бризом, несущим свежесть» [Ibid.: 208]. В главе «Сутры Лотоса», посвященной «Вселенской двери», отмечается, что состра-

В буддизме и китайских холистических представлениях о теле и сердце мучения могут быть как телесными, так и духовными. Чжэнъянь предположила, что всеобщее и безоговорочное сострадание в буддийских учениях напоминает «утешительную силу, которую заключают в себе небеса и земля». Возможно, на тот момент Чжэнъянь воспринимала жизнь как нечто столь же хрупкое, как «тонкая пленка» из ее видения, и выступила с мыслью, что сострадание способно исцелить боль и вернуть радость жизни сломленному человеку. Энергия, исходящая от одного человека, передается по цепочке другим людям, ровно так же, как пламя одной свечи позволяет зажечь бесчисленное множество других свечей[36].

На 1966 год приходятся две встречи, которые подтвердили предчувствие Чжэнъянь, что ее призвание — это работа со сферами медицины и благотворительности. Во время посещения клиники в поселке Фэнлинь она была поражена видом лужи крови на полу. Чжэнъянь объяснили, что у местной женщины случилось кровоизлияние из-за выкидыша. Четверо мужчин восемь часов несли женщину по горной местности до клиники, однако женщине отказали в медицинской помощи, потому что у ее семьи совсем не было средств на оплату работы врачей. Полное пренебрежение ценностью человеческой жизни, которое продемонстрировали сотрудники клиники, вызвало у Чжэнъянь приступ головокружительной боли. Монахиня поклялась, что она приложит все усилия, чтобы улучшить ситуацию со здравоохранением на востоке Тайваня[37]. По возвращении в Хуалянь

дание бодхисаттвы способно подавлять огонь в душе человека и преображать ее в прохладный водоем, полный прозрачной воды и украшенный лотосами. Более того, "прохлада и чистота" — почти что профессиональный термин в контексте буддизма» [Levering 1992: 156, примечание 61].

[36] Многие годы монахини производили при Покоях безмятежных размышлений небольшие красные церемониальные свечи «без слез». Такие свечи должны были гореть на протяжении десяти часов без стекания воска. При этом воск медленно тает и образует «защитный слой» вокруг фитиля.

[37] Примечательное печальное обстоятельство: спустя 40 лет, в 2003 году, семья врача, о котором идет речь, предположительно отказавшего в обслуживании пациентке, подала в суд на «Цыцзи» за клевету (хотя ни Чжэнъянь, ни «Цыцзи» не упоминали где-либо имя медицинского работника). В сентябре того же

Чжэнъянь приняла у себя трех монахинь-католичек. В ходе беседы гостьи обратились к Чжэнъянь со следующим вопросом: сострадание — ведущий принцип буддизма, но почему же столь мал вклад буддистов в общественные дела, например в строительство школ и больниц? Чжэнъянь тогда так и не нашла, что им ответить.

Вплоть до того момента Чжэнъянь полагала, что ее саму и ее учеников ждет традиционная для буддистов жизнь в созерцании и отказ от славы и богатства (*таомин, таоли*). Однако с учетом всех описанных событий и встреч монахиня пришла к мысли, что огромный потенциал буддийского сострадания лучше всего будет реализован в условиях должной организации и финансирования, если же этого не удастся добиться, сострадание так и останется чем-то абстрактным. В 1966 году Чжэнъянь основала «Цыцзи» — благотворительный фонд «Милосердная помощь» (илл. 2.4)[38].

года суд распорядился, чтобы «Цыцзи» выплатила истцам NT$1 010 000 (примерно US$30 000). Чжэнъянь решила не подавать апелляцию. Монахиня-активистка Чжаохуэй в течение всего скандала публично выступала в защиту Чжэнъянь. См. [Hongshi Jiaoyu Wenjiao Jijinhui 2003].

[38] Несмотря на то что мать Чжэнъянь первоначально активно противилась решению дочери стать буддийской монахиней, она все же предоставляла ей деньги, «вместо приданого». Эти средства пошли на покупку земли и строительство Покоев безмятежных размышлений, а также закупку материалов, необходимых для того, чтобы монахини могли заниматься ремеслами [Liu 1993: 38]. В целом предполагалось, что буддийские монахини должны «покидать домашний очаг», однако многие века китайские буддисты отстаивали совместимость монашеской жизни с почтительностью к родителям [Cole 1998]. Ши Баочан в «Жизнеописаниях монахинь» (Shi Baochang, «Lives of the Nuns». P. 517) «показывал, что буддизм вполне может уживаться с заботой о родителях. Так, женщины, "покинув дом" [чуцзя] и начиная жизнь в религии, все равно могли стараться исполнить свой долг перед родителями» [Hinsch 2006: 12]. Чжэнъянь многие годы поддерживала тесные контакты с семьей, а ее брат стал исполнительным директором Фонда «Цыцзи». См. диссертацию Ли Юйчжэнь, где представлено множество примеров того, как монахини продолжают общаться со своими родными семьями. Так, овдовевшие матери монахинь нередко живут вместе с дочерями при храмах. В исследовании Чэн Вэйи многие тайваньские монахини признают, что обеспечивают себя благодаря поддержке родных и/или личным активам

«Цыцзи» и полифонические нарративы

Харизма Чжэнъянь во многом связана с многогранностью ее личности. Притом что личная биография Чжэнъянь сильно напоминает обстоятельства жизни многих тайваньцев, она демонстрирует уникальные, практически сверхъестественные способности и силу воли. Среди всех крупных буддистских организаций Тайваня только «Цыцзи» возглавляет женщина, причем урожденная жительница Тайваня; обычных людей в Чжэнъянь привлекает еще и то, что она владеет южноминьским языком [Jones Ch. 1999: 209][39].

Официальные материалы «Цыцзи» в сочетании с лекциями и экскурсиями по штаб-квартирам, школам и больницам при организации задают нам сразу множество параллельно существующих нарративов, иногда противоречивых, но в то же время вполне уживающихся друг с другом. Эти хитросплетения взаимодополняющих сюжетов создают своего рода паутину, позволяющую фонду привлекать на свою сторону представителей различных слоев общества, поколений, народов и т. д.

Прошлое всегда с нами

Тайвань познал много горестей и печалей в прошлом. Об этом вам с готовностью расскажет любой тайванец старше 40 лет. Напасти могут принимать различные формы в городах и сельской местности, но классический для Тайваня архетип — печальное существование сельскохозяйственного работника, трудящегося

[Cheng 2007: 141–142]. Стюарт Чандлер уделяет особое внимание тому, что в «Фогуаншань» «биологические семьи [монашествующих] включаются в общее семейство "Света Будды"» [Chandler 2004: 242]. В [Qin 2000: 200–201, 454] также отмечается, что большинство монахинь, с которыми у автора была возможность взаимодействовать при храме «Фуху» в китайской провинции Сычуань, поддерживали связи с родными семьями.

[39] Впрочем, ни сама Чжэнъянь, ни «Цыцзи» не выступают в поддержку каких-либо политических движений. В равной мере членов организации нельзя назвать радикальными активистами за «де-синификацию». Как раз наоборот, «Цыцзи» поддерживает распространение конфуцианских ценностей. См. [Jones Ch. 1999: главы 3, 6].

Илл. 2.4.
Наставница
Чжэнъянь помогает
тайваньским
обездоленным
(фонд *«Цыцзи»*)

до полного изнеможения на полях (обычно рисовых) и получающего помощь лишь от членов собственной семьи. Хотя сама Чжэнъянь выросла в семье предпринимателей среднего достатка, ей и ее первым ученикам были хорошо знакомы условия жизни рабочей группы населения. Что наиболее примечательно — учреждение и расширение *«Цыцзи»* в первые годы существования организации обеспечивалось исключительно усилиями самих представителей зарождающегося движения.

В официальной литературе организации активно продвигается общий нарратив об этих первых трудных годах *«Цыцзи»*. Текстовые материалы дополняют фотографии в сепии и черно-белых тонах, висящие на стенах штаб-квартиры «*Цыцзи*» в Хуаляне, а также экспозиции в Покоях безмятежных размышлений, где можно обнаружить кухонные принадлежности, сельскохозяйственные орудия и всевозможные ремесленные инструменты. При этом музей одновременно выступает и как рабочее пространство, в котором монахини трудятся по сей день, готовя еду для себя и сестер[40].

До читателей и посетителей пытаются донести мысль, что материальное благосостояние и успех, которые ждали движение после 1980-х годов, — вещи преходящие. Все достижения не отменяют прошлый опыт. По мере того, как человек преодолевает нищету и мучения, он должен становиться сильнее и добродетельнее. Человека, знакомящегося с экспонатами, также охватывает некоторая ностальгия по тому хорошему, что было в «традиционном аграрном обществе», где «Чистая земля» была богата «искренним человеческим чувством» и где все предположительно были знакомы и приходили друг другу на помощь. «*Цыцзи*» пытается воссоздать эту «большую семью» и «сообщество взаимного благоденствия» как на базе штаб-квартиры в Хуаляне, так и через волонтерские объединения, участвующие в общественных работах. После посещения семинаров, подобных тому, что мы описали ранее, участникам предлагается вступить в ряды «единой семьи "*Цыцзи*"» посредством работы с представительствами организации на местах. Также поощряются частые поездки в Хуалянь — «духовную обитель» [Lu Hwei-Syin 1998: 545–546, 548–549], где члены «*Цыцзи*» могут отдохнуть от тягот жизни в беспорядочном, грязном, бесчувственном, чрезмерно урбанизированном мире.

«Чистая земля» здесь и сейчас

Параллельно в изданиях и на официальном сайте «*Цыцзи*», на таких выставках, как «Галерея мудрости и большой любви» в лагере «Безмятежных размышлений», в огромном, обустроенном по последнему слову техники комплексе в Хуаляне, явственно ощущается дыхание нового времени и китайского реформаторского

---

[40] Подробнее о монахинях при Покоях безмятежных размышлений см. главу 4.

движения «буддизм для всего мира». «*Цыцзи*» критикует современный мир за отчужденность людей, засилье эгоизма и крайний материализм, но не отвергает современные средства, которые могут помочь в реализации наставлений Иньшуня — наставника Чжэнъянь: «всегда делайте все во имя буддизма и во имя всех сознательных существ», думайте о том, что «здесь... сейчас», о «человеке перед вами» и о создании мира «Чистой земли».

«Тайваньское чудо» шаг за шагом

Крылатое выражение «один след на каждый шаг» («*ибу ицзяоинь*») часто используется для описания того, как тайваньцы создали на острове развитое государство исключительно благодаря уверенности в собственных силах, бережливости и готовности к самопожертвованию (меры властей обычно не упоминаются в таких случаях). «*Цыцзи*» обращается к той же метафоре, желая подчеркнуть особенности своего развития и подъема. «*Цыцзи*» — олицетворение Чжэнъянь, а Чжэнъянь — олицетворение Тайваня и всех населяющих его людей, одновременно слабых и сильных, поставленных в максимально неблагоприятное положение и вынужденных адаптироваться к условиям глобализации. «Тайваньское чудо» обеспечило «*Цыцзи*» материальными средствами и кадровыми ресурсами, которые позволили Чжэнъянь исполнить данный бодхисаттве обет. Это чудо потребовало от Тайваня стремительных экономических, социальных и политических преобразований, однако будущее политическое и экономическое положение острова остается под вопросом. Именно от этого чувства неопределенности тайваньцы из разных социальных групп примыкают к «*Цыцзи*» и принимают правила и требования организации, в которой они находят родителя, наставника, лидера и учение, а также ответы на тяжелые экзистенциальные вопросы, умиротворение и любовь[41]. В дополнение

---

[41] При этом монахиня из другого буддийского храма замечала, что представители «*Цыцзи*» скорее демонстрируют неуверенность, инфантильность и чрезмерную зависимость от наставницы Чжэнъянь, как от вездесущей довлеющей родительской фигуры.

к этому члены «*Цыцзи*», как и многие миряне в истории до них, полагают, что исполнение благих дел позитивно сказывается как на самом человеке, так и на его семье и окружении. Правильное поведение — путь к становлению в качестве совершенного человека, образ которого рисуют нам буддизм и конфуцианство [Ting 2007: 249–251; Brook 1993: 105–107, 185–188].

И все же «*Цыцзи*» заметно выделяется на фоне других мирских буддийских формирований в свете глобальных масштабов деятельности организации и ее специфического мировоззрения. Зарисовка авторства художника Тан Хуэя представляет нам Будду с ликом Чжэнъянь. Фигура стоит позади Земли и взирает на планету, будто желая исцелить ее одним касанием [Shanhui 1999: 300–301]. Обеты, данные членами «*Цыцзи*» бодхисаттве, прошли серьезную проверку во время землетрясения 21 сентября 1999 года, эпицентр которого пришелся на центральную часть Тайваня. В следующей главе мы рассмотрим проект «Надежда», в рамках которого Чжэнъянь взяла на себя обязательства не только по оказанию помощи в рамках ликвидации последствий стихийного бедствия, но и по восстановлению 50 общеобразовательных школ. По словам наставницы, она испытывала тяжкие душевные муки не только от боли и лишений жертв землетрясения, но также и от вида опустошенного и «израненного» острова[42].

---

[42] По фильму «Проходя по израненной земле» от 2001 года («Walking Across the Wounded Earth»), который был показан представителям Ассоциации преподавателей «*Цыцзи*» 28 апреля 2001 года. Особенно яркий пример — гора Цзюцзю, пики которой после землетрясения и многократных сходов горной породы остались практически полностью без растительности.

Глава 3
Проект «Надежда»

*Программа по восстановлению тайваньских школ
после землетрясения 21 сентября 1999 года,
разработанная Благотворительным
фондом «Цыцзи»[1]*

Мы имеем доступ к отличным работам о сущности и структуре организации *«Цыцзи»*, личной харизме Чжэнъянь, достижениях *«Цыцзи»* в области благотворительности, содействия нуждающимся и здравоохранения, а также об эмоциональном состоянии членов организации и их гендере[2]. В этой главе мы рассмотрим проект «Надежда», реализуемый *«Цыцзи»* в период

[1] Настоящая глава основана не только на письменных источниках, но и на посещении автором вместе с представителями Ассоциации преподавателей *«Цыцзи»* средней школы *«Фэндун»*, начальной школы *«Синьшэ»*, начальной школы *«Дунши»* и средней школы *«Дунши»* на Тайване 28 апреля 2001 года, а также личных поездок автора в начальную школу *«Цзицзи»*, среднюю школу *«Цзицзи»*, начальную школу *«Янпин»*, начальные школы *«Чжунчжоу»* и *«Шэляо»* и среднюю школу *«Шэляо»* 5–6 августа 2007 года. Ранняя версия настоящей главы была опубликована на китайском языке в виде раздела «Xiwang gongcheng: Fojiao Ciji jijinhui 9.21 zaiqu xuexiao chongjian gongzuo [Project Hope: Ciji's Post-921 Earthquake School Reconstruction Plan]» к [Lin Mei-Rong et al. 2004: 439–460].

[2] По упоминаемым здесь работам см. примечание 2 к главе 2. Учащимися тайваньских вузов также написано немало дипломных и диссертационных работ об организационной структуре, философии, идентичности и статусе *«Цыцзи»* как НПО или НКО, а также вкладе фонда в формирование сообществ и гражданского общества.

с 1999 по 2002 год. Это программа по восстановлению 50 школ, разрушенных землетрясением 21 сентября 1999 года. Проект позволит нам лучше понять отдельные аспекты деятельности организации, направленной на формирование «Новой тайваньской цивилизации»[3].

Землетрясение 21 сентября имело магнитуду 7,3 по шкале Рихтера. Бедствие привело к гибели 2444 человек, еще 8700 человек пострадали, 100 тысяч человек остались без крова. Многие здания были повреждены или полностью уничтожены, в том числе 1759 школ в центральной части Тайваня. Эпицентр землетрясения пришелся на город Цзицзи[4]. Министерство образования и министерство внутренних дел Китайской Республики при содействии и участии таких частных групп, как Фонд гуманистического образования, Организация по городским реконструкциям, Фонд «Новой Родины» и Институт строительства и планирования при Национальном университете Тайваня, объявили о начале «Движения за новые школы». В рамках инициативы предполагалось восстановить 293 школы в уезде Мяоли, уезде и городе Тайчжун, уезде Наньтоу, уезде и городе Тайнань, уезде Юньлинь, уезде Чжанхуа, уезде и городе Цзяи, уезде Тайбэй и уезде Таоюань[5]. Правительство поручило частному сектору восстановление 108 из этих школ, ответственность за воссоздание 50 из которых (в уездах Тайчжун, Наньтоу и Цзяи) фонд *«Цыцзи»* взял на себя[6].

---

[3] Отдельные китайские авторы упоминают проект «Надежда» [Yao Taishan 2003; Luo 2004; Zhang Kaiping 2005], однако у [Yao Taishan 2003] эта инициатива оказывается в центре внимания.

[4] Это было самое разрушительное землетрясение на Тайване с 1935 года. См. [Lin Mei-Rong et al. 2004: 151].

[5] Реформы архитектурных решений для зданий образовательных учреждений (в частности, школ) были инициированы такими частными организациями, как Фонд гуманистического образования, и заинтересованными архитекторами в 1990-е годы. См. [Luo 2004].

[6] Подробнее см. [Zhang Kaiping 2005]. Проект «Надежда» в действительности был третьим этапом в рамках программы *«Цыцзи»* по ликвидации последствий землетрясений и восстановлению разрушенных зданий. До этого

Начало проекту «Надежда» («*Сиван*» *гунчэн*) было положено в ноябре 1999 года. К участию в программе было привлечено более 20 архитекторов, некоторые из которых были выходцами из наиболее пострадавших от землетрясения районов. Даже с учетом того, что архитекторы и многие другие специалисты и волонтеры безвозмездно трудились и предоставляли всевозможную помощь проекту, общие расходы на восстановление школ составили свыше $312 миллионов [Yao Taishan 2003: 82]. К сентябрю 2002 года все школы, которые должны были быть построены в рамках проекта «Надежда», открыли свои двери для учащихся[7].

В настоящей главе мы рассмотрим ключевые особенности проекта «Надежда» и его основную цель, которая заключается в построении «новой тайваньской цивилизации» — некоего образования на стыке буддизма, конфуцианства и движения зеленых, где все мужчины мудры, все женщины нежны, а все дети спокойны, — «совершенного и просветленного» Тайваня,

---

организация уже оказывала экстренную медицинскую и материальную помощь пострадавшим, организовывала психологическую помощь и строила временные модульные дома и школьные здания.

7 В течение трех лет «*Цыцзи*» также удалось восстановить пять школ в иранском городе Бам, где землетрясение 2003 года унесло жизни 26 тысяч человек. Архитектор-филиппинец уговорил скептически настроенного мэра принять предложенное фондом дизайнерское решение, в котором наряду с исламскими и иранскими мотивами поразительно удачно обыгрывались специфические скатные крыши Покоев безмятежных размышлений. Мэра в конечном счете удалось убедить отсылками к историческим связям Бама с Китаем по Шелковому пути и общемировым торговым путям. В отличие от школ «*Цыцзи*» на Тайване, которые всегда оформлены в мрачноватом сером цвете, здания школ в Баме выполнены в красном, желтом и зеленом оттенках. В отдельных случаях на зданиях можно увидеть логотип «*Цыцзи*»: окруженная листьями лотоса лодка милосердия (*цыхан*). См.: Tzu Chi Monthly. № 484. March 25, 2007. P. 11–27. «*Цыцзи*» также построила в рамках проекта «Надежда» пять школ в городе Джокьякарта на острове Ява в Индонезии. Тот факт, что буддистская группа успешно выполнила подобные проекты в Иране и Индонезии, где население по большей части исповедует ислам, свидетельствует о том, что представители «*Цыцзи*» — искусные дипломаты. Это особенно показательно на примере Ирана, где отсутствует китайское сообщество, которое могло бы выступать медиатором в контактах с местными властями.

где нет места «суевериям» и «дурным привычкам», Тайваня, в котором все явственно ощущают свою связь с корнями.

Возникает множество вопросов. Будут ли все школы — участницы проекта «Надежда», не являясь формально партнерами *«Цыцзи»*, продвигать и развивать идеалы фонда? Как именно и до какой степени будет *«Цыцзи»* напрямую воздействовать на сектор государственного образования? Не нарушает ли такой подход принцип «нейтральности школ», который закреплен в тайваньском законодательстве? Обеспокоено ли тайваньское общество нарастающим влиянием религиозных организаций в государственных школах? Или все же в решении этого вопроса в свете предположительно недостаточных финансовых возможностей государственных структур, нехватки специалистов в сфере социального обеспечения и перспективы получения населением бесплатных социальных льгот возобладает прагматизм? Примечательно, что последние полвека правительство Тайваня постепенно все больше вверяло вопросы социального обеспечения и благотворительности частному сектору: как религиозным, так и нерелигиозным организациям [Laliberté 2001]. Однако проект «Надежда» — беспрецедентный для Тайваня пример передачи полномасштабных общественных работ по восстановлению государственных школ под управление частной организации[8].

Наконец, в этой главе мы поднимем и тему того, что именно в рамках проекта «Надежда» подразумевается под «гуманизмом». Соответствующий концепт выражен через устоявшееся выражение «человек — основа [всего]» («*и жэнь вэй бэнь*»[9]). Согласно буддистскому реформатору Тайсюю, эта формула своими корнями восходит к философии Древней Греции, однако чаще ассоциируется с идеями, закрепившимися на Западе с окончанием эпохи

---

[8] Интервью по телефону с Го Ицинем из Института строительства и планирования при Национальном университете Тайваня, 13 августа 2004 года. Также см. [Yao Taishan 2003; Zhang Kaiping 2005].

[9] Фраза также формально может быть расшифрована как «человек превыше всего», хотя здесь возникают потенциально нежелательные коннотации превалирования человека надо всем. — *Прим. пер.*

Просвещения [Shi Taixu 1931]. Несмотря на то что *«Цыцзи»* использует фразу «человек — основа [всего]», гуманизм организации не основан ни на западных философских трактатах, ни на гуманистической психологии Абрахама Маслоу. Отметим, что последняя, в частности, реализуется тайваньским Фондом гуманистического образования (*Жэньбэнь цзяоюй цзицзиньхуэй*)[10]. *«Цыцзи»* же в формуле «человек — основа [всему]» скорее обращается к концепциям Тайсюя: *«жэньцзянь фоцзяо»* — «буддизму [для] мира людей» или «гуманистическому буддизму». Тайсюй стремился посредством современных средств и форм подчеркнуть общую направленность буддийского учения: восприятие человека как исходной точки всех построений при одновременном стремлении к высвобождению всех живых существ [Shi Taixu n. d.][11]. Кроме того, проект «Надежда» во многом строится на конфуцианском гуманизме. Социальный порядок, основанный конфуцианцами, предполагает, что отдельно взятый человек не может жить вне системы общественных связей и должен действовать исходя из собственного статуса, положения в семье и обществе. Благородный муж должен заниматься самосовершенствованием, чтобы служить образцом нравственности и вести за собой людей[12]. Среди других буддистских организаций

---

[10] Фонд заявляет следующее: «гуманистическое образование — философия обучения, которая исходит из предположения, что все люди от природы являются самосовершенствующимися созданиями. Основная обязанность педагога — сформировать условия, которые позволят учащимся самостоятельно развиваться».

[11] Подробнее о *жэньцзянь фоцзяо* см. главу 6.

[12] Естественно, на протяжении большей части человеческой истории отдельный человек с трудом мог существовать вне системы семейных и общественных обязанностей. В так называемом «Палийском каноне» — собрании буддийских сочинений на языке пали — содержатся нравственные наставления для мирян («*Сигалака Сутта*»). В частности, упоминаются шесть направлений основных социальных взаимоотношений и связанные с ними взаимные обязательства сторон: родители (восток); учителя (юг); жена и дети (запад); друзья и товарищи (север); слуги и работники (надир); религиозные наставники и *брахманы* (зенит) [Keown 2003: 267]. Впрочем, в рамках проекта «Надежда» отсутствуют отсылки к данному тексту.

«Цыцзи» является той, которая преуспела в продвижении «традиционных нравственных ценностей» — благотворительности, сочувствия, почтительности к старшим, благопристойности, социальной гармонии и просвещения, — общеизвестных и приемлемых для всего населения Тайваня, причем как для буддистов, так и для представителей других религий и даже атеистов. Умелое позиционирование — одна из причин успеха *«Цыцзи»*.

В целом проект «Надежда» совпадает с прогрессивной повесткой дня, в том числе в таких вопросах, как участие родителей в работе школ и просвещении, формирование представлений о важности экологической сознательности и создании местных сообществ, однако параллельно с этим и в отличие от того же Фонда гуманистического образования, проект выступает за конфуцианский гуманизм, соблюдение строгих правил поведения для мужчин, женщин и детей и традиционное образование. Прежде чем мы перейдем к исследованию и обсуждению всех вышеперечисленных аспектов, необходимо изучить общий контекст, в котором возник проект «Надежда».

Проект «Надежда» как часть «Движения за новые школы»

Начнем с «Движения за новые школы» — инициативы министерства образования Тайваня по реконструкции школ. Кампания была вдохновлена последними трендами в деятельности правительственных структур, образовательных учреждений и НПО как на Тайване, так и за его пределами, в том числе реформами системы образования, возрождением системы локальных сообществ и усилением ощущения местной идентичности[13].

---

[13] НПО «Фонд гуманистического образования» была одной из первых структур, выступивших за реформу системы образования на Тайване, и продолжает выступать лидером в данной сфере, а равно и в области активизации общественной деятельности. [Sergiovanni 2000] описывает схожие тренды в США. [Xu 1999] рассматривает феномен НПО и развитие общественного сознания на Тайване. [Huang Liling 1999] уделяет внимание проблематике восстановления сообществ, которые были разрушены в результате землетрясения 21 сентября 1999 года.

В программе «попечительства» и восстановления школ помимо *«Цыцзи»* принимали участие и многие другие организации: в частности, медиакорпорации Тайваня, Taiwan Power Company, Formosa Plastics, Xinguang Insurance Corporation, Evergreen Marine Corporation, тайваньское представительство Красного Креста, Lions Clubs International и *«Фогуаншань»*. Согласно данным министерства образования КНР, из 293 школ частный сектор принял на себя обязательства по восстановлению 108 заведений, местные власти — 122[14], министерство внутренних дел Тайваня — 41, Yaxin Construction Company (подрядчик министерства образования) — 22. К ликвидации последствий землетрясения, в том числе к подготовке проектной документации и перестройке школ, подключились также государственный и частный сектора Японии [Luo 2004].

Важно отметить, что министерство образования, архитекторы и *«Цыцзи»* придерживались схожих взглядов о приоритете безопасности, долговечности и устойчивого развития. По мнению сторон инициативы, школы должны выступать центрами притяжения, где сообщество может получать знания в течение всей жизни, а образование представлять собой процесс взаимодействия между школами, родительскими комитетами и местным населением. В идеале восстановление школ должно было вписаться в общее возрождение локальных сообществ [Zeng Zhilang 2004] (см. также [Zhang Kaiping 2005]). По плану школы и сообщества, при которых они строились, должны были создавать вокруг себя инфраструктуру с выставочными залами, музеями, музыкальными студиями и мемориальными комплексами. Учебные заведения должны были также выступать центрами, где местные жители могли бы участвовать в культурных, общественных и спортивных мероприятиях. При разработке архитектурных решений для новых школ предпринимались попытки сохранить изначальную зеленую зону, а также ландшафт и, по мере возможности, существующие постройки (например, стены или ворота). «Движение за новые школы» было направлено не только на

---

[14] Подробнее см. [Zhonghua Minguo Jiaoyubu 2004; Zhang Kaiping 2005].

восстановление школ, но и на переосмысление и трансформацию всего образовательного процесса: от традиционной системы обучения по учебникам, сконцентрированной вокруг учителя, к системе комплексного образования с упором на сообщества, в которых школы, семьи, местные жители и представители власти трудились бы совместно во имя высшей цели.

То, как и насколько новым школам удается претворить эти реформы и идеи на практике, во многом зависит от конкретного вклада учителей, руководства школ и родителей [Luo 2004: 176–187; Zhang Kaiping 2005: 75–157]. Некоторые директора школ, входивших в проект «Надежда», процитировали по этому поводу одно крылатое выражение: *«шан ю чжэнцэ, ся ю дуйцэ»* — «у низов [всегда] есть свой ответ на политику верхов».

Специфика проекта «Надежда»

Школы, восстановленные в рамках проекта «Надежда», составили бо́льшую часть заведений, построенных под эгидой «Движения за новые школы», они также выступили в качестве платформы для продвижения собственной образовательной миссии *«Цыцзи»*. Несмотря на то что организация приобрела известность благодаря своей благотворительной работе и участию в ликвидации последствий стихийных бедствий, с течением времени *«Цыцзи»* стала все больше времени и ресурсов посвящать и образовательной сфере. Чжэнъянь разделяет конфуцианские убеждения о том, что полноценное образование обеспечивает благосостояние каждой семьи и гармонию общества в целом. В дополнение к медицинским училищам и школам по подготовке медперсонала *«Цыцзи»* сформировала вокруг себя целую образовательную систему от детских садов до программ аспирантуры при штаб-квартире в Хуаляне, а также разработала планы обучения и подготовила учебные материалы, которые базируются на «Безмятежных размышлениях» Чжэнъянь. Члены проекта «Надежда» даже заявляют, что в рамках проекта были созданы свой собственный «словарь» (*юйхуэй*), «дух» (*цзиншэнь*), образовательные ценности и долгосрочная программа переустройства общества, которая отличается, а иногда и не состыкуется с планами Фонда гуманистического образования и других организаций, выступающих за реформы тайваньской системы образования.

«Словарь» и «дух» «Цыцзи»

Покои безмятежных размышлений и Зал безмятежных размышлений при штаб-квартире «Цыцзи» выступили архитектурными образцами при строительстве школ в рамках проекта «Надежда» [Yao Taishan 2003: 137] (см. илл. 2.3 и 2.4). Впрочем, это не исключает некоторых различий между зданиями учреждений[15]. Чжэнъянь требовала от архитекторов и строителей «воздвигать здания так, чтобы они простояли не меньше тысячи лет...». Во всех строениях использовались армированные железобетонные конструкции. При этом каждая школа должна была быть эстетически привлекательной и отвечать вкусам самой Чжэнъянь: «мы должны сотворить произведения искусства, которые парят над землей»[16]. Чжэнъянь выбрала основной цвет конструкций и рекомендовала светло-серый оттенок для оформления зданий школ, в том числе крыш (см. [Lin Minchao 2000; Lin Huiwen 2000]). Такая цветовая гамма должна сформировать спокойную и умиротворенную атмосферу, способствующую учебе. Кроме того, внешние стены школ покрыты высококачественным мелким гравием — дизайнерское решение, на согласование и воплощение которого застройщики, как отмечается в одном исследовании, затратили дополнительные средства и время [Yao Taishan 2003: 126 и далее].

---

[15] Например, по просьбе школы «Цзицзи» новый центр активного отдыха, возведенный преимущественно из бетона, воспроизводил архитектуру прежнего деревянного актового зала, который был воздвигнут еще во времена японской оккупации.

[16] Shi Zhengyan. Yuanyi zuo, jiu neng gaichu zhide guanmo dadi yishupin [If we want to, we can build great works of art worthy of emulation by others]. July 17, 2000. URL: http://news.tzuchi.net/HopeProject.nsf (дата обращения: 18.08.2007). Ло Жун утверждает, что строительные стандарты проекта «Надежда» были выше требований властей, предъявляемых к железобетонным конструкциям в рамках реализации проектов движения за новые школы [Luo 2004: 161–162].

Илл. 3.1. Начальная школа «*Шэляо*», уезд Наньтоу (Элиза А. де Видо)

Как Покои и Зал безмятежных размышлений в Хуаляне, многие школы имеют традиционную для китайцев выпуклую крышу, которая для «*Цыцзи*» напоминает иероглиф 人 — «*жэнь*», или «человек». Эту форму использовали для того, чтобы подчеркнуть, что организация занимается продвижением идей буддизма в мир людей и популяризацией конфуцианского гуманизма (илл. 3.1). В зданиях высокие потолки, широкие коридоры и лестничные проемы. С больших балконов открывается вид на ухоженные кампусы и местные пейзажи. Для полов были выбраны нескользкие покрытия, все помещения также оснащены специальным оборудованием для людей с ограниченными возможностями. Предполагается, что внешний вид школ будет вызывать у учеников ощущение простора и свободы[17]. По мнению Хэ Юфэна, «в проектных решениях, [здесь]... прослеживаются буддистские традиции: пространство выглядит величе-

---

[17] Для описания зданий преподаватели использовали такие определения, как «открытые», «обширные», «устойчивые», «прочные» и «просторные».

ственно, строго и аккуратно. У зданий есть выверенные пропорции и прочный фундамент. Такие формы задают ощущение мира и стабильности»[18].

Примечательно, что все эти эпитеты можно было бы с тем же успехом применить к описанию конфуцианского святилища. Проект «Надежда», как и вся организация *«Цыцзи»*, направлены на претворение в жизнь именно конфуцианских нравственных идеалов: самосовершенствование и создание новых школьных кампусов; воспитание высоких нравственно-этических качеств и хорошего вкуса; наставление на верный путь; подчеркивание значения самодисциплины и образования для обеспечения стабильности и здоровья в семье и обществе[19]. Чжэнъянь считает, что

> образование должно начинаться с самого раннего возраста: еще в детстве важно принять решение стать благородным человеком. Сердце порядочного человека открыто всему. Такие люди склонны к состраданию, знают цену благодарности и следуют правилам. Для того, чтобы стать благородным человеком, нужно усердно учиться, уважать учителей и почитать родителей[20].

Все вышеперечисленное — это устойчивые китайские представления о сущности образования. Эти же мысли мы находим у бывшего директора начальной школы *«Яньпин»*. С его точки зрения, новая школа должна создать условия для обучения и учебы, которые бы позволили как учителям, так и учащимся стать «людьми совершенными и изысканными» и воспитать в них подлинных граждан: людей, вежливых в общении, склонных

---

[18] He Youfeng. Bosa jianzhu liangxin zhongzi [Spread the seeds of architecture conscience]. URL: http://news.tzuchi.net/HopeProject.nsf (дата обращения: 05.07.2007).

[19] Shi Zhengyan. Jiaoyu de yuanquan [The Fount of Education], Jan. 18, 1990. URL: http://news.tzuchi.net/HopeProject.nsf (дата обращения: 05.07.2007).

[20] Shi Zhengyan. Si wu xie, junzi wusuozheng [With no evil thoughts, the gentleman has no conflicts]. Jan. 18, 2001. URL: http://news.tzuchi.net/HopeProject.nsf (дата обращения: 05.07.2007).

поддерживать порядок, чистоплотных и опрятных, усердных и проявляющих любовь к окружающим [Ciji Wenhua Zhiye Zhongxin 2002, 7: Introduction].

Однако с точки зрения Ло Жун, школы, построенные в стиле корпусов «Цыцзи», явно существующие для продвижения основной идеи «Безмятежных размышлений», могут оказаться «подавляющим свободу» местом, где не будут уделять должного внимания индивидуальному развитию личностей учеников. Она также отмечает, что предположительно успокаивающие, умиротворяющие серые оттенки, в которых оформлены школы, исключают ту живость и жизнерадостность, которые обычно свойственны детям [Luo 2004: 160–161][21]. Позиция Ло Жун станет более понятной, если сравнить кампусы, построенные «Цыцзи», с другими школами, которые также строились в рамках «Движения за новые школы»: здания возводились из дерева, кирпича, камня и плитки, в них используются самые различные цвета и текстуры, а также внедряются стилистические элементы, знакомые носителям южно-миньской культуры, культуры народа *Хакка* и даже культуры коренных жителей Тайваня. В школах находят отражение специфические исторические, экономические и экологические элементы мест, где они расположены. Так, начальная школа «Нэйху» в районе Ситоу оформлена в виде традиционного японского постоялого двора. Некоторые школы очень напоминают частные дома, гостиницы или летние лагеря. Многие школы (благодаря своему внешнему виду) поспособствовали развитию туризма в своих районах.

Однако организация «Цыцзи» действует в пределах собственной системы координат и преследует определенные цели. В отличие от многих других благотворительных и религиозных организаций, в структуре «Цыцзи» есть специализированное дизайнерское подразделение и строительный комитет, которые должны стремиться реализовывать весьма определенные идео-

---

[21] По словам одного преподавателя, за пределами школы предостаточно ярких красок в виде обильной зелени, цветущих деревьев и лазурного неба, которыми славятся сельские районы Тайваня. Другой педагог заявлял об успокаивающем воздействии серого цвета на детей, у которых в жизни и без того много раздражителей: телевизор, компьютеры и так далее.

логические задачи [Yao Taishan 2003: 128]. Один из архитекторов, задействованных в проекте «Надежда», столкнулся с необходимостью соблюдать жесткий график и быстрый темп работы *Цыцзи* при одновременном исполнении всех требований по обустройству пространства, обеспечению безопасности и «образовательных стандартов». Ему пришлось подстраивать первоначальные чертежи к «словарю» и «духу» *Цыцзи*, воплощением которого в архитектуре выступают уже упоминавшиеся Покои безмятежных размышлений. Впрочем, архитектор дипломатично замечает, что в свете «высокой значимости» идей *Цыцзи* он нисколько не был против внести изменения в свой проект [Ciji Wenhua Zhiye Zhongxin 2002, 12].

Еще один архитектор — участник проекта «Надежда» отмечал, что у него было гораздо меньше свободы в выборе дизайнерских решений и материалов, чем обычно. Тому могло быть несколько причин. Во-первых, по его мнению, в *Цыцзи* сформировалось единое мнение касательно того, что именно Покои безмятежных размышлений были эталоном стиля для Чжэнъянь, и члены организации старались повторить его во всем, чтобы угодить наставнице. Во-вторых, все участники проекта ощущали на себе давление, так как должны были завершить строительные работы к началу учебного 2002–2003 года. Архитектор указывает, что для него соблюдение сроков строительства было важнее свободы действий в проектировании. Фактически ему предлагалось просто принять эстетику и философию *Цыцзи*. С точки зрения самого архитектора, буддистам нет нужны следовать какой-то одной «форме» или «идентичности»; такое стремление противоречит самой сути буддийских учений о «не-самости», недвойственности и отказе от привязанностей в пользу бесстрастия[22].

---

[22] Интервью с архитектором проекта «Надежда», 27 июля 2007 года. Особенно важно последнее высказанное им замечание. Эта тема, возможно, заслуживает отдельного полноценного исследования. Для *Цыцзи* сострадание выступает ключевой добродетелью в буддизме. А кто может лучше проявлять сострадание, чем такое крупное, хорошо организованное движение, как *Цыцзи*? Подробнее о взаимодействии *Цыцзи* со школами, строителями и архитекторами в рамках проекта «Надежда» см. [Yao Taishan 2003].

Ло Жун вопрошает: «К чему стремится *"Цыцзи"*, возводя во всех районах Центрального Тайваня впечатляющие своими размерами, серые Залы безмятежных размышлений и призывая школы преподавать *"безмятежные размышления"*?» [Luo 2004: 162]. Сама она ответа на свой вопрос не дает. Как мы убедимся в этой главе, проект «Надежда» в действительности — одно из средств претворения в жизнь представлений Чжэнъянь и *«Цыцзи»* о новой тайваньской цивилизации.

Экология глазами «Цыцзи»

Одним из ведущих принципов проекта «Надежда» является «зеленая» философия, целями которой являются сохранение окружающей среды и обеспечение устойчивого развития. Сообщества, формирующиеся вокруг школ, стремятся экономить воду и прочие ресурсы, сортировать и перерабатывать отходы и использовать дождевую воду в уборных. Здания школ были спроектированы с расчетом на максимальное использование естественного освещения и циркуляции потоков воздуха во избежание дополнительных расходов на электричество и кондиционеры, а также исключение или минимизацию шумового загрязнения[23]. Значительное внимание в каждом кампусе уделяется озеленению, поддержанию естественного рельефа и экологии прилегающей территории. При строительстве старались по максимуму обеспечить сохранность давних лесонасаждений и деревьев редких видов, а также возможность проведения занятий на свежем воздухе. По этой причине, в частности, при школах часто можно встретить открытые многофункциональные амфитеатры и сцены [Ciji Wenhua Zhiye Zhongxin 2002, 12].

---

[23] Начальная школа *«Шэляо»* в Наньтоу использует солнечную энергию для удовлетворения части своих энергетических потребностей. Тайвань находится в поясе субтропического/тропического климата и, соответственно, располагает возможностями для развития солнечной энергетики, однако до настоящего момента не пользовался ими. Бо́льшая часть электричества на Тайване производится с помощью ядерных технологий и полезных ископаемых.

Начиная с 1980-х годов *«Цыцзи»*, реагируя на деятельность экологического движения на Тайване, популяризировала экологическую осознанность, переработку отходов и охрану окружающей среды больше, чем любая другая буддистская организация на Тайване. Чжэнъянь в своих выступлениях периодически высказывается в духе Гипотезы Геи — где Земля выступает полноценным живым организмом. Подобные идеи выдвигали, в частности, Джеймс Лавлок [Lovelock 2000], Фритьоф Капра [Capra 1996] и Анна Примавези [Primavesi 2000][24]. Чжэнъянь полагает, что миссия Будды в новом тысячелетии — спасти нашу «Мать-Землю». Это предполагает, что каждый человек должен омыть и очистить как землю, так и собственную душу [Shanhui 1999: 300–301].

Как буддистка и последовательница китайских космологических представлений, Чжэнъянь считает, что многие природные бедствия в действительности восходят к человеческому воздействию — не только происходят вследствие дурного обращения человека с окружающей средой, но и возникают в связи с «накопленным кармическим негативом» и общечеловеческим нравственным упадком, которые исключают вселенскую гармонию. Чжэнъянь верит в буддийскую концепцию возрождения человечества через столкновение с катаклизмами. Масштабные бедствия будут способствовать раскаянию небольшого числа людей, которые и начнут воссоздавать цивилизацию. Более того, наставница уверена в наличии прямой связи между множеством несчастий, пришедшихся на конец XX века, и наступлением XXI века. С точки зрения Чжэнъянь, весь мир сейчас переживает то, что буддисты назвали бы «упадком» — явление, во многом схожее с Апокалипсом в христианской вере [Shi Zhengyan 2007: 9]. При этом наставница полагает, что люди способны и должны предпринимать все во имя защиты и восстановления окружающей

---

[24] Чжэнъянь, вероятно, вдохновилась этими изданиями или такими популярными религиозными текстами, как «Канон Матери-Земли» (*«Димуцзин»*). Насколько можно судить, наставница осведомлена о таких актуальных проблемах, как всемирное потепление, углеродный след и парниковый эффект [Shi Zhengyan 2007].

среды. Человечеству важно научиться жить в мире и согласии с природой. Только так можно будет замедлить движение мира навстречу гибели[25].

Одной из целей проекта «Надежда» в области долгосрочных мер по охране окружающей среды было содействие в восстановлении «образа жизни местных жителей». При этом Чжэнъянь никак не комментирует конкретные причины и не критикует масштабную эрозию, которой подвергается рельеф Тайваня вследствие строительных проектов и программ развития, осуществляемых неэкологическими методами, а также чрезмерное распространение в горных районах таких товарных культур, как бетель. Однако все вышеперечисленное тоже является частью «образа жизни местных людей»[26]. В целом в проповедях Чжэнъянь отсутствует какое-либо критическое осмысление системных факторов, которые приводят к ухудшению состояния окружающей среды, в том числе — правительственной поддержки бесконечной череды промышленных инициатив и фактов вопиющего игнорирования законодательства в части ограничений выбросов

---

[25] Shi Zhengyan. Renhuo you xin qi, aixin qunji cai neng meihua shehui [Human disasters arise from the heart: amassing loving-hearts is the way to improve society]. July 17, 2000. URL: http://news.tzuchi.net/HopeProject.nsf (дата обращения: 12.08.2007); Shi Zhengyan. Huanhui qishijian de huimiequ [Reverse the current course toward world destruction]. October 9, 2001. URL: http://news.tzuchi.net/HopeProject.nsf (дата обращения: 12.08.2007).

[26] Бывшего вице-президента Тайваня Аннетт Люй (Люй Сюлянь) активно критиковали за ее предложения по решению насущной проблемы тяжелой эрозии пород и затопления центральных горных районов Тайваня. Она рекомендовала дать отдохнуть чрезмерно обрабатываемым землям в горных районах, дабы почва могла восстановиться. Местным жителям — в первую очередь коренным тайваньцам, которые не считаются китайцами, — было предложено эмигрировать на Фиджи и в Центральную Америку. Lin Chiehyu. Annette Lu again says emigration can help Aborigines // Taipei Times. August 5, 2004. P. 3. Дискуссии разворачиваются и вокруг индустрии по производству бетеля: во-первых, существует доказанная связь между потреблением бетеля и возросшей вероятностью рака полости рта; во-вторых, общественность неоднозначно относится к так называемым «бетелевым красавицам» — молодым (и нередко одетым «вызывающе») женщинам, которые торгуют у дорог бетелем, сигаретами и напитками.

и соблюдения строительных стандартов. Чжэнъянь отстаивает мнение, что общественный прогресс и общемировые перемены лучше всего реализовывать через культивирование нравственности, самоограничение и эмпатию у каждого отдельно взятого человека. Обращаясь к конфуцианским канонам — «Книге обрядов» («*Ли цзи*») и «Беседам и суждениям» («*Лунь юй*») — Чжэнъянь (а соответственно, и «*Цыцзи*») пропагандирует движение «*кэцзи фули*»: обуздание себя и возвращение к первозданным обрядам. Здесь предполагается не только сокращение собственных потребностей и отказ от привычек потребления, но и формирование гармонии и взаимоуважения в отношениях с другими людьми[27].

«*Совершенство и одухотворенность*», очищенное от «*суеверий и пагубных привычек*»

Помимо всего вышеуказанного, «*Цыцзи*» призывала всех участников проекта «Надежда» оставаться «рациональными», не углубляться в размышления на тему *фэншуй*, забыть о выборе соответствующих благоприятных дат мероприятий и так далее[28]. В подобных призывах Чжэнъянь выражает специфические мысли *жэньцзянь фоцзяо* в том виде, в котором эта разновидность буддизма развилась во времена движения за «новую культуру» в Китае образца первой половины XX века: «достойное место для суеверий — мир духов и призраков. Это не путь к истинному

---

[27] You li ze an [If there is courtesy, there is peace] [Editorial] // Tzu Chi Monthly. № 484. March 25, 2007. Чжэнъянь, возможно, известно, что в глазах буддиста-реформатора Тайсюя конфуцианская формула «*кэцзи чунжэнь*» («преодоление себя и почитание человечности») выступала духовной основой китайской культуры («Zenyang lai jianshe renjian fojjao [How to establish *renjian fojiao*]» [Shi Taixu 1956–1970, 47: 453]).

[28] Shi Zhengyan. Shishi xin cun haonian, heli jiu shi hao dili [At all times have a good year in your heart, 'rationality' is good geography]. Sept. 14, 2001. URL: http://news.tzuchi.net/HopeProject.nsf (дата обращения: 23.07.2007). При этом руководство по меньшей мере двух школ сообщило нам, что они все же консультировались со специалистами по *фэншуй* во время строительства зданий.

буддизму... Буддизм не только религиозная вера. Это учение, преисполненное мыслей о совершенствовании жизни и продвижении научного знания» [Shi Zhengyan 1989: 184][29].

Организация «Цыцзи» нацелена на искоренение у тайваньцев всех «пагубных привычек»: пустой траты материалов и ресурсов, ненадлежащих условий труда, извечного жевания плодов бетеля[30], плевков на публике, курения, распития спиртного, употребления жестоких или «агрессивных» слов и выражений. Очищение от «суеверий» и «пагубных привычек» перекликается со всевозможными движениями за «новую культуру» в истории современного Китая, в том числе Движения 4 мая, которое призывало «освободиться от накопившейся отравы в традиционной китайской культуре», Движения за «новую жизнь» Чан Кайши и призывов Мао Цзэдуна «отделять золото от шлака в китайской культуре».

В серии книг, которую «Цыцзи» подготовила под эгидой проекта «Надежда», включены свидетельства успехов, достигнутых в «исправлении» и «наставлении» работавших на стройках людей (по большей части — мужчин). И они «способны приобщаться к правильным манерам и дарам цивилизации», изучать язык жестов и песни и в целом быть мягкими и сочувствующими. «И руки, сильные, как сталь, могут нести нежность». Есть даже рабочие, которые заявляют о том, как благоприятно на них подействовали «Безмятежные размышления», позволившие им отказаться от курения, алкоголя, жевания бетеля, использования бранных слов, а также победить гневливость. Во время совместного визита с представителями Ассоциации преподавателей «Цыцзи» в определенные школы мы имели возможность познакомиться с одним из таких «раскаявшихся» рабочих. Свое время

---

[29] В глазах Чжэньянь научный подход может быть совместим с апокалиптическими идеями.

[30] Это занятие представляет собой целую субкультуру на Тайване. Тонизирующие свойства бетеля привлекают потребителей среди представителей рабочих профессий, в частности дальнобойщиков. Отсюда распространенно восприятие, что жевание бетеля является маркером низкого социального происхождения. — *Прим. пер.*

он посвящал созданию «молитвенных карточек», украшенных фотографией Чжэнъянь. Тем самым человек хотел показать глубину своей благодарности наставнице. Остается неизвестным, насколько многочисленными или постоянными были подобные «обращения в веру». Как бы то ни было, Чжэнъянь продолжает неустанно продвигать весьма определенное понимание сущности «культуры» как среди членов *Цыцзи*, так и среди рабочих на стройках: «храни чистоплотность, будь тихим, не пей алкоголь, не кури и не жуй бетель»[31].

Вполне очевидно, что интоксиканты, гневливость и злонамеренные слова противоречат принципам буддизма. Однако в данном случае мы также имеем дело со столкновением классовых культур. *Цыцзи* своими попытками «просветить жестких и грубых, потемневших на солнце рабочих» напоминает британских и американских реформаторов-христиан среднего достатка, которые на протяжении XIX века пытались «поднять уровень» рабочих и иммигрантов. Возможно, действиями преобразователей руководило сочувствие к этим людям, но это же чувство вселило в них решимость искоренить такое поведение, как «громкий и неприличный прием пищи, распитие спиртного и занятия любовью» в общественных местах. Тем самым мы обнаруживаем у реформаторов их собственные психологические комплексы и социальные тревоги в совокупности с желанием оказаться на вершине социальной лестницы и — особенно в случае американских деятелей — стремлением отделить себя от «низших классов», из которых они совсем недавно «вырвались» [McCarthy 1990: 11–12; Mintz 1995; Pascoe 1990]. Роберт Веллер, сопоставив участников *Цыцзи* с христианскими реформатора-

---

[31] Shi Zhengyan. Huanxi gan'en de yingjian wenhua: yi xiwang gongcheng gongdi wei li [A Joyful and Grateful Construction Culture: The Example of Project Hope's Construction Sites]. Feb. 10, 2001. URL: http://news.tzuchi.net/HopeProject.nsf (дата обращения: 23.07.2007). Джулия Хуан называет среди нормативных маркеров тайваньской маскулинности распитие спиртных напитков, курение и жевание бетеля [Huang 2001: 234–235]. Однако исследовательница не рассматривает то, насколько представители различных социальных классов могут в большей или меньшей мере соотноситься с этим «идеалом».

ми XIX века, отмечает, что в обоих случаях активисты соответствующих организаций по большей части представляют новый городской средний класс, столкнувшийся со временем стремительных и вызывающих естественное беспокойство экономических и политических перемен. Столкнувшись с ними лицом к лицу, такие группы людей в равной мере выражали тревогу по поводу перспективы утраты «традиционных коллективных и семейных ценностей» (словно был какой-то момент, когда существовал единый набор ценностей) [Huang, Weller 1998: 392–395; Weller 1999: 96–102].

Сходство волонтеров «*Цыцзи*», участвующих в проекте «Надежда», с их предшественниками прослеживается и в том, что тайваньские активисты вели себя как великодушные и авторитетные деятели. Члены «*Цыцзи*» — как мужчины, так и женщины — совершали частые, почти что каждодневные, визиты на стройплощадки и предоставляли материальную и нравственную поддержку рабочим в виде организации зон отдыха, перекусов и мероприятий с целью поддержания коллективного духа. При этом активисты требовали от рабочих строгого следования стандартам безопасности и высокого качества строительных работ, а также соблюдения порядка, уборки мусора, высокоэффективности и следования установленному графику работ. Чжэньянь, ее заместительница Линь Бийуй, строительный комитет при «*Цыцзи*» и всевозможные волонтерские группы внимательно отслеживали ход работ на каждой локации, чтобы первоначальный замысел проекта был реализован в полной мере и без малейших отступлений [Lin Minchao 2000: 109; Yao Taishan 2003: 125–129].

Классовые предрассудки и пропаганда «Цыцзи» традиционных женских идеалов

Попытки «*Цыцзи*» сделать людей мирными и цивилизованными распространяются не только на мужчин, но и на женщин. Организация заявляет о намерениях усовершенствовать и смягчить так называемых «супервумен» — буквально «сильных женщин Тайваня» («*Тайвань нюйцянжэнь*»). В данном случае подразумеваются сконцентрированные на карьере дамы, которые в различной степени принимают (или не принимают) на себя функции, которые обычно ожидаются от «матерей и жен», будь то обслуживание мужа, участие в обучении детей и помощь им с домашними заданиями, забота о здоровье всей семьи, приготовление пищи, уборка, ведение семейных дел, поддержание семейной бухгалтерии и присмотр за пожилыми родственниками по линии мужа и жены. Да, исполнение всех этих обязательств и ролей требует от тайваньских женщин большой силы и способности высказывать свои мнения по значительному кругу вопросов. Но термин «*нюйцянжэнь*» — «супервумен» — обычно используется в уничижительном ключе и обозначает женщин, которые слишком уж «самоуверенны», «агрессивны» и «сильны», а соответственно, не особенно «женственны»[32].

Во время посещения восстановленной в рамках проекта «Надежда» средней школы «Фэндун» нам был представлен кукольный спектакль как раз на эту тему:

> ...это была супервумен, которая вселяла страх и вызывала тревогу в сердцах людей. Теперь же она приобщилась к Просвещенной любви *"Цыцзи"* и стала мягкой и нежной, как пташка, которая полагается на других... И от того ее отношения с родными и близкими стали гармоничнее и счастливее, чем раньше.

Гости управлялись с куклами-марионетками, а волонтер *«Цыцзи»* живо озвучивал сразу четырех персонажей. Эта сценка вызвала смех у публики, который, впрочем, мог быть проявлением дискомфорта и скепсиса, а не «прозрения» и одобрения.

---

[32] При этом *нюйцянжэнь* может подразумевать и позитивные аспекты, например, если мы говорим о стремлении к вертикальной мобильности. [Farris 2004: 363] отмечает, насколько популярным был одноименный роман 1984 года: «Сильная женщина» («*Нюйцянжэнь*»). Произведение рассказывает о девушке, которой не удается поступить в вуз, но которая становится успешной предпринимательницей.

На пути к новой тайваньской цивилизации?

Проект «Надежда» обещает, что его миссии по продвижению чувства принадлежности к сообществу в школах и в целом образовательной системе в сочетании с программами по заботе об окружающей среде принесут много пользы тайваньскому обществу. Учителя, учащиеся и их родители принимали активное участие в разработке архитектурных решений и строительстве школ в рамках проекта «Надежда». Волонтеры «*Цыцзи*» предоставляли материальную и духовную поддержку строителям, в отдельных случаях занимались благоустройством территории школ, организовывали сбор средств, в том числе с помощью благотворительных аукционов и ярмарок, проводили культурные и досуговые мероприятия для школ и местных жителей. В исследовании Яо Тайшаня, посвященном проекту «Надежда», отмечается, что содействие «*Цыцзи*» на протяжении всего процесса строительства школ позволило сблизить организацию, учебные заведения и родительские группы, а «заразительная способность к сплочению [людей]», которую демонстрировали волонтеры «*Цыцзи*», вдохновляла учителей, директоров и родителей принимать более активное участие в деятельности местных школ [Yao Taishan 2003: 83, 132–142].

И все же проект «Надежда» вызывает серьезные сомнения по поводу того, к чему на самом деле стремится «*Цыцзи*» — долгосрочной социально-культурной реформе. Продвижение таких целей, как переработка отходов и защита окружающей среды, — достойное занятие, но «*Цыцзи*» со своей концепцией «новой тайваньской цивилизации», по всей видимости, вознамерилась сменить сформировавшуюся на Тайване плюралистическую, многоаспектную, оживленную культуру, с такими чертами демократии, как полемика и споры, на безликую культуру покорного коллективного конформизма[33].

---

[33] Один тайваньский исследователь не без доли горечи сказал о «*Цыцзи*» следующее: «Сначала тайваньцы были вынуждены подчиниться японской культуре, а в эпоху национализма были подавлены тяжестью "всекитайской культуры". Когда же тайваньцы смогут быть свободными, чтобы быть самими собой?»

Не менее важно понять, в какой мере *«Цыцзи»* продолжает участвовать в жизни государственных школ. Насколько активно проповедуют учителя и директора на занятиях отрывки из «Безмятежных размышлений»? Во время «семейных мероприятий» выходного дня представители *«Цыцзи»* демонстрируют участникам «урок благодарения» — ключевой аспект культуры организации. Всем рекомендуется продолжать изучение и использование этой практики дома, в школе и в обществе. Более того, в начальной школе *«Фугуй»*, как и в других школах, построенных в рамках проекта «Надежда», выделяется отдельное время на то, чтобы учащиеся читали «Безмятежные размышления» и развивали в себе дух благодарности [Luo 2004: 237]. В аудиториях, коридорах и даже уборных многих учебных заведений можно обнаружить постеры с цитатами из трактата Чжэньян. Школьники прилежно переписывают фразы к себе в тетради. Учебные курсы для учителей и директоров, базирующиеся на «Безмятежных размышлениях», обучают «нравственным ценностям» и «мудрости повседневной жизни». Родители и преподаватели видят во всем этом благонамеренную инициативу по совершенствованию моральных качеств, а не проявление прозелитизма даже с учетом того, что есть примеры, когда в ходе проекта «Надежда» учителя, директора и родители учащихся принимали решение стать членом *«Цыцзи»*[34].

Бывший директор средней школы *«Цзицзи»*, желая отблагодарить организацию *«Цыцзи»*, повесил в комнату наставников изображение Будды и фотографию чуть меньшего размера Чжэньян. С детьми в школе работают наставники и учителя, которые состоят в *«Цыцзи»*. Снова возникает вопрос: это понуждение к обращению в религию? Или просто психологическая и моральная поддержка? Учитель из начальной школы *«Цзицзи»* рассказал, что *«Цыцзи»* продвигает гуманизм и вдохновляет учеников на «благие дела» — идеалы, которые приветствуются

---

[34] По словам учителя одной из начальных школ, он выбирал цитаты из «Безмятежных размышлений», которые были понятны ученикам, и, в частности, пропускал комментарии по поводу буддийских представлений о просветлении, «Чистой земле» и так далее, уяснение которых, с его точки зрения, как раз могло вызывать сложности у учащихся.

в тайваньском обществе. Есть и такой пример: в начальной школе «*Яньпин*» установлена большая бетонная многофункциональная конструкция в виде Руки Будды. Дети могут играть на ней, как на обычной площадке. Эта же конструкция может использоваться в качестве сцены. Бывший директор заявляет, что «Рука Будды» не только приносит радость учащимся, но и развивает у учителей просвещенное сознание и большую эмпатию к детям, а также стимулирует желание быть педагогами, которые несут в мир семена великого сострадания. «Рука Будды» — «...это приветственная рука, это рука великого сострадания, это рука, дарующая мир и принятие» [Ciji Wenhua Zhiye Zhongxin 2002, 7: Introduction][35].

Еще один пример. Буддистская группа «*Фогуаншань*» профинансировала восстановление начальной школы «*Чжункэ*». В результате мы имеем здание из красного кирпича и дерева, оформленное в стилистике народа *Хакка*. Примечательно, что рядом с деревянным святилищем Конфуция (подарок от местных торговцев) стоит статуя Гуаньинь, которую школа воздвигла в благодарность «*Фогуаншань*» и как напоминание учащимся, насколько важно быть благодарными за то, что мы имеем в жизни [Luo 2004: 48–50].

Однако не является ли все вышеописанное случаями нарушения принципа «нейтральности», который закреплен в статье 6 «Основного закона об образовании» Китайской Республики? Нормативно-правовой акт прямо исключает возможность любой деятельности религиозных и политических групп по привлечению новых сторонников на территории государственных школ[36].

---

[35] По мнению директора начальной школы «*Яньпин*», рука Будды выступает не столько религиозным символом, сколько частью «традиционной китайской культуры» (6 августа 2007 года).

[36] Basic Education Law: ROC Legislative Yuan. June 4, 1999: «Статья 6. Принцип нейтральности и религиозной свободы. Образование должно быть основано на принципе нейтральности. В школах не должны быть разрешены мероприятия по обращению в веру со стороны каких-либо отдельных политических или религиозных организаций. Профильные образовательные структуры и школы не должны вынуждать сотрудников школ, учителей

Важно отметить, что *«Цыцзи»* продвигала «Безмятежные размышления» в школах Тайваня еще с 1992 года. Указанная статья была добавлена в закон лишь в 1999 году [Huang, Chen 2002]. Впрочем, научные работы, посвященные опыту преподавания «Безмятежных размышлений» тайваньским школьникам, обходят стороной все правовые вопросы, предпочитая фокусироваться на том, сколь эффективны соответствующие программы, как они воспитывают в детях нравственные ценности и так далее[37].

На сегодняшний день в тайваньском обществе практически отсутствует дискуссия по поводу продвижения постулатов «Безмятежных размышлений» среди школьников. Возможно, любые аргументы законников представляются педантичными и несущественными по следующим причинам:

• Правительство Тайваня (предположительно) не имело достаточных средств для обеспечения всех восстановительных работ.
• Все извлекли из этого значительные блага и выгоду — это неоспоримый факт.
• На Тайване сейчас есть тренд на внедрение таких курсов, как «Исследования жизни» (биоэтика и психологическое консультирование) и «Полноценное образование» (одновременно развитие ума, тела и эмоций), в подготовке которых принимают участие христианские и буддистские коллективы[38].

и учащихся к участию в каких-либо политических или религиозных мероприятиях». Стоит также добавить, что монахини из Буддийского института *«Сянгуан»* (подробнее см. главу 5) работали в качестве наставниц при общеобразовательных школах Гаосюна с 1999 года.

[37] Количество исследований на эту тему слишком велико, чтобы перечислять их все здесь. Соответствующие работы можно легко отыскать по научным базам данных Тайваня.

[38] Джулия Хуан отмечает, что в результате недавних образовательных реформ учителям пришлось самостоятельно подбирать учебные материалы для соответствующих обязательных курсов по основам обществознания и этике. Для многих педагогов «Безмятежные размышления» представлялись разумным вариантом [Huang 2001: 278]. «Buddhist Education and Civil Society in Modern Taiwan: Notes from The Buddhist Compassion Relief Tzu Chi Foundation's Mission of Education» в [Hsu 1988: 269–283].

• После десятилетий преподавания по общей для всех программе обучения в образовательной политике Тайване наметилась тенденция к разработке «школьного учебного плана», который должен поощрять инициативность и самостоятельность на местах (администрации, учителей и родительских комитетов в каждой отдельной школе).

По всей видимости, граждане Тайваня в этом вопросе продолжат придерживаться прагматичного подхода, согласно которому прекрасные цели оправдывают средства. Тяжело отвергать «любовь», особенно когда ее подают нам под видом родительской заботы позитивно-настроенные и энергичные волонтеры, мотивирующие нас светлыми мыслями и бесплатными сувенирами с исключительно честными намерениями[39].

Но будут ли учителя и родители в долгосрочной перспективе всегда рады столь активному участию сторонних групп в жизни школ? И в какой мере будут директора школ позволять педагогам или волонтерам преподавать детям «Безмятежные размышле-

---

[39] *«Цыцзи»* организует занятия и в школах за пределами Тайваня. Так, рассчитанная на обучение китайских детей начальная школа *«Фужун»* в малайзийском городе Серембан с 1997 года проводит еженедельные тематические собрания «Безмятежные размышления». Учащиеся приобщаются к китайским нравственным ценностям: благопристойности, справедливости, искренности и стыдливости (*ли, и, лянь* и *чи*; примечательно, что эти ценности обозначались в качестве ключевых для инициированного Чан Кайши «движения за новую жизнь» и ранее проповедовались в тайваньской системе образования). Детям также рассказывают о важности поддержания порядка и предпочтительности молчания в большинстве обстоятельств. Кроме того, средства, полученные из программы утилизации отходов при школе, направляются на помощь нуждающимся ученикам (Furong Primary School // China Press (Malaysia). July 2, 2007. P. 5). Также см. [Huang 2001: 311, 315] по части того, какие курсы малайзийское подразделение *«Цыцзи»* организует в местных китайских школах средней ступени. *«Цыцзи»* также построила начальные и средние школы в районе Фанг тайской провинции Чиангмай. Обучение в заведениях ведется на двух языках (китайском и тайском). Директора школ — китайцы, учителя проходили профессиональную подготовку на Тайване. «Безмятежные размышления» являются частью общей программы обучения.

ния», а *«Цыцзи»* — искать последователей на школьных дворах? Волонтеры *«Цыцзи»* были наиболее активны примерно первый год или около того после окончания строительства. В дальнейшем они стали реже приезжать в школы, в основном для того, чтобы рассказывать детям истории и ставить сценки, помогать во время обедов или присутствовать на выпускных. В целом если директор, учителя и/или родители являются членами *«Цыцзи»*, то в школе будут чаще проводиться уроки и мероприятия, связанные с тематикой *«Цыцзи»*[40].

Хуан и Чень [Huang, Chen 2002] — редкие авторы, высказывающие сомнения в отношении деятельности *«Цыцзи»* в образовательных учреждениях. Исследователи отмечают, что преподавание «Безмятежных размышлений» в государственных школах потенциально может быть нарушением принципа нейтральности, и считают необходимым дополнительно прояснить с помощью уточняющих нормативных актов к ст. 6 взаимоотношения между религиозными организациями и школами. Второй автор, косвенно ссылаясь на *«Цыцзи»*, выражает благодарность «организации» за щедрость и крайнее трудолюбие при восстановлении школ, но также добавляет, что «организация вынудила» архитекторов поменять чертежи, чтобы школы больше отвечали ее «корпоративным стилю и культуре». В частности, вопреки запросам учащихся, учителей и местного сообщества, представители «организации» запретили использовать яркие цвета в оформлении зданий[41]. Она также добавляет, что «организация» распространяла в школах буддийские книги и хотела, чтобы дети изучали буддизм на уроках. Взрослые люди должны поощрять школьников на совершение добрых дел, но «добрые дела предпочтительно совершать анонимно». В заключение автор выражает надежду, что восстановленные школы не станут во-

---

[40] Посещения школ, 5–6 августа 2007 года.

[41] Покои безмятежных размышлений и Зал безмятежных размышлений на самом деле выступали прототипами для школ, которые строились в рамках проекта «Надежда», однако у строителей и архитекторов было все же некоторое пространство для выдвижения собственных идей в рамках общей темы.

площением корпоративной культуры[42]. Наконец, Джулия Хуан отмечает, что

> сущность педагогического подхода «Безмятежных размышлений» заключается в трансформации государственных школ в пространство для изучения буддизма и превращения рядовых учителей из представителей государственной системы образования в агентов по культивированию *дхармы* [Huang 2001: 282].

Наши собственные весьма ограниченные опросы свидетельствуют о том, что учителя, директора и родители воспринимают «Безмятежные размышления» не как «культивирование *дхармы*», а как допустимые неотрадиционалистские ценности, которые вполне возможно активно продвигать в школах проекта «Надежда». Частично это можно объяснить их амбивалентным отношением к недавним образовательным реформам и политике де-синификации, которые проводят тайваньские власти. По словам директора одной из школ, «Безмятежные размышления» представляют собой набор нравственных стандартов, которых, с его точки зрения, Тайваню остро не хватает.

Открытая критика «Цыцзи» на Тайване является скорее исключением из правила. Некоторые еще могут сказать, что «*"Цыцзи"* поглощает слишком много пожертвований и ресурсов»[43]. Но большинство людей все-таки готовы поддержать «Цыцзи», — *почему*? В предыдущей главе (2) мы уже обсудили ряд возможных причин. Поэтому в следующей главе (4) мы рассмотрим, почему интерпретация буддизма «Цыцзи» и в особенности ее гендерные идеалы привлекают так много людей.

---

[42] Kang Liwen. Chongjian xiaoyuan chengle qiye wenhua tuteng? [Has rebuilding schools become the totem of "enterprise-culture?"] // Ziyou shibao shenghuo yiwen. 2002, Sept. 16. P. 2.

[43] Некоторые критикуют «Цыцзи» за недостаточную прозрачность финансовой отчетности, списков членов организации и процесса принятия решений. Есть и комментаторы, которые негативно отзываются о помощи «Цыцзи» Китаю и другим зарубежным странам и отмечают, что в первую очередь поддержку необходимо оказывать нуждающимся тайваньцам [Huang 2001: 255–260].

Глава 4
Женщины «Цыцзи»
Монахини, мирянки и бодхисаттва Гуаньинь

Как мы уже могли видеть в главе 2, Чжэнъянь представляет собой андрогинную разностороннюю личность. Она и буддийская наставница, и провидица, и мать, и патриарх, и верховный главнокомандующий. В юности Чжэнъянь конфликтовала с собственной матерью и семьей, отвергла роли жены и матери, путешествовала по дикой местности Восточного Тайваня и в конечном счете стала буддийской монахиней. Во всех этих действиях Чжэнъянь проявляется как мятежная душа. Однако она приобрела известность именно как защитница традиционных конфуцианских идеалов, которые требуют создания патриархальной семьи, почтительного отношения к родителям и сохранения образа женщины-матери.

С 1960-х по 1990-е годы «Цыцзи» в основном развивалась благодаря деятельности Чжэнъянь, приближенных к ней монахинь, женщин-волонтеров при «Цыцзи» и специально отобранных особоуполномоченных, которые даруют организации свои значительные временные ресурсы, навыки и инвестиции (см. илл. 4.1). Мужчины всегда участвовали в работе организации в качестве волонтеров, членов Корпуса «Искреннего милосердия», учрежденного в 1990 году, и особоуполномоченных. Помимо волонтеров, «Цыцзи» также имеет штат специалистов — как женщин, так и мужчин — из различных областей: медицины и медицинских технологий, ИКТ, образования, СМИ, издательского дела, строительства и архитектуры. В 2004 году «Цыцзи» повысила уровень указанного корпуса и приравняла его членов к статусу особоуполномоченных (по большей части женщин) [Pan 2004: 516]. Несмотря на то что участие мужчин в *«Цыцзи»* становится все более активным и занимает важное место в деятельности организации [Huang 2001: 99], в настоящей главе мы рассмотрим, почему реинтерпретация и продвижение так называемых «женских качеств» всегда были и остаются ключевой составляющей миссии и мировоззрения *«Цыцзи»*. На Тайване существует большое разнообразие групп по правам женщин, буддистских организаций, НПО и коллективов по социальному обеспечению, но самой крупной и известной из них по-прежнему остается именно *«Цыцзи»*.

Лу Хуэйсинь, Дж. Хуан, Р. Веллер, а также Ян Чанхуэй и Чжан Чанъи [Lu Hwei-Syin 1998; Lu Hwei-Syin 2000a, 2000b; Huang, Weller 1998; Weller 1999; Yang, Zhang 2004] отстаивают мнение, что одна из причин феноменального успеха *«Цыцзи»* заключается в способности организации поддерживать и вдохновлять женщин. Членство в *«Цыцзи»* способствует раскрытию индивидуальности и потенциала женщин. В научных и обывательских кругах нам часто приходится слышать о «расширении возможностей женщин», но что именно это понятие означает для жительниц Тайваня, в особенности буддисток?[1] В какой мере *«Цыцзи»* укрепляет положение и расширяет возможности женщин в тайваньском обществе? И какие выводы мы можем из этого сделать о тайваньских женщинах и тайваньском обществе в целом?

Чтобы ответить на вышеуказанные вопросы, в рамках настоящей главы мы рассмотрим несколько категорий «Женщин *"Цы-*

---

[1] Термин «расширение возможностей женщин», буквально «укрепление [позиций женщин]» («empowerment»), в китайском языке выступает целым набором неологизмов, в том числе *«фуцюань»* («предоставлять полномочия»), *«чунцюань»* («реализовывать полномочия»), *«цзэннэн»* («наращивать способности/возможности») и *«цзыво пэйли»* («самоусиление»). Мы еще не встречали подобные обозначения в изданиях *«Цыцзи»*, однако уже сейчас можно предположить, что последние два обозначения ближе всего к тем коннотациям, о которых высказываются представители организации. Члены *«Цыцзи»*, скорее всего, отвергли бы любые понятия, в которых упоминается *«цюань»* — политически заряженный термин, чаще всего переводимый как «власть».

Илл. 4.1. Наставница Чжэнъянь и первые особоуполномоченные в Тайбэе (фонд *«Цыцзи»*)

цзи"». В первом разделе мы познакомимся с приближенными к Чжэнъянь монахинями, от которых ожидается, что они станут *«да чжанфу»*, или «великими мужами» — заметное отступление от идеала женщины — матери — бодхисаттвы, предписываемого мирянкам — сторонницам Чжэнъянь. Во втором разделе будет выдвинуто предположение о том, что, несмотря на некоторую схожесть *«Цыцзи»* с традиционными группами мирян в китайской и тайваньской истории, рассматриваемая организация состоит из женщин и мужчин самого различного происхождения — как волонтеров, так и профессиональных сотрудников — и беспрецедентна по размаху своей деятельности в истории китайского буддизма.

В третьем разделе мы уделим внимание еще одной важной «женщине» *«Цыцзи»*: бодхисаттве Гуаньинь (см. илл. 1.1.). Представителям *«Цыцзи»* удалось преуспеть в эксплуатации символических аспектов популярного культа Гуаньинь/Мяошань гораздо больше, чем другим буддийскими мастерами Тайваня. Восхваление *«Цыцзи»* «женских» и «материнских» добродетелей поразительно контрастирует с безразличным или даже негативным восприятием тех же черт в тибетском буддизме и школе *тхеравада.* Каким образом современная интерпретация *«Цыцзи»* мифов о Гуаньинь одновременно расширяет и ограничивает возможности женщин?

В заключение будет представлен вывод о том, что *«Цыцзи»* никак не подрывает традиционные представления о сущности и статусе женщин, но выносит их функции «воспитания и исцеления» за пределы дома и распространяет на все общество. Таким образом организации удалось убедить многих тайваньцев в необходимости сочувствовать и помогать другим людям, выходящим за круг их ближайших родных и близких. Это яркий пример трансформации общества на Тайване под воздействием буддизма, как это исторически сложилось раннее на материковом Китае.

> Общепризнано, что важным наследием буддизма для китайского общества стала его помощь в формировании «универсалистской этики» — *в сравнении с* конфуцианскими представлениями о семейственности — и значительном расширении благотворительной деятельности [Zhou 2003: 121, примечание 31].

Подобная социальная трансформация в сочетании с масштабной мобилизацией граждан на добрые дела и искоренение страданий кажется достижением вне всяких упреков. Однако, при всех успехах *«Цыцзи», ее* руководство взяло за основу эссенциалистские представления о мужской и женской природе и воспроизводит их[2], пока другие женщины и мужчины усерд-

---

[2] «Биология предначертана нам судьбой». Иными словами, мужчины и женщины рождаются с изначально фундаментально различными физическими, психологическими и духовными особенностями, которые *предопределяют модели поведения и социальные роли каждого пола.* Угроза отстаивания таких «естественных» различий всегда заключалась и сводится к тому, что именно таким образом обосновывался контроль мужчин над женщинами, а равно и любые формы ограничения автономии и права выбора для женщин. Эссенциализм исключает для мужчин возможность демонстрировать всю палитру человеческих чувств. Более современные социологические исследования нацелены на изучение гендера как культурного конструкта, где определения сфер «мужского» и «женского» «внушаются нам в процессе социализации» [Richman 1992: 112]. См. [Ortner, Whitehead 1981; Ortner 1996].

но борются за равенство полов на Тайване в сферах образования, права, политики и профессиональной деятельности. Как долго сможет *«Цыцзи»* черпать воду из ключа гендерного эссенциализма тайваньского общества? Является ли виденье матери-бодхисаттвы в Цзицзи реакционным или революционным? Прежде чем мы начнем отвечать на поставленные вопросы, нам необходимо познакомиться с ближайшим окружением Чжэнъянь: ее ученицами-монахинями.

Монахини из Покоев безмятежных размышлений

Прославленные буддийские монахи и монахини обычно привлекают на свою сторону учеников-единомышленников и формируют вокруг себя отдельное сообщество верующих и уникальное наследие. Однако о монахинях, окружающих Чжэнъянь, известно не так много. В официальных публикациях *«Цыцзи»* и научных исследованиях они практически не упоминаются[3]. В Покоях безмятежных размышлений — центральном комплексе в хуаляньской штаб-квартире *«Цыцзи»* — проживает порядка 140 монахинь. На момент написания настоящей книги их возраст составляет от 21 до 70 с лишним лет (средний возраст — 45–50 лет). Монахини выступают главной опорой (буквально «тыловым щитом», или *«хоудунь»*), обеспечивающей стабильность внутри *«Цыцзи»*.

> Миряне численно превосходят монахинь, поэтому именно миряне (волонтеры и штатные сотрудники) в первую очередь занимаются благотворительными, медицинскими, образовательным и культурными инициативами *«Цыцзи»*. Монахини также принимают во всем этом активное участие,

---

[3] Наши основные источники в данном случае — [Huang Xiuhua 1999] и собственные наблюдения во время неоднократных посещений Покоев безмятежных размышлений. 19 мая 2005 года мы имели возможность проинтервьюировать монахиню Ши Дэфу при Университете *«Цыцзи»*, а также монахиню Ши Дэни и послушницу Лизу Ши при Покоях безмятежных размышлений. [Li Yuzhen 2000c: 316–319] кратко упоминает монахинь из *«Цыцзи»*.

однако их основное предназначение — следовать духу и букве нравственных канонов, сохранять устои [«*Цыцзи*»] и передавать традиционные ценности. Руководит же всеми и подает пример своими поступками Наставница [Huang Xiuhua 1999: 69].

В материалах «*Цыцзи*» организацию часто сравнивают с деревом: «*Цыцзи*» — дерево, сильно разросшееся ввысь и вширь благодаря настойчивости и силе духа наставницы Чжэнъянь; монахини и постоянные обитатели Покоев безмятежных размышлений — корни дерева; члены «*Цыцзи*» из числа мирян — ветви и листья дерева. И все элементы древа тесно связаны друг с другом в единое целое[4].

Чжэнъянь приступила к реализации замысла по созданию организации в 1966 году. Вокруг нее уже тогда сформировалась сплоченная группа монахинь[5], которые, по всей видимости, посвятили себя службе Чжэнъянь. Первые несколько лет выдались тяжелыми для женщин. Днем они занимались сельским хозяйством и ремеслами, а по ночам учились и занимались самообразованием при свете свечей. Временами единственное, что им было доступно в качестве пищи, были рис и соевый соус. С наступлением темноты в общем помещении начинали шнырять мыши. «Сестрам» приходилось, прижавшись друг к другу, ютиться на двух тонких матах под двумя одеялами. У Чжэнъянь с ее первыми последовательницами и первым поколением учениц-мирянок (около 30 человек) возникли «по-сестрински близкие отношения», как изящно выразился Роберт Веллер [Huang, Weller 1998: 385, примечание 7]. *Более того, через общее противление страданиям и лишениям женщины стали настоящими товарищами друг для друга.*

---

4 С 2004 года Чжэнъянь отдает предпочтение новой метафоре: «*Цыцзи*» — набор концентрических окружностей, в центре которых располагается сама Чжэнъянь; каждая последующая окружность все дальше продвигается в «мир», неся сердца, чистые, как кристаллы. См. [Pan 2004].

5 Пять или шесть, в зависимости от конкретного издания «*Цыцзи*» [Huang 2001: 35].

По мнению Чарльза Джонса, «Покои безмятежных размышлений крайне малы и не являются основным символом [*"Цыцзи"*], в качестве которого выступают скорее отделанные белым мрамором здания больниц» [Jones Ch. 1999: 212]. Мы не согласны с этой оценкой и полагаем, что именно монахини при *«Цыцзи»* — как практически, так и символически — обеспечивают сохранность буддийского духа организации. Мы также солидарны с точкой зрения Джулии Хуан, которая называет Покои безмятежных размышлений сердцем и очагом *«Цыцзи»* [Huang 2001: 66, 126–129].

Жизнь в Покоях безмятежных размышлений

«Цыцзи» первоначально существовала и функционировала, полагаясь исключительно на собственные силы. В частности, организация отвергала подношения от мирян, а ее члены придерживались скромного образа жизни, занимались сельским хозяйством и продажей изделий ручной работы: свитеров, перчаток, пеленок, глиняной посуды, свечей и пудры из различных бобов; продавали также цветы, как искусственные, так и живые, например хризантемы.

Новое поколение монахинь Покоев безмятежных размышлений следует образу жизни, которым жили Чжэнъянь и ее первые пять-шесть учениц и который основан на изречении чаньского мастера времен династии Тан Байчжан Хуайхая: «День, проведенный без работы, должен быть проведен и без еды» [Huang Xiuhua 1999: 70]. Монахини следуют ежедневному расписанию, по которому живут и другие китайские монастыри. В 03:50 утра они просыпаются от звука деревянной трещотки. Под бой колокола и барабанов монахини собираются на утреннюю службу. Затем они готовят завтрак для всех постоянных жильцов и гостей. Повседневные послушания монахинь включают поддержание помещений и окружающей территории в чистоте, в том числе уход за садом и приготовление органических удобрений. Некоторые женщины помогают гостям, управляют книжным магазином, проводят экскурсии по Покоям безмятежных размышлений, отвечают на телефонные звонки, сообщения и вопросы по поводу буддизма, Чжэнъянь и «*Цыцзи*».

Что касается работы, монахини готовят собственную пудру из бобов и ячменя, которую продают как лечебное питание. Как и изначально, организация покрывает свои ежедневные расходы самостоятельно с помощью собственного труда. Все пожертвования «*Цыцзи*» направляются на финансирование миссий организации, а не на нужды Чжэнъянь и ее последовательниц [Shi Zhengyan 1996: 209–210]. Утренние послушания (уборка и т. д.) совершаются во всех монастырях, но не только из необходимости, а как часть буддийских практик. На территории монастырей часто выращивают фрукты и овощи. Для «*Цыцзи*» эта традиция самообеспечения есть благо само по себе. Все эти производственные мероприятия придают организации существенный нравственный вес, а получаемые таким образом средства выступают символическим капиталом, к которому Чжэнъянь и ее монахини могут постоянно обращаться в повседневной жизни в Покоях безмятежных размышлений[6].

Статья, рассказывающая о жизни при «*Цыцзи*», сопровождается по большей части фотографиями, которые запечатлевают монахинь за работой в саду. Такие образы призваны олицетворять дух «*Цыцзи*» [Huang Xiuhua 1999], однако они контрастируют с образами других групп монахинь, существующих на Тайване, в том числе монахинь из святилища «*Сянгуан*» в Цзяи. У Инь — настоятельница последнего — концентрирует свои усилия именно на подготовке монахинь и разработала для этих целей полноценную методику (см. главу 5). В равной мере обитель «*Лотос*», учрежденная наставницей Сяоюнь, готовит монахинь и связана с Университетом «*Хуафань*» — первым основанным монашеским орденом университетом, который был признан министерством образования Тайваня. В свою очередь, монастырь «*Фогуаншань*» занимается подготовкой монахинь при собственном Буддийском

---

6   Сопоставьте с движением за самообеспечение, которое Мао Цзэдун продвигал в Яньане, выступавшем для КПК в качестве символической столицы и источника революционного нравственного авторитета. См. [Apter, Saich 1994].

институте еще с 1967 года, в 1985 года был учрежден отдельный институт для подготовки монахов. *Цыцзи* же располагает общедоступной образовательной системой, которая охватывает все уровни обучения, от детского сада до послевузовского образования. Однако *Цыцзи* не имеет отдельного буддистского института, который бы занимался подготовкой монахинь.

На раннем этапе существования *Цыцзи* Чжэнъянь проводила занятия по буддизму для своих учеников. В этом она следовала чань-буддийскому идеалу: работа по утрам и учеба по ночам (*«чаогэн, еду»*). Однако в последние годы занятия, лекции приглашенных спикеров и отчеты о ходе миссий организации и последних новостях Тайваня и мира проводятся только по вечерам по вторникам и средам. Одна монахиня, которая работала вместе с Чжэнъянь более десяти лет, заметила, что они с наставницей практически не разговаривают друг с другом. Чжэнъянь учит *дхарме* в основном не словом, а делом — примером своей практической деятельности.

Перспективные послушницы должны в первую очередь в полной мере ассоциировать себя с целями и направлениями деятельности *Цыцзи*. Например, наставница Дэни до вступления в организацию уже имела возможность прослушать лекции по *дхарме* от двух известных буддийских мастеров, однако поняла сущность буддизма, лишь познакомившись с представителями *Цыцзи*. Работая волонтером при организации в Тайчжуне, Дэни сильно вдохновилась примерами бескорыстной готовности к самопожертвованию, решимости и прагматичности, которые демонстрировали домашние хозяйки, участвовавшие в мероприятиях организации. Несмотря на всевозможные сложности, с которыми им приходилось сталкиваться, женщины делали все, чтобы исполнить обет, данный бодхисаттве[7].

Некоторые монахини, в том числе наставница Дэни, начали взаимодействие с *Цыцзи* в качестве волонтеров. Другие активисты первоначально работали в Молодежном корпусе. Есть и те люди, которых в организацию приводят родители — активные

---

[7]   Интервью с наставницей Дэни, 19 мая 2005 года.

члены «*Цыцзи*». Сама Чжэнъянь предпочитает, чтобы будущие послушники, прежде чем вступать в организацию, приобрели некоторый опыт работы. Каждый из послушников проводит различное число лет, участвуя во всех аспектах жизни при Покоях безмятежных размышлений. Чжэнъянь принимает решение о том, кто достоин пройти обряд посвящения. Принявшие постриг затем проводят еще два года наблюдения перед тем, как Чжэнъянь признает их готовыми к посвящению. Кандидаты на посвящение при «*Цыцзи*», как и во всех буддистских организациях, должны заручиться согласием родителей. Более того, Чжэнъянь настаивает, чтобы родители присутствовали во время обряда посвящения[8].

В зависимости от своего опыта работы и талантов монахини «*Цыцзи*» могут быть задействованы в сферах благотворительности, здравоохранения, образования и культуры. Часто им на помощь приходят навыки работы с компьютерами, фототехникой, музыкальными инструментами, а также навыки в составлении и издании текстов, управлении персоналом. Помимо прочего, монахини организуют всевозможные лагеря для детей, учителей, волонтеров и других групп людей. Монахини, составляющие ближайшее окружение Чжэнъянь и работавшие с нею дольше всего, выступают ее заместителями и помощницами.

«*Покинуть дом*» значит стать на путь великого мужа: «*чуцзя*» най да чжанфу ши

Чжэнъянь ожидает от своих последователей, как мирян, так и монахинь, самоотверженности, усердия, добросовестности и стремления к идеалу, однако наставница не ожидает от монахинь, чтобы те, как мирянки, были «хорошими матерями». Монахини относятся к людям другой категории: это люди, принявшие монашеский обет. Согласно буддийской концепции сохранения достоинства в четырех положениях (*сы вэйи*), они должны во всех действиях и мыслях «двигаться подобно ветру, стоять как сосна, сидеть точно колокол и лежать словно лук без стрел».

---

8   Интервью с наставницей Дэни и Дэфу, 19 мая 2005 года.

Более того, исходя из давней традиции чань-буддизма, монахини должны становиться *да чжанфу* — великими мужами:

> с этого момент ты должен полностью преобразиться, превратив свои чувства и помыслы в чувства и помыслы Будды и бодхисаттвы... Ты должен демонстрировать силу воли, храбрость, способность переживать страдания и претерпевать тяжелое бремя, в любое время и вечно трудиться на претворение в мире людей духа буддизма [Huang Xiuhua 1999: 61, 75].

Это предполагает

> передачу всей жизни, пожертвование чувства физического комфорта и покоя во имя исполнения обета: освободить все разумные существа от страданий и принести им довольство и счастье, а также лишить весь мир бедствий. [Нужно] двигаться вперед вопреки боли и усталости, развивая и закаляя собственные дух и разум, жертвовать все, что только возможно, держаться друг друга и совместно трудиться, терпеть то, что не способны вытерпеть другие [Ibid.: 65].

Как поясняет Мириам Леверинг,

> термин «*да чжанфу*» имеет давнюю историю в китайских канонах и прочей литературе, уже начиная с работ Мэн-цзы. Изначально он подразумевал, по всей видимости, именно «великого и могущественного человека». Судя по всему, моралисты-конфуцианцы предприняли попытку перенести акцент в значении с физической силы и силы воли на нравственное совершенство. Они же особо подчеркнули «мужественность» этого термина — в противовес «женственности»[9].

---

[9] «Как говорится в известном отрывке из "Мэн-цзы", "существование в обширном доме, составляющем мир, умение занимать надлежащее место в мире и следование по великому пути через мир; готовность практиковать свои принципы на благо народа в случаях, когда стремление к службе оказывается удовлетворено; готовность практиковать эти же принципы самостоятельно, когда это стремление не увенчивается успехом; умение не поддаваться распутным веяниям вследствие богатства и гордыни, не отступать от принципов под влиянием нищеты и неблагоприятных условий и не склоняться перед властью и силой — все это есть черты, из которых складывается фигура великого мужа (*да чжанфу*)"» [Levering 1992: 143–144].

Да чжанфу в источниках школы чань-буддизма «Линьцзи» также подразумевает человека, который способен достичь просветления напрямую, без необходимости обращаться к утомительным спорам, словам и интеллектуальным практикам [Ibid.: 142]. Такие герои — бодхисаттвы, способные действовать спонтанно исключительно из чувства сострадания. Однако примечательно, что, по мнению чань-буддистов, именно «мужественные» черты *да чжанфу* — храбрость, сила воли, решительность — наиболее принципиальны для достижения просветления [Ibid.: 142–143]. Леверинг, Се и Грант заметили, что авторы-мужчины в текстах чань-буддистской традиции начиная с династии Сун «отмечали» и прославляли выдающихся, достигших просветления мирянок и монахинь именно в качестве «*да чжанфу*» — неоднозначный посыл для женщин в любой эпохе. С одной стороны, такие источники, в сравнении с женоненавистническими пассажами из других канонов, отстаивали позицию, что женщины были способны к просвещению и просветлению ровно в той же мере, что и мужчины, и описывали множество случаев того, как уважаемые монахини увещевали мирян, упоминались в списках познавших *дхарму* и лично занимались делами монастырей. С другой стороны, как заключает, в частности, Леверинг, «риторика [чань-буддизм] о равенстве не может противостоять рассуждениям о мужском героизме, которые обеспечиваются столь "реальными" для этой культуры недвусмысленными разграничениями по половому признаку» [Levering 1992: 115; Hsieh 1991; Grant 1996][10].

Вне зависимости от того, является ли этот концепт в сущности патриархальным идеалом или нет, идея «*да чжанфу*» глубоко импонировала Чжэнъянь, поскольку посредством ее она могла реализовать свои юношеские устремления: «Что было бы, если бы женщина могла, как мужчина, вершить большие дела в мире?»

---

[10] «Идея о том, что достойные женщины заслуживают титула *"чжанфу"*, встречается во множестве работ литераторов времен династий Мин и Цин» [Grant 1996: 63].

[Chen 1989: 6–7][11]. Монахини *«Цыцзи»* Дэфу и Дэни утверждают, что принятие монашеского обета возлагает на человека серьезную миссию: «он или она берет на себя часть дел семейства Будды» (*«чэндань жулай цзяе»*)[12]. По мнению наставницы Дэфу, стать *да чжанфу* вовсе не значит стать мужчиной или перестать быть женщиной; речь идет о том, чтобы человек проявлял такие «мужские» черты характера, как, например, храбрость, в противовес таким «женским» чертам, как мягкость. Дэфу отмечает, что монахи должны быть готовы нести на себе любое бремя и пожертвовать свои сердце и силу обществу. Наставница Дэни добавляет, что *да чжанфу* — благородный человек лучших моральных качеств; данное им слово — закон для него; он сохраняет широкие взгляды в противовес «женской» склонности к ревности, узости мышления, сплетням, одержимости и пустым фантазиям[13].

Когда мы видим перед собой очевидно гендерно нейтральные и/или патриархальные черты, которые объединяют монахов и монахинь (например, в одежде, обривании голов, поведении и так далее), мы можем прийти к поспешным выводам о том, что тайваньские монахини «подавили свою женственность» и/или «вышли за пределы гендерных отличий» [Cheng 2007: 190; Li Yuzhen 2000c: 14–16]. В действительности же требуется провести дополнительные исследования, чтобы выяснить, в какой мере монахини *«Цыцзи»* (и другие тайваньские монахини) ассоциируют себя с мужественным идеалом *«да чжанфу»* в противовес

---

[11] Для Чжэнъянь, как и для многих женщин в истории, монашество выступало единственным относительно благопристойным способом выйти за пределы предусмотренных обществом ролей жены, матери и хранительницы домашнего очага.

[12] Интервью с наставницами Дэфу и Дэни, 19 мая 2005 года.

[13] Указанные монахини, как и другие представители монашества и миряне, с которыми мы проводили встречи на Тайване во время написания настоящей книги, придерживаются стереотипических представлений по поводу «мужских» и «женских» черт. По аналогии с тайваньскими монахинями, монахини из храма *«Фуху»* в китайской провинции Сычуань заявляют, что *да чжанфу* должны воспитывать в себе смелость, силу, выносливость и мудрость. Все эти черты и в настоящее время воспринимаются в китайской культуре как «мужские» [Qin 2000: 312–316, 431].

другим аспектам своей идентичности, таким как «жительницы Тайваня», «женщины» и «религиозные деятели»[14]. Противоречия на личностном уровне не всегда являются проблемой: Цинь Вэньцзе вполне убедительно демонстрирует, что китайские монахини «стратегически обыгрывают собственную гендерную неопределенность», которая потенциально дарует им «свободу и силу», поскольку она открывает перед ними возможности в зависимости от ситуации и потребности обращаться и к женским, и к мужским, и к «нейтральным» чертам своего характера [Qin 2000: 319–320].

Подводя итог вышесказанному, монахини, служащие при Покоях безмятежных размышлений, выступают главными символами в мифах о «Цыцзи» и важны в первую очередь для самой Чжэнъянь, которая полагается на них в проведении мероприятий как при Покоях, так и от лица фонда «Цыцзи» на Тайване и за его пределами. Однако «Цыцзи» и по численности членов, и по ориентации своих миссий остается преимуществен-

---

[14] В главе 5 мы отдельно рассмотрим деятельность монахинь и внедрение идеала *да чжанфу* при Буддийском институте «*Сянгуан*». [Crane 2001] подробно и проницательно описывает фигуру «великого мужа» *да чжанфу* и осмысляет, что этот идеал означает для монахинь и монахов из одного тайваньского храма. Автор замечает, что по мере того, как монахини все больше воспринимают идеал *да чжанфу*, они все в большей степени отвергают собственную принадлежность к женскому гендеру, по крайней мере в тех пределах, которые обозначают блюстители конфуцианской морали и чань-буддийские женоненавистники. Монахини постепенно приобщаются к идеалу *да чжанфу* как в поведении, так и в мировоззрении и, наконец, заявляют, что они стали мужчинами по духу, а иногда даже в телесном отношении (например, через утрату женских пропорций тела и прекращение менструации). Проблематичность диссертации [Crane 2001] заключается в том, что автор делает выводы по поводу всех буддийских монахинь на Тайване по результатам наблюдений за жизнью всего лишь одного храма. В частности, исследовательница рассуждает о культуре, обществе и гендерных отношениях в «Китае», но фактически подразумевает только Тайвань. В дополнение ко всему автор практически не приводит какой-либо исторический или социальный контекст в подтверждение своих выводов, не ссылается на китайские источники. Мы также обращаем ваше внимание на то, что используемые ею этнографические источники на английском языке уже устарели.

но мирской организацией. В следующем разделе мы рассмотрим состав членов *Цыцзи* из числа мирян и то, как через них организация феминизирует и, соответственно, «цивилизирует» публичную сферу.

Мирянки и миряне

Изначально созданная в 1960-е силами Чжэньянь, ее последовательниц и женщин-волонтеров *Цыцзи* приобрела известность именно как женская буддистская благотворительная организация. В различных местах и на разных этапах истории китайские буддистские монастыри помогали жертвам стихийных бедствий, оказывали поддержку сиротам, вдовам, нищим, больным и обездоленным, предоставляли беспроцентные ссуды и оказывали содействие в погребении мертвых [Hs'ing 1983: 38–40]. Существуют задокументированные свидетельства того, что *Цыцзи* — далеко не первая женская буддистская благотворительная группа в истории. Так Дэниэл Овермайер и Баренд Дж. тер Хаар установили, что «многие женщины активно участвовали в руководстве буддистскими обществами времен династии Сун, а позднее и популярными религиозными сектами» [Hsieh 1991: 180] (цит. по: [Overmyer 1991: 105–109; Haar 1992: 31–43]). В эпоху Сун и Юань мирянки «занимались буддистскими мероприятиями параллельно с организованными *сангхами*, но не подчинялись последним. [Женщины] вершили добрые дела для общества, а также осуществляли ритуалы, в том числе чтение сутр...» [Yü 2001: 337]. На поздних этапах Китайской империи (1550–1900) неприязнь к женщинам и попытки их осуждения этиками-неоконфуцианцами и отдельными монахами не смогли помешать участию множества женщин-мирянок в буддистских мероприятиях. В то время «монахинь можно было часто видеть в жилищах, не было недостатка в них и в процветающих мирских организациях, которые организовывали такие мероприятия, как декламации сутр, визиты в святилища и паломничества» [Zhou 2003: 113]. На Тайване до 1950-х годов многие женщины участвовали в работе сект *чжайцзяо*, а некоторые из них даже возглавили отдельные исключительно женские *чжайтаны*. Однако в целом с большей вероятностью такие традиционные коллективы управлялись монахами или мужчинами из местных элит, а не монахинями или мирянками. Конечно, по направленности и масштабам благотворительной и добровольной деятельности эти организации не могут сравниться с современной структурой *«Цыцзи»*.

К середине 1990-х годов *«Цыцзи»* превзошла пределы, в которых обычно существовали традиционные организации буддисток-мирянок. Это уже была не просто «группа тайваньских домохозяек среднего возраста», которая решила заняться благими делами. *«Цыцзи»* выросла в «микромир представителей самых различных социальных групп Тайваня» и теперь включала в себя многочисленные подгруппы, в том числе корпус верующих мужчин, ассоциацию преподавателей, студенческий молодежный корпус, клуб предпринимателей и клуб волонтеров, которые выступали охранниками на мероприятиях фонда [Huang 2001: 104]. Все эти коллективы составляют постоянно находящееся в поле зрения общественности лицо «волонтеров» *«Цыцзи»*. При этом организация также привлекает штатных и внештатных специалистов для ведения общей операционной деятельности, проведения медицинской и образовательной миссий, обеспечения информационных и издательских проектов, поддержания связей с общественностью и участия в международных кампаниях по оказанию помощи. Многие из этих специалистов — мужчины.

Изменчивый статус членов *«Цыцзи»* за последние полвека позволяет проследить социальные и экономические изменения, которые произошли на Тайване за тот же период времени. Принципиально важно подчеркнуть, насколько различны по возрасту, классовой принадлежности и уровню образования миряне — члены *«Цыцзи»*. Первоначально в организацию входили преимущественно волонтеры — домохозяйки из небольших сельских поселков и волонтеры — домохозяйки среднего класса из городов. Что примечательно, «домохозяйки» зачастую занимались сдельной работой, продавали на рынках разнообразные товары, соглашались на случайные заработки, чтобы оказывать финансовую помощь своим семьям, и, наконец, фактически бесплатно работали на небольших придомовых семейных предприятиях[15]. Мужчины могли работать волонтерами и стремиться стать особоуполномоченными. Однако в 1990 году был учрежден Корпус «Искреннего милосердия» (*Цычэн дуй*) специально для тех мужчин, которые имели большой опыт волонтерства в *«Цыцзи»* и были готовы следовать пяти буддийских обетам (не убий, не воруй, не прелюбодействуй, не лги и не потребляй средства, вызывающие помутнение сознания), а также воздерживаться от наркотиков, жевания плодов бетеля, азартных и биржевых игр. Более того, от членов корпуса «Искреннего милосердия» ожидается, что они будут почтительны с родителями, мягки в речах и выражении лица, а также будут следовать правилам дорожного движения и избегать участия в политике и общественных движения [Huang 2001: 103]. Следующий отрывок говорит нам о многом:

> Десять обетов[16] подобны тонкой проволоке, которая поддерживает и направляет рост дерева-*бонсай*. И проволока растет вместе с каждым членом корпуса «Искреннего милосердия», исправляя его дурные наклонности и закоренелые предрассудки... Эти мужчины по степени дисциплинированности не уступают солдатам. В то же время они обходительны и скромны[17].

Женщины *«Цыцзи»*, судя по всему, были рады расширению организации за счет мужчин, вопреки «дурным наклонностям и закоренелым предрассудкам» последних:

---

[15] Важная часть любой экономики, которую потенциально невозможно измерить ВНП [Moon 2002: 480, примечание 7].

[16] Лишь одна из множества версий списка обетов буддистов, дополняющих Пять обетов. В частности, Десять обетов могут включать, помимо указанных выше положений, также запреты на сплетни о других буддистах, превознесение себя в ущерб другим людям, скупость, побуждение ко злу и клевету против Трех сокровищах буддизма (Будды, *дхармы* и *сангх*). — *Прим. пер.*

[17] [Yeh Wen-ying].

мужчины могли взять на себя всю тяжелую работу. Мужчины, сильные и деятельные, делают упор на организованность и дисциплинированность. Благодаря их участию «*Цыцзи*» стала более эффективной, а общественная репутация организации заметно упрочилась.

Организации смогла достичь «оптимальный баланс женской сострадательности и мужской мудрости» [Liu 1997: 133, 26][18]. Среди задач, которые выполняет корпус «Искреннего милосердия», — ночные дежурства, добровольная работа в центрах по переработке отходов и больницах, все, касающееся транспорта и перевозок, а также устранение последствий стихийных бедствий[19]. Мужчины привнесли в «*Цыцзи*» новые модели организации, почерпнутые в компаниях, вузах и во время двухлетней военной службы (включая использование таких терминов, как «корпус», «батальон», «рота» и «взвод»)[20].

С конца 1980-х годов «*Цыцзи*» все больше опиралась на умения и навыки работающих за гонорар специалистов — как мужчин, так и женщин. В этот период «*Цыцзи*» строит свою первую больницу, расширяет деятельность за пределами Тайваня, создает медиакомпанию (телевидение, журналы и книги) и формирует при своей штаб-квартире полноценную образовательную систему, охватывающую все уровни — от детского сада до послевузовского образования. Многие из приглашенных специалистов состоят в организации как активные члены-миряне. Некоторые из

---

[18] На Тайване это считается общепринятыми гендерными нормами, и члены «*Цыцзи*» не воспринимают их как проявления сексизма.

[19] [Yeh Wen-ying]. Участвуют в мероприятиях по ликвидации последствий бедствий за пределами Тайваня преимущественно мужчины, которые, как следует из принятых на Тайване гендерных норм, «более приспособлены» к тому, чтобы претерпевать тяготы, связанные с такой деятельностью вдали от родных мест.

[20] [Huang 2001: 150, 184–185] включает интересные комментарии по поводу того, как в организационном и программном отношении на «*Цыцзи*» повлиял Китайский молодежный корпус при партии Гоминьдан.

них отказались от прежней престижной работы и теперь сотрудничают исключительно с «Цыцзи»[21].

Миряне вступают в «Цыцзи» и другие современные буддистские группы на Тайване примерно по тем же причинам, по которым китайские миряне в прошлом поддерживали развитие буддизма: из желания найти ответы на вопросы о спасении души, в связи с проблемами со здоровьем, из-за личных неурядиц в семье и на работе [Wang Fansen 1999] или из убеждения, что благотворительность не только облегчает чужие страдания, но и накапливает заслуги как для благотворителя, так и для других людей, что может сыграть решающее значение в этой или следующей жизни. Иными словами, миряне поддерживали буддизм по самым различным причинам, от искреннего сочувствия или желания почтить родителей и других членов семьи до острого ощущения необходимости «навести порядок в обществе» [Brook 1993: 185–203]. Как мы уже отмечали, многие буддистские коллективы современного Тайваня, в том числе *«Цыцзи»*, предлагают «синтез нравственного и религиозного учения», составленный на основе буддийских канонов и конфуцианских ценностей. Однако *«Цыцзи»* отличается от вышеупомянутых буддийских групп тем, что, помимо проведения беспрецедентно современных и масштабных благотворительных миссий, организация также выступает платформой для собственного учения Чжэнъянь о сострадании. *«Цыцзи»* выступает за «большую любовь», которая соответствует «материнским» добродетелям: заботе, самоотверженности и жертвенности. И в этом *«Цыцзи»*, больше, чем любая другая буддистская группа на Тайване, успешно эксплуатирует два глубоких источника, питающих традиционный китайский патриархат: идеал «добродетельной супруги и любящей матери» (*сяньци лянму*) и культ бодхисаттвы Гуаньинь.

---

21 Молодежный корпус *«Цыцзи»* стремится привлекать в организацию студентов посредством организации лагерей и волонтерских программ с 1992 года. Однако нам еще предстоит увидеть, насколько молодежь будет готова к самоидентификации и продвижению правил поведения, требований к внешнему виду и ценностей, за которые выступает *«Цыцзи»*, а также насколько молодые люди захотят вступать в *«Цыцзи»* и полностью посвящать себя организации, как это делали представители поколения их родителей.

«Цыцзи» и культ бодхисаттвы Гуаньинь на Тайване

«Бодхисаттва всегда улыбчива, спокойна и сдержанна. Она мягка и нежна, как мать, которая неустанно выполняет свой долг» [Yang Liling 2002: 62].

Многие современные буддийские храмы Тайваня в своей практике опираются на ряд традиций, в том числе традиции «Чистой земли» и разных школ чань-буддизма, а также на культы Кшитигарбхы (Дицзан), Майтреи (Милэ), Манджушри (Вэньшу) и Самантабхадры (Пусянь). Однако в *«Цыцзи»* в первую очередь обращаются к культу бодхисаттвы Гуаньинь.

Чжэнъянь и ее первые последователи действовали в контексте популярных религиозных верований центральных и восточных районов Тайваня. Особое значение здесь играли местные *чжай-цзяо* — буквально «постнические религии», в рамках которых женщины и мужчины поклонялись Нерожденной праматери и Гуаньинь [Jones Ch. 1999: 14–30]. «Гуаньинь» — китайское обозначение богини Авалокитешвары, часто изображаемой с тысячей глаз и тысячей рук бодхисаттвы сострадания, которая все видит и приходит на помощь всем нуждающимся. Согласно исследованию Юй Цзюньфаня, на протяжении всей истории Китая прослеживается трансформация представлений о Гуань-инь: от божества, изначально изображавшегося в виде мужской или андрогинной фигуры, к божеству с женскими чертами — зачастую ассоциирующимся с материнством. Среди возможных причин этой метаморфозы, которые рассматривает Юй, для настоящей дискуссии релевантной представляется та, согласно которой сострадание в китайской культуре начиная с династии Сун соотносится с чертами женственности и материнства [Yü 2001: 414][22]. Это проявляется в народных поверьях, где, например, «отец строг, а мать ласкова» (*фуянь муцы*). В равной мере чань-

---

[22] Барбара Рид также отмечает, что «еще с династии Сун китайцы "восприни-мали" буддийское милосердие как проявление женственности: женские фигуры, окруженные женственными символами» [Reed 1992: 164]. Однако ни в том, ни в другом исследовании не объясняются причины данного феномена.

буддисты эпохи Сун использовали слова «пожилая женщина» и «бабушка» «для обозначения сострадания, бескорыстия и доброты». Те же эпитеты, отсылавшие к нравоучительным сказаниям о скромных, но мудрых старухах, применялись для восхваления достигших значительного духовного развития буддистов, причем как женщин, так и мужчин. Весьма вероятно, что эти сюжеты также оказали влияние на формирование в Китае женского облика Гуаньинь [Hsieh 1991: 178].

После того, как популярность начали приобретать «Сутра Лотоса» и сутры «Чистой земли», Гуаньинь стала известна как бодхисаттва с более чем 30 обличиями (семь из которых были женскими). Божество даровало спасение и приходило на помощь людям обоих полов [Reed 1992: 160][23]. С XII века представление о Гуаньинь в образе китайской женщины получило распространение благодаря легенде о китайской принцессе Мяошань, дочери царя, не имевшего сыновей. В силу своей приверженности делу буддизма Мяошань отказалась от договорного брака, чем навлекла на себя гнев отца — он попытался убить дочь. Во время пребывания в потустороннем мире, где Мяошань освобождала от мук страждущих призраков, ей стало известно о тяжелой болезни отца, которая была ему «кармическим наказанием» за совершенное им убийство монахинь — подруг Мяошань. Дочь вылечила отца снадобьем из собственных глаз и рук, тем самым продемонстрировав как почтение к родителю, так и дух бодхисаттвы [Yü 2001: 338–339]. Отец узнал дочь, и «у Мяошань чудесным образом выросли новые глаза и руки. Девушка обратилась в тысячеглазое и тысячерукое воплощение Гуаньинь» [Li Yuzhen 2004a: 100].

---

[23] Культ Гуаньинь широко распространен в странах Восточной Азии и Вьетнаме. Китайцы считают гору Путо «официальной резиденцией» богини. «Еще со второй половины III века... буддисты совершали паломничества на Путошань [остров у побережья провинции Чжэцзян] и поклонялись священным реликвиям, связанным с Гуаньинь. Во времена династии Тан на острове... был заложен буддийский алтарь... который на протяжении свыше тысячи лет остается ключевым местом поклонения Гуаньинь» [Zhao Hongying, Xu Liang: 112].

Ли Юйчжэнь указывает, что культ Гуаньинь/Мяошань пользовался большой популярностью на Тайване по крайней мере с XVII века. Об этом свидетельствует не только множество святилищ, построенных в честь богини, но и большая численность последователей традиции *чжайцзяо* среди мирян, как женщин, так и мужчин [Ibid.: 97] (также см. [Li Yuzhen 2000c: глава 5]). Исторически в рамках китайского буддизма Гуаньинь/Мяошань почитали благочестивые буддистки, которые либо противились вступлению в брак (см. [Topley 1975; Sangren 1983]), либо — по собственной воле или против нее — оставались в своих семьях [Yü 2001: 335–336][24]. Женщины молились Гуаньинь в надежде, что она лишит их страданий, связанных с превратностями кармической судьбы воплощения в женском теле: проблемы устройства брака и семьи, менструаций, рождения детей и долга производить на свет в первую очередь мальчиков [Reed 1992: 159–161, 176].

Культ Гуаньинь/Мяошань имеет гораздо большее значение для Чжэнъянь и «*Цыцзи*», чем для других наставников-буддистов и буддистских организаций Тайваня. Как мы отметили в предыдущей главе, фигура Гуаньинь занимала важное место для Чжэнъянь с ранних лет. С самого начала своего пути приобщения к буддийским занятиям благотворительностью, медициной и оказанием помощи нуждающимся Чжэнъянь посвятила себя исполнению обета, который дала бодхисаттве: не знать покоя, пока не будут спасены все живые существа. И Чжэнъянь ожидает не меньшей самоотверженности от своих последователей: «мы станем зоркими глазами и заботливыми руками Гуаньинь, чтобы мир более никогда не мог назвать нас, буддистов, пассивными» [Reed 2003: 199].

Рекомендации, которые Чжэнъянь включает в «Безмятежные размышления», напоминают общеизвестные буддийские заветы, которые содержатся, например, в «Биографии бодхисаттвы Гуаньинь». Указанное издание можно получить бесплатно или за

---

[24] Для мирянок относительно почтенного возраста с горы Эмэй история Мяошань выступает свидетельством, что они могут и достичь духовной независимости, и параллельно исполнять свои обязанности перед семьей [Qin 2000: 328–329].

пожертвование во многих тайваньских храмах. По большей части «биография» включает в себя пересказы народных сказаний, которые распространялись о Гуаньинь начиная с XII века. В заключении к изданию содержатся наставления по части современных семейных и психологических проблем. Женщинам предоставляются советы по тому, как достичь личного счастья, а также мира и гармонии в семье (поскольку личное и семейное начала неразрывно связаны друг с другом) посредством корректировки и улучшения собственного поведения и отношения. Причем только сам человек отвечает за свое собственное состояние [Reed 1992: 171–172]. Подобные, нацеленные на широкую аудиторию трактаты, к которым относятся и «Безмятежные размышления» Чжэньянь, поощряют «правильные речи» и выражение благодарности человека словом и делом [Ibid.: 172].

> Советы могут вселять уверенность в собственные силы. Женщинам следует принимать ответственность за собственные жизненные обстоятельства и быть творцами собственного счастья за счет позитивных слов и мыслей. [Это]... также можно воспринимать как призыв приспосабливаться к неприятным ситуациям. Женщинам не следует требовать каких-либо изменений в семейном положении, но учиться примиряться с ним [Ibid.].

Чжэньянь не является сторонницей развода в качестве способа решения проблем женщин в браке, например, вследствие измены мужа:

> вам следует каждый день поддерживать хорошие отношения с вашим супругом. Даже если они складываются неблагоприятным образом, вам стоит сделать шаг назад и воспринять реальность с открытым сердцем. Возлюбите человека, которого любит ваш супруг, и вы обретете великую любовь [Shi Zhengyan 1996: 29, 169–170, 172].

«Не называйте это "изменой". В таких вещах стоит видеть проявление судьбы, часть вашей кармы. Принимайте их бесстрашно. Продолжайте любить и благодарить вашего мужа.

Он дал вам возможность убедиться в том, что наша жизнь полна перемен» [Ibid.: 173][25]. Женщины, по мнению Чжэнъянь, также должны — безо всяких исключений — проявлять безграничное терпение и сострадание к свекровям [Shi Zhengyan 1993b: 171–172; 1996: 2, 179–180].

В решении вопроса работы по дому следует придерживаться проверенного временем идеала «жэнь»: терпимости.

> Вопрос: Наставница, мой супруг не хочет заботиться о нашей семье. Я ухаживаю за всеми 17 людьми, которые составляют нашу семью. Сил моих больше нет.
> Ответ: Его семья — это и ваша семья. Ваш муж ведет себя так, поскольку знает, что вы способны на многое[26]. Вам недостает терпимости, если вы видите в долге страдание. Да, вы заботитесь о 17 людях. Но помните, что мне приходится помогать гораздо большему количеству людей [Shi Zhengyan 1996: 167].

При этом миссия Чжэнъянь по претворению в жизнь сострадания через активную общественную деятельность является радикальным отступлением от стилистики и рекомендаций таких популярных трактатов, как «Святая песнь облаченной в белые одежды великой и мудрой Гуаньинь», в котором содержатся наставления для читателя по должному чтению сутр нараспев и идеальному размещению палочек благовоний, чтобы дымок от их горения наполнял радостью всех членов семьи. Указанный источник также описывает надлежащие правила обращения

---

[25] [Mei 1998: 168] отмечает, что Чжэнъянь принимает двойные стандарты, навязываемые полам тайваньским обществом. Невозможно себе представить, чтобы кто-либо обратился с подобным советом к мужу, сталкивающемуся с изменой жены.

[26] В китайском языке «способность что-то сделать» может обозначаться, как в данном случае, «нэнгань». Причем приписывание тайваньским женщинам именно «нэнгань» — большой комплимент. Это не просто признание за ними работоспособности, но некоего сверхэффективного всеведения, которое позволяет тайваньским женщинам предугадывать и исполнять потребности других людей без дополнительных расспросов или сомнений.

к богине с конкретными просьбами, например, по ниспосланию сыновей, оздоровлению членов семьи и об успешной сдаче экзаменов [Reed 1992: 175]. Чжэнъянь сильно выходит за пределы традиционного культа Гуаньинь и делает ставку на прежде никогда не использовавшийся в полной мере потенциал тайваньских женщин. Более того, Чжэнъянь отстаивает и продвигает среди всех своих последователей, в том числе мужчин, мысль о том, что любой человек должен в некоторых действиях проявлять определенные позитивные женские качества, которые воспринимаются как способы и гаранты спасения мира.

> Такие ролевые атрибуты женственности, как доброта, забота, скромность, терпеливость и альтруизм, выступают образцами поведения для членов организации, участвующих в благотворительной деятельности. Силы Материнской любви растут, чтобы проявить безграничное сострадание Будды [Lu Hwei-Syin 1998: 539].

Чжэнъянь в «Безмятежных размышлениях» подмечает, что «любящее, мягкое, отзывчивое сердце — отличительное качество женщины. Долг жены — направлять супруга в верном направлении, долг матери — совершать дела, которые приносят благо другим людям» [Shi Zhengyan 1996: 26]. Кроме того, «...одной из лучших вещей, которые могут принадлежать женщинам, — является блаженство материнского инстинкта» [Ibid.: 171]. По мнению наставницы, женщина вполне может иметь полноценную карьеру и преуспевать в ней, однако профессиональные успехи не должны затмевать материнский инстинкт. Более того,

> ...домохозяйка может считаться буддисткой лишь тогда, когда она исполняет свой долг домохозяйки. Хорошая домохозяйка делает огромный вклад в обеспечение семьи и общества. Чтобы быть хорошей буддисткой, она должна в действительности исполнять три разные роли. Во-первых, она должна быть хорошей невесткой. Она должна олицетворять почтительность к старшим, принимая на себя заботы об отце и матери мужа... Во-вторых, она должна быть хорошей женой. Она должна ухаживать за мужем и помогать

обществу избавляться от разврата... В-третьих, она должна быть хорошей матерью. Она должна расширять свои познания во всех сферах, чтобы быть настоящей наставницей и учителем для своих детей [Ibid.: 174–175].

Вторя постулатам, которые конфуцианцы и буддисты провозглашали многие века до нее, Чжэнъянь выступает за традиционные представления о сущности женщин и идеале китайской жены, матери и невестки[27]. При этом, когда у Чжэнъянь спросили, бывает ли на пути женщин больше кармических препятствий, чем у мужчин, она заметила:

Необязательно. Если женщина в самом деле целеустремленна, то ее силы будут огромны. Бодхисаттва Авалокитешвара — хороший тому пример. Он часто являлся в мир в женском обличии Богини милосердия. Как умеет сочувствовать женское сердце! А сочувствие порождает мудрость, помогая нам выполнять работу, необходимую для спасения мира. Женщинам не следует недооценивать себя [Shi Zhengyan 1996: 259][28].

---

[27] Мирянки с горы Эмэй исполняют народные песни, которые вещают о тех же высоких идеалах [Qin 2000: 321–333]. Эти песни относятся к распространенному в буддийской литературе на китайском языке условному жанру *фуму энь нань бао* — «сложно в полной мере отблагодарить родителей за все[, что они сделали для нас]». См. [Cole 1998].

[28] Чжэнъянь замечает, что «милосердие порождает мудрость». Наиболее вероятно здесь содержится косвенная отсылка к пути, который должны проходить бодхисаттвы. Начальной точкой этого пути выступает «стремление к просветлению» (*бодхичитта*). Кроме того, посредством взращивания в себе сострадания и принятия на себя клятвы способствовать освобождению всего сущего бодхисаттва также добивается «мудрости и искусных средств, которые необходимы для того, чтобы обучать [других]» [Levering 2000: 190]. Впрочем, как отмечает Хосе Кабесон, индо-тибетские тексты буддийской традиции *махаяна* часто описывают «мудрость» как родоначальницу всех «одаренных в духовном отношении людей». Причем последним для достижения полного статуса «родительства» нужно еще вырабатывать в себе мужественные «сострадание» и «альтруизм» [Cabezón 1992: 181–199]. [Gross 1993: 11] напоминает нам, что в буддийской традиции *ваджраяна* «все будды и бодхисаттвы изображаются участниками половых союзов между мужчинами и женщинами, которые в сущности слагаются из осознанности

Поразительно сопоставлять отношение к женщинам в «*Цыцзи*» с подходами в тибетском буддизме и школе *тхеравада*, где особое внимание уделяется негативным женским чертам и кармическим препятствиям, ожидающим женщин. Кроме того, женщины сталкиваются с ограничениями или даже запретами на изучение *дхармы*. О достижении женщинами просветления здесь и говорить не приходится. В Бутане женщины даже не могут прикасаться к *тхангкам* — религиозным изображениям. В тибетской и тантрической традициях буддизма прослеживается давняя история женщин, которые становились известными наставницами и практиками религии. В равной мере здесь существует множество образов «святых дев», в том числе Тары и Дакини, которые теоретически символизируют перспективу высвобождения мощного «женского начала». Однако на практике положение большинства последовательниц тибетского буддизма нельзя назвать завидным.

> Возможно, что тантрическая доктрина и связанные с нею образы восхваляют женщин, но де-факто учение сохраняет пуританское отвращение к предполагаемой нечистоте последних. Хотя некоторые элементы философии и иконографии тантрического буддизма подрывают господство мужчин, значительная часть ритуалов и практик учения продолжает закреплять различия [между мужчинами и женщинами] [Gutschow 2004: 218] (также см. [Faure 2003: 126]).

В целом школа *тхеравада* и тибетский буддизм, а равно представляющие их мужские институции, продвигают стереотипы

(*праджня*), способствующей высвобождению проницательности, и дополняющего ее сострадания (*каруна*). Хотя *праджня* выступает пределом просветления, она не изолирована, а находит единение в союзе мужчины и женщины с состраданием, которое обозначает собой деятельность по спасению всех сущих существ». Важно подчеркнуть, что «женские» качества интуиции/мудрости и «мужские» качества сострадания должны формироваться в душе каждого отдельного человека. Таким образом, здесь не подразумеваются фактические или идеальные социальные роли, которые берут на себя люди.

о женщинах как существах, в духовном и умственном отношении слабых в сравнении с мужчинами, склонных к эмоциональным перепадам, менее чистых духом и более привязанных к материальному миру *самсары* — круговороту рождения и смерти — в силу своей функции воспроизводства потомства и «естественной» предрасположенности к заботе о других[29]. Общий посыл сводится к тому, что достойная женщина должна поддерживать монахов, рожать сыновей, которые станут монахами, и всю жизнь молиться о перерождении в мужском обличии [Sponberg 1992: 3, 13, 18]. В Таиланде популярные буддийские тексты восхваляют женщин как матерей/кормилиц и в буквальном, и в символическом смысле, поскольку именно женщины рожают и выкармливают будущих монахов [Keyes 1984: 227–230][30]. Однако тайский буддизм проводит здесь жесткую линию: высокое положение «матерей» не означает также поддержку и монахинь или необходимость формировать полноценные ассоциации мирянок.

Буддийские лидеры Тайваня, напротив, как уже отмечалось в главе 1, последние десятилетия особо подчеркивали, что так называемые женские или материнские добродетели сострадания, заботы, эмпатии, самопожертвования, примирения и душевности как раз в точности соответствуют буддийским добродетелям. В своих речах, нацеленных на обращение в веру новых людей, тайваньские буддисты, в том числе Чжэнъянь, особо подчерки-

---

[29] При этом [Cheng 2007: 57–83] упоминает, что многие *бхикшуни* и следующие десяти обетам монахини Шри-Ланки «отвергают мысль об ущербной карме женщин» и глубоко верят в возможность для женщин становиться *архатами* — свободными от «колеса перерождений».

[30] Кейт Кросби исследует значительное число текстов школы *тхеравада* (и не ограничивается исключительно каноническими трактатами). Автор находит примеры восхваления женственных олицетворений сострадания, мудрости и других исключительно женских маркеров, которые при этом связаны с «двумя аспектами материнства: воспитанием и рождением потомства». Кроме того, Кросби признает, что подобное условное возвеличивание материнства не стоит «воспринимать как историческое признание ценности женщин как людей». Матери и институт материнства всегда ценились в культуре, а связанные с матерями символы были принципиально важны для духовных практик принявших целибат мужчин [Crosby 2007: 13–14].

вают фразы, где сострадание бодхисаттвы сопоставляется с «любовью матери к своему ребенку»[31], и активно обращаются к исторической традиции повествований о богине Гуаньинь в китайском буддизме. Все это позволяет закреплять и популяризировать устоявшиеся в Китае гендерные роли и семейные ценности. Конечная цель здесь — продвижение социально ориентированного буддизма, который не будет открыто подрывать *статус-кво*. Чжэнъянь представляет под видом «*даай*» («большой любви») «*Цыцзи*» буддийские представления о милосердии («*цыбэй*»). Это позволяет наставнице мобилизовать женщин «во имя пользы всему обществу... покинуть свои дома и распространять блага материнской [любви] на всех людей»[32], но одновременно не ставить под сомнение патриархальные нормы. Две монахини — последовательницы Чжэнъянь подтвердили, что сравнение буддийского сострадания с «*муай*» («материнской любовью») — пример искусных средств, которыми Чжэнъянь пользуется, чтобы привлечь на свою сторону людей, незнакомых с терминологией буддийских канонов[33].

Заключение: женская суть или феминизм?

«*Цыцзи*» продвигает и воспроизводит эссенциалистские представления о сущности женской природы, представляет бодхисаттву Гуаньинь как Мать — милосердную кормилицу всех и вся, которая всегда готова жертвовать собой и проявлять сдержанность, — и тем самым мобилизует на добрые дела миллионы людей, а также способствует формированию гражданского и глобального сознания на Тайване. В каком свете нам следует воспринимать взгляды «*Цыцзи*» на женщин? Может быть, это консервативная

---

31 В частности, см. Ekottara Āgama, 32, 0725c07.

32 В данном случае подразумеваются западные женщины, которые активно участвовали в реформаторских движениях XIX века, в том числе за сухой закон, борьбу с бедностью и проституцией, общественную гигиену и так далее [Duby, Perrot 1992: xi–xii].

33 Интервью с наставницами Дэфу и Дэни, 19 мая 2005 года.

или реакционная концепция, которая лишь допускает расширение границ деятельности традиционной женской роли матери на общественную сферу? Не является ли популярность «*Цыцзи*» проявлением отрицательного отношения к феминизму, на который представители многих обществ возлагают вину за такие социальные проблемы, как разводы, оставленные без должного внимания и склонные к непослушанию дети и брошенные без присмотра пожилые люди, — в целом за всеобщий социальный хаос? Скорее всего, правильным будет связать популярность «*Цыцзи*» среди женщин и влиятельность организации в обществе в первую очередь с умелым использованием Чжэнъянь улучшившегося за последние десятилетия положения женщин на Тайване.

«*Цыцзи*» выступает за ценности, схожие с «реляционным», или, как его еще называют, «материнским феминизмом», широко распространенным на Западе до XX века. Этот подход отстаивал «значение женщин в делах воспроизводства и воспитания детей... и специфический общественный вклад женщин в пределах этих ролей». Реляционный (материнский) феминизм сильно контрастирует с либеральным феминизмом, который, наоборот, нивелирует различия между полами и гендерными ролями и стремится обеспечить женщин всеми правами и возможностями как личностей и как граждан [Hughes, Hughes 1997: 153–156].

Неким продолжением реляционного феминизма являются современные движения за экофеминизм и феминистскую духовность. «Женские» черты, такие как забота, взаимодействие с другими людьми, коммуникабельность, стремление к гармонии, приоритет дружбы, которые ранее определяли как уступающие «мужским» чертам, предположительно способствовавшим прогрессу мировой истории и человеческой цивилизации, теперь воспеваются как феминистские ценности, которые следует продвигать, чтобы спасти мир от чувства одиночества, агрессии и отчужденности, а в конечном счете — чтобы спасти нашу планету-мать [Gross 1993: 264–265][34].

---

[34] Об экофеминизме см. [Plant 1989; Diamond, Orenstein 1990; Adams 1993]. О феминистской духовности см. [Sered 1996: 205–206].

«Цыцзи» однозначно не выступает за либеральный феминизм или даже конкретно за права женщин. Организация скорее посвящает себя всеохватывающему содействию в освобождении человечества от страданий и «очищении» мира, поддерживая — пусть неосознанно — ценности реляционного феминизма. Многие ученые заявляют, что *«Цыцзи»* способствует преображению, освобождению, а также расширению прав и возможностей женщин. Нам стоит подробнее рассмотреть данное утверждение. «Empowerment» — термин, который мы в данном случае трактуем как «расширение прав и возможностей», широко используется в англоязычной литературе в области социальных наук. Полезным будет заглянуть в историю этого термина, чтобы понять, что «расширение прав и возможностей» может быть как процессом, так и целью [Bisnath 2002: 2–3].

> В 1970-е годы, когда женские организации впервые обратились к этому концепту, он четко применялся для обозначения и упрощения борьбы за социальную справедливость и достижение равенства посредством преобразования экономических, общественных и политических структур на национальном и международном уровнях.

Однако в более поздних интерпретациях «предполагается, что женщины могут добиваться расширения своих прав и возможностей через различные каналы, в том числе через политическую мобилизацию, повышение уровня осознанности и образование», а также за счет изменения социальных и правовых институтов, которые обеспечивают мужчинам контроль над обществом и набор привилегий [Ibid.].

Если женщины из *«Цыцзи»* и получают некоторые «права и возможности», то только на индивидуальном уровне, посредством «повышения уровня осознанности» и саморазвития, а также благодаря социальному влиянию, которое они имеют из-за принадлежности к *«Цыцзи»*. Монахини *«Цыцзи»*, хотя и не играют главной роли, во многом содействуют миссиям организации как на Тайване, так и за его пределами, но несмотря на это, в отличие от монахинь из других крупных буддистских групп, они не имеют достаточных возможностей для того, чтобы продолжить получение образования. Члены «*Цыцзи*» из числа мирян отмечают, что они многое узнали и приобрели навыки работы в сферах наставничества, медицины и здравоохранения, издательского дела, СМИ и организации мероприятий. «*Цыцзи*» предоставляет как женщинам, так и мужчинам возможности ездить за рубеж, участвовать в волонтерских программах, кросскультурных обменах, языковых курсах и деятельности СМИ и, что немаловажно, практиковаться в ораторском искусстве[35].

Кроме того, как отмечает Лу Хуэйсинь [Lu Hwei-Syin 1998], женщины из «*Цыцзи*» признаются, что участие в деятельности организации стало для них источником радости, самоуважения и даже «перерождения». «*Цыцзи*» для них — новое общественное пространство, в котором они могут развиваться и пользоваться автономией за счет реализации социально значимых проектов» [Lu Hwei-Syin 1998: 544]. Иногда «*Цыцзи*» спасает женщинам жизни: одна женщина семь раз предпринимала попытки самоубийства из-за многократных измен мужа и нашла отдушину в «*Цыцзи*»; другая женщина, мать четырех дочерей, многие годы терпела физическое и психологическое давление со стороны мужа до тех пор, пока ее не спасли совместными усилиями женская организации против домашнего насилия, государственная социальная служба и «*Цыцзи*»[36].

В результате все довольны. Люди ощущают себя вовлеченными и обретшими новые силы, в то время как члены «*Цыцзи*» отдают тайваньскому обществу огромное количество времени, энергии, ресурсов и навыков для разрешения большого числа проблем без каких-либо критических замечаний насчет того, как в тех или иных случаях несправедливости могли быть повинны правительственные органы, экономика или конкретные люди и семьи. «Бескорыстное добро», исходящее от «*Цыцзи*», с радо-

---

[35] Об этом нам рассказали миряне, сотрудничающие с «*Цыцзи*».

[36] В первом случае женщина не пошла на развод (на ее горле и животе остались следы многократных попыток покончить с собой). Во втором случае женщина развелась с мужем [Fan 2001: 1; Lai 2001: 2].

стью принимается (за исключением НПО-конкурентов) и патриархальным обществом, и властями, которые поощряют религиозные группы и частный сектор на благотворительную деятельность и обеспечение потребностей населения в услугах здравоохранения [Laliberté 2003: 176–177][37].

Но, как и у проволоки, которая направляет рост дерева-*бонсай*, у «*Цыцзи*» существуют пределы расширения прав и возможностей женщин. Как и мужчины из Корпуса «Искреннего милосердия» при «*Цыцзи*», женщины должны быть благообразными, скромными и преданными коллективу и организации. Будет ли концепция бодхисаттвы-матери, которую прославляет «*Цыцзи*», привлекать и последующее поколение, в особенности молодых специалистов? Пока что популяризация организацией стереотипных представлений о гендерных ролях шла на пользу как ей самой, так и тайваньскому обществу, однако дальнейшее продвижение этих предрассудков ограничивает возможности реализации властями и множеством других НПО мер по устранению неравенства и несправедливостей, которые все еще действуют в отношении многих девочек и женщин. Являются ли специфическая интерпретация буддизма и роли монахинь и мирянок, которую отстаивает «*Цыцзи*», чем-то исключительным в сравнении с другими буддистскими группами на Тайване? Для ответа на эти вопросы в следующей главе мы сконцентрируемся на Буддийском институте «*Сянгуан*», который в первую очередь занимается образованием монахинь, но также задействован в продвижении буддистского образования среди мирян и осуществлении проектов по социальному обеспечению.

---

[37] На сайте информационной службы при Исполнительном Юане Тайваня представлен раздел по программам социального обеспечения. В частности, отдельно упоминаются примеры взаимодействия властей с «*Цыцзи*».

Глава 5
Цзюэшу жэньхуа

Воспитание буддийских лидеров, пробуждение
сущности человека через образование.
Монахини из Буддийского института «Сянгуан»

Как мы отмечали еще в главе 1, прошедшие полное посвящение монахини численно превзошли монахов еще в 1950-е годы. Однако именно монахи занимали ведущие посты и выступали с публичными лекциями по вопросам *дхармы* в период с 1950-х по 1970-е годы [Li Lingyu 2005: 66–68]. Ли Юйчжэнь отмечает, что до 1980-х годов во многих святилищах, при которых трудились и мужчины, и женщины, монахинь по умолчанию отправляли работать на кухню. Женщины практически не имели возможностей продолжать получение образования и выступать с комментариями по *дхарме*[1].

Именно для устранения этой ситуации в 1980 году монахиня У Инь (1940 г. р.) учредила Буддийский институт «Сянгуан» («Све-

---

[1] С другой стороны, Ли замечает, что для многих монахинь приготовление пищи выступает составной частью их духовной практики. Кроме того, монахини, стремясь получить максимум при ограниченных возможностях высказывать свои мнения в условиях сегрегации, сформировали для себя социальные связи, отличные от тех контактов, которые прослеживаются между монахами. Монахини идут на сближение как с другими монахинями, так и с мирянками. Более того, Ли указывает, что факт приготовления пищи монахинями (для ритуалов, празднований, паломников и так далее) «принципиально важен для обеспечения [баланса] финансов монастырей». Наконец, для многих монахинь успешная работа на кухне может стать путем к назначению на должности, связанные с финансами и управлением храмами [Li Yuzhen 2000c: 300, 336–337].

тило», или буквально «Благоухающий свет»). Организация ставит перед собой цель готовить монахинь для работы в качестве духовных лидеров, а также учителей, распространяющих *дхарму* через миссии в области образования, культуры и социального обеспечения (илл. 5.1). Девиз «*Сянгуан*» — «обет сострадания, энергичная работа и гармония» («*бэйюань, лисин, хэхэ*»).

В институте работает порядка ста монахинь, которые задействованы в целом ряде производных структур. Институт буддийских исследований «*Сянгуан*», Библиотека «*Сянгуан*», главное общежитие монахинь, и собственно храм «*Сянгуан*» размещаются в штаб-квартире организации, расположенной в сельском поселке в окрестностях города Цзяи на юго-западе Тайваня. Однако «*Сянгуан*» также имеет множество филиалов, которые проводят для желающих (детей, подростков и взрослых) буддийские учебные курсы и сессии медитации, а также организуют занятия и выездные семинары в Тайбэе (Институт «*Иньи*»), Мяоли (Институт «*Динхуэй*»), Тайчжуне (Институт «*Янхуэй*»), Цзяи (Институт «*Аньхуэй*»), Фэншане (Образовательный центр «*Цзычжулинь*») и Таоюане (Центр уединения «*Сянгуана*» «*Шаньчань*»)[2].

В отличие от других как крупных, так и небольших буддистских монастырей Тайваня, основное предназначение Буддийского института «*Сянгуан*» — подготовка монахинь и взаимодействие с мирянами через образовательные программы. Деятельность организации сконцентрирована на образовании и науке, а не на благотворительных акциях и традиционных буддийских церемониях, таких как, например, декламация сутр и свершение погребальных ритуалов. Монахини «*Сянгуан*», многие из которых

---

[2] Монахини талантливы во многих областях и, реагируя на интересы мирян, включают в занятия (за исключением курсов, посвященных собственно буддийской доктрине) музыку и элементы искусства. Например, Институт «*Янхуэй*» выпустил диск с песнями «*Сянгуан*». В свою очередь, Институт «*Иньи*» — тайбэйское представительство организации — противостоит тяготам жизни в большом городе путем проведения занятий по йоге, ароматерапии, здоровому и органическому питанию, психическому здоровью, а также организации буддийского лагеря для студентов и чтений буддийских работ на английском языке (в программу чтений включено и произведение Тхить Нят Ханя).

Илл. 5.1. Наставница У Инь и ее ученики на церемонии в период буддийского поста *Васса* в зале Будды, храм *Сянгуан* (Ши У Инь)

являются докторами наук, активно занимаются преподавательской, литературной и издательской деятельностью. И многие исследователи и ученые обращают на этот момент особое внимание [Ding 1996; Shi Jianye 2001, 2004; Cheng 2003, 2007][3].

Прежде всего мы должны изучить историю «Сянгуан» и содержание миссий организации. В этой главе мы рассмотрим два

---

[3] Юй Цзюньфан из Колумбийского университета подготовила монографию по монахиням из Буддийского института «Сянгуан». См. [Yü 2013]. Мы искренне благодарны ей за статью про социальные программы «Сянгуан», которой она поделилась с нами («Bringing the Dharma to the People: The Adult Education Classes on Buddhism in Taiwan»). См. также [Yü 2003]. Помимо указанных работ, мы также опирались в этой главе на публикации самого Буддийского института «Сянгуан», материалы с их официального сайта (www.gaya.org.tw) и информацию, почерпнутую во время наших поездок к ним в штаб-квартиру в Цзяи и тайбэйское представительство — Институт «Иньи». Мы также провели интервью с наставницей У Инь в 1999 и 2002 годах, а также с ранее сотрудничавшей с «Сянгуан» наставницей Минцзя в 1999 году. Здесь же сделаем ремарку, что титул «фанчжан» может подразумевать и «настоятельницу», и «настоятеля», однако в китайском языке у него в первую очередь мужские коннотации (в основе слова обозначение «почтенный старец»).

проекта «*Сянгуан*» по линии социального обеспечения: инициативу по ликвидации последствий землетрясения и работу с иностранками, которые вступают в брак с тайваньцами. И здесь мы находим несколько отличные от варианта «*Цыцзи*» ответы на поставленные нами ранее вопросы: каким образом женщины способствовали развитию буддизма на Тайване? В какой мере буддизм определяет роль и идентичность тайваньских женщин? Как женщины-буддистки влияют на формирование будущего всего тайваньского общества? Мы согласны с Чэн Вэйи [Cheng 2003: 44, 49–50; Cheng 2007: 47], что в целом воззрения и деятельность «*Сянгуан*» представляются феминистскими по сути, хотя сама организация не использует термин «феминизм» и не взаимодействует с феминистским движением на Тайване. В рамках настоящей главы мы постараемся подробно рассмотреть проблематику соотношения половой принадлежности и приверженности феминизму в случае монахинь из Института «*Сянгуан*». Общий лейтмотив, который озвучивают члены организации, — равенство: например, «все сущие существа равны» и «природа Будды не знает пола». Несмотря на это, от монахинь ожидается, что они будут олицетворять собой мужественный идеал *да чжанфу*. При этом сами монахини рассуждают о наделении женщин индивидуальными и коллективными правами и возможностями (*фуцюань*). Участницы «*Сянгуан*» продвигают принципы буддийского сострадания без использования фигуры Гуаньинь или образа материнской любви, как это делают в «*Цыцзи*». Среди монахинь «*Сянгуан*» бытуют некоторые эссенциалистские представления о женственности, а равно и убежденность, что сила женщин скрывается в их гендерных отличиях от мужчин. Этот андрогенный баланс способствовал трансформации тайваньского буддизма, тайваньских женщин и тайваньского общества. Во-первых, тайваньский буддизм получает преимущество в виде прошедших полноценную подготовку женщин-мастеров по *дхарме*. Во-вторых, в Буддийском институте «*Сянгуан*» тайваньские женщины могут получить хорошее образование и специальность, одновременно реализуя собственные духовные устремления и вменяемые им обществом обязанности. В-третьих, «*Сянгуан*» преобразует традиционный религиозный ландшафт Тайваня, поскольку миряне, приобщающиеся к буддизму, с достаточно высокой вероятностью могут отказаться от популярных у населения культов. Наконец, в рамках программ работы с населением и сотрудничества с другими НПО «Сянгуан» выстраивает горизонтальные связи, которые являются одной из основ гражданского общества[4].

Буддийский институт «Сянгуан» приобрел известность среди буддистских организаций Тайваня благодаря руководству и целеустремленности У Инь, урожденной Чэнь Сячжу. Она появилась на свет в 1940 году в уезде Тайчжун, по окончании средней школы девушка планировала поступить в вуз и стать учительницей, однако в дело вмешалась ее мать, заявившая, что «девочкам следует быть женами и стирать пеленки; учиться дальше не имеет смысла» [Shi Zichun et al. 1992: 126][5]. В 1957 году У Инь приняла постриг при святилище «Шипу» в Тайбэе и присоединилась к Институту китайского буддизма «Трипитака». В 1959 году она была посвящена в бхикшуни. После того как она окончила институт в 1960 году, У Инь поступила в аспирантуру там же, параллельно ведя учебные курсы по традиции вэйши (учение о приоритете сознания) и английскому языку [Shi Jianye 1999: 323].

Желая приобщиться к повседневной жизни при святилищах У Инь отправилась в храм «Синлунцзин» в Гаосюне и поступила

---

[4] Более того, центральные власти рассчитывают, что религиозные группы будут брать на себя еще большую долю ответственности по вопросам социального обеспечения. Об этом свидетельствуют две лекции, с которыми выступил глава Управления по социальным делам Сяо Юйхуан 29 апреля и 17 июня 2007 года при Буддийском институте «Сянгуан».

[5] Юй Цзюньфан отмечает, что отец У Инь, вовсе не желавший, чтобы дочь стала монахиней, отказывался общаться с ней. За 10 лет с момента ее пострига в монахини они увиделись только один раз, во время возвращения У Инь домой, незадолго до его кончины [Yü 2003: 274–275]. При этом У Инь рассказывает о том, что ее родители плакали во весь голос, когда она им заявила о своем намерении стать монахиней. Мать рекомендовала дочери подождать, пока они соберут достаточно денег, чтобы У Инь не приходилось так сильно страдать. У Инь отвергла предложение матери (Wu Yin. Chujia de yiyi [The meaning of 'becoming a monastic']. Speech at ordination ceremony. May 12, 1996. Luminary Temple, Jiayi).

в ученичество к почитаемой монахине Тяньи (1924–1980). Тяньи получила образование в Японии и всю жизнь выступала за учреждение мощного, хорошо организованного ордена для тайваньских монахинь. Как отмечает Цзянье [Shi Jianye 1999], Тяньи оказала большое влияние на У Инь и многих других монахинь. Как и Сюдао, первый учитель Чжэнъянь, Тяньи принадлежала к тому принципиально важному поколению женщин-буддисток получивших образование в Японии, которые выступали мостиком, связывающим две эпохи: эпоху японской оккупации Тайваня и послевоенную эпоху, когда монахи с материкового Китая восстанавливали китайский институционализированный буддизм на острове[6]. Тяньи никогда не отказывалась от научной работы, но ее основное наследие связано с управлением четырьмя разными храмами, преподаванием канонов *дхармы* и наставлением *бхикшуни*, а также деятельностью в качестве ведущего специалиста по посвящению монахинь (и первой женщины в истории Тайваня, которая имела подобный титул) и подготовкой целого поколения тайваньских монахинь: «монахини должны полагаться на самих себя, а не на мирян или монахов... Монахини должны обучать и наставлять других монахинь... Монахини должны встать и пойти учиться самостоятельно решать свои проблемы... Монахини должны быть самодосточны» [Shi Jianye 1999: 148–150; Shi Zichun et al. 1992: 128–129; Cheng 2003: 46][7]. Ши Цунхуэй, ученица Тяньи, отмечает, что Тяньи была в глазах своих последователей олицетворением идеала «*да чжанфу*» [Shi Jianye 1999: 396][8].

Именно при храме «*Синлунцзин*» на У Инь снизошло просветление. Однажды она, босая, работала на рисовом поле вместе

---

[6] Тяньи получила как среднее (японская женская средняя школа «*Пиндун*»), так и высшее образование (Университет «*Сёва*» в Токио). Это редкость для женщин ее поколения [Shi Jianye 1999: 38–39].

[7] У Инь назвала тайбэйское подразделение «*Сянгуан*» по другому официальному имени Тяньи — «*Иньи*».

[8] Тяньи заявила своим последовательницам, что монахини более не могут считать себя женщинами-мирянками и должны отвергнуть «девичьи манеры» («*нюйэр тайду*»), а также внешние атрибуты и поведение мирянок («*нюйчжун сици*») [Li Lingyu 2005: 68].

с другими монахинями. Вдруг У Инь обратила внимание на то, как общаются друг с другом в перерыве между занятиями монахини из близлежащей католической школы[9]. У Инь почувствовала себя опустошенной и с тоской спросила: мы все — верующие женщины, но почему же тогда только монахиням-католичкам дозволено работать учительницами? А монахини-буддистки, несмотря на свою образованность, вынуждены изо дня в день заниматься тяжелым трудом и зачитывать сутры на похоронах? У Инь мечтала, что однажды и буддийские монахини смогут получать более систематизированное образование, чтобы стать мастерами *дхармы*, а параллельно учиться жизни в общине и управлению всеми аспектами деятельности храма [Ding 1996: 425; Shi Jianhan et al. 1992: 11–12; Shi Zichun et al. 1992: 127–128]. Она представила себе буддистский институт, основной миссией которого стало бы просвещение монахинь и распространение учения о *дхарме* среди мирян, но который не брал бы на себя такие традиционные функции, как обеспечение похоронных служб, возведение пагод-колумбариев и проведение масштабных буддистских церемоний, направленных на «устранение бедствий и вознесение молитв о ниспослании благословлений».

Оптимальная возможность претворить эту мечту в жизнь возникла в 1979 году, когда ее подруга Синьчжи (1939 г. р.) попросила У Инь, к тому времени успевшую закончить Университет китайской культуры, взять на себя управление святилищем «*Сянгуан*» в сельском поселении близ города Цзяи. «*Сянгуан*» было названием, которое Синьчжи лично выбрала для существующего храма с вековой историей. До 1943 года святилище называлось «*Юйшаньянь*», а после — «*Цзиньланьсы*»[10]. «*Юйшань-*

---

9   Контрастом здесь выступает Чжэнъянь (1937 г. р.), которая приняла решение стать буддийской монахиней, когда она работала вместе с подругами-монахинями на рисовом поле. Позже беседа с монахинями-католичками станет для Чжэнъянь одним из поводов посвятить свою жизнь благотворительности и оказанию медицинской помощи.

10 В зале Гуаньинь при «*Сянгуан*» есть вывеска из четырех иероглифов «*Сянгуан чжуаньянь*»: «*сян*» буквально обозначает «ароматный», «*гуан*» — «светлый» или «яркий», а «*чжуаньянь*» — совершенство и величие Будды. Эта же фраза используется в качестве названия одного из журналов, который

янь» представлял собой общинный храм Гуаньинь, который, однако, пользовался популярностью как место для совершения публичных ритуалов и паломничества. Храм сильно пострадал во время землетрясения 1943 года, тогда полностью обвалилась основная часть комплекса. Местные жители полноценно взялись за восстановление святилища лишь в 1969 году. В 1974 году сообщество обратилось в Буддийскую ассоциацию Китайской Республики с запросом направить профессионального религиозного деятеля, который мог бы взять управление храмом на себя. Именно здесь в историю вступает Синьчжи, которая начала долгий и трудоемкий процесс дипломатических согласований, необходимых для учреждения формальной буддистской организации при одновременном разрешении местным крестьянам, вопреки тому, что по закону земля под храмом *«Сянгуан»* принадлежит буддистам, официально продолжать традиционные молитвенные мероприятия в святилище, в том числе ритуальные жертвоприношения свиней [Ding 1996: 420–423; Cheng 2003: 43][11].

Несмотря на плачевное состояние этого места и трудности по его исправлению, к 1980 году У Инь удалось основать Институт буддийских исследований и Библиотеку *«Сянгуан»*[12]. В отличие

выпускает *«Сянгуан»*. Это цитата из общеизвестного канона «Чистой земли»: пятого трактата сутры *«Сурангама»* — «Бодхисаттва Махастхамапрапта оглашает имя Будды и достигает полного взаимопроникновения» (*«Дашичжи пуса няньфо юаньтун чжан»*). «Сян» имеет коннотации чистоты и непорочности, а «гуан» — мудрости. Тем, кто произносят имя Будды в рамках медитации, может быть ниспослана чистота и мудрость Будды [Shi Jianhan 2004].

11   Xiang'guang zhuangyan. № 49. 1997. P. 2–93. В отношениях между монахинями и местными жителями были свои взлеты и падения. Так, в 1996 году в связи с новыми строительными проектами, инициированными монахинями, и растущим авторитетом последних, группа местных начала отстаивать позицию, что часть земли была на самом деле общественным достоянием, и даже попыталась силой взять храм *«Сянгуан»*. В результате произошли столкновения, вмешалась полиция, и было заведено отдельное дело. См. упомянутые источники по части так называемого «инцидента 18 февраля».

12   Библиотека при Буддийском институте *«Сянгуан»* располагает 31 тысячей книг и является подписчиком на 481 периодическое издание. Каждое связанное с организацией подразделение открывает при себе собственную

от других крупных тайваньских буддистских организаций, которые делают упор на личность и харизму своих основателей, а равно их трактовки буддийских канонов, «Сянгуан» в своей деятельности руководствуется в первую очередь *трипитакой* (буддийскими канонами), *винаей* (правилами для монахов-буддистов) и техниками медитации [Shi Zichun et al. 1992: 14, 25; Shi Jianhan et al. 1992: 34, 41]. Как пишет У Инь, «учение Будды — высшая сущность человеческой мудрости»[13].

Хотя У Инь занимает ведущую должность настоятельницы (*фанчжан*), а учреждение и развитие «Сянгуан» отражает ее идеалы, организационная структура и деятельность «Сянгуан» базируются на современных методах коллективного принятия решений и обеспечения прозрачности и подотчетности [Ding 1996: 426, 433, 435; Shi Zichun et al. 1992: 129]. И монахини, и миряне глубоко уважают У Инь как мастера *дхармы*, исследователя и управленца, однако вокруг нее нет той ауры торжественности, которая сопровождает Чжэнъянь.

Образовательная миссия

У Инь изначально была нацелена на создание единой структуры, которая позволяла бы монахиням учиться и жить сообща. Причем управлением и организацией всех процессов внутри такой структуры должны были заниматься сами монахини. Отбор кадров в «Сянгуан» — процесс гораздо более скрупулезный, чем в любой другой из буддистских организаций Тайваня [Ding 1996: 426]. Кандидатками на вступление в «Сянгуан» могут быть женщины в возрасте от 18 до 35 лет с образованием не ниже средне-

---

библиотеку. «Сянгуан» также публикует журнал «Буддистская библиотека» и выступает лидером в области управления доступом к цифровой информации по буддийским источникам на китайском языке. Причем успехи в этой сфере (и многих других сферах) были достигнуты в отсутствие тех огромных ресурсов, которыми могут похвастаться «Фагушань» или «Фогуаншань».

13 Introduction to the Director. URL: http://www.gaya.org.tw/hkbi/visit/c_teacher1.htm (дата обращения: 10.02.2008).

го, хотя на практике многие из них имеют высшее образование, а также различный опыт работы [Ibid.: 439, 447; Shi Zichun et al. 1992: 200; Shi Jianhan et al. 1992: 23–24]. В течение шестимесячного срока кандидатки проходят различные испытания под руководством специально назначенного куратора. Окончательное решение о том, кто из послушниц достоин быть зачислен на программу двухгодичной подготовки с испытательным сроком на весь период, принимает кадровый отдел совместно с У Инь и другими наставницами. Наконец, коллективно принимается и решение о зачислении послушниц на пятилетнюю программу «Сянгуан», которая включает в себя начальные и продвинутые курсы[14].

Учебная программа предполагает плотный график изучения буддизма, ритуальных практик и основ управления святилищами, а также «светских» дисциплин: современных языков, психологии, философии, педагогики, социологии, сравнительного религиоведения, каллиграфии, наставничества, техник медитации, коммуникации, управления и администрирования, работы на компьютере [Ding 1996: 443–444]. Монахини также приобщаются к випассане — отдельному виду медитации, который преподавал, в частности, бирманский учитель Шри Сатья Нарайян Гоенка, имевший возможность читать лекции в Институте «Сянгуан» в 1996 году. Некоторые монахини продолжают получать образование в аспирантуре на Тайване и за его пределами. На момент публикации настоящей книги «Сянгуан» планирует учредить аспирантуру в Таоюане (на момент публикации русского издания книги этого еще не произошло). Монахини, прошедшие подготовку в Институте «Сянгуан», могут продолжать работать в организации или пойти преподавать в другие общественные или частные школы и вузы. Наставница У Инь и другие монахини из «Сянгуан» делают посильный вклад в науку: в частности, они

---

14 Интервью с наставницей Минцзя, сентябрь 1999 года; [Shi Zichun et al. 1992: 24–28]. Посвящение может проводиться уже после двух лет учебы при институте. «Сянгуан» также принимает на обучение уже прошедших посвящение монахинь.

составляют работы по *Бхикшуни-Пратимокша* — правилам поведения для монахинь — в рамках буддийской школы *дхарма-гуптака*, готовят серию биографий тайваньских монахинь, собирают первоисточники о жизни монахинь и истории монастырей, переводят зарубежные произведения, занимаются библиографией, проводят исследования и семинары, посвященные архитектуре буддийских храмов[15].

Как и во многих монастырях на Тайване, будни «*Сянгуан*» долгие и насыщенные. Монастыри представляют собой сообщества, живущие по правилам *виная*. У каждого сообщества есть собственные регламенты, дополняемые принципами современного управления. Графики работ сочетают в себе и традиционные, и современные аспекты. Это не места для людей, ищущих уединения, «приобщения к природе» или тишины, в которой они смогут предаваться индивидуальным практикам. Монахини просыпаются в 04:00 утра по звуку деревянной трещотки и колокола. Изредка они могут прилечь после обеда, но обычно работают до десяти вечера, а иногда и до более позднего времени[16]. Помимо занятий в аудиториях, воспитанницы участвуют в ежедневных церемониях при святилище и мероприятиях в столовой, а также в управлении храмом, в том числе подготовке и уборке молитвенного зала Будды, приготовлении пищи, уходе за садами и огородами (сборе фруктов и овощей, подрезании деревьев и кустарников), чистке и починке одежды, уборке помещений, ремонте оборудования и так далее [Ding 1996: 431–42; Shi Zichun

---

[15] См. официальный сайт Буддийского института «*Сянгуан*»: www.gaya.org.tw.

[16] Как-то утром во время нашего первого пребывания в «*Сянгуан*» монахиня вручила мне ершик для чистки унитаза и поинтересовалась, умею ли я им пользоваться. Я обратила внимание, что в ванной комнате отсутствовали зеркала. Нам пояснили, что это во избежание проявления тщеславия. Туалетные кабинки были снабжены надписью на китайском языке: «Молись во время справления нужды. Пускай все сущие существа отринут алчность и гнев, а равно вредные состояния ума». Это один из 141 стиха, посвященный выработке сознательности в повседневной жизни, которые составляют раздел по практикам очищения сутры «*Аватамсака*». За пояснения благодарим наставницу Цзынай.

et al. 1992; Shi Jianhan et al. 1992][17]. В одних случаях методы работы унаследованы напрямую из прошлого, в других монахини отдают дань сегодняшнему дню, пользуясь, в частности, современными методами преподавания и издательского дела, компьютерными технологиями и транспортными средствами [Shih Wu Yin 1995].

Еще один важный элемент образовательной миссии «*Сянгуан*» — просвещение населения. Первоначальный импульс работы на данном направлении исходил от мирян — учеников У Инь, которые хотели понять разницу между буддизмом и более знакомыми им популярными культами. С 1984 года «*Сянгуан*» проводит трехлетнюю программу по изучению буддизма и его применимости к повседневной жизни взрослых людей (с собственными учебными материалами и методикой преподавания). Курс сравнивают с обрядом «очищения сердец людей посредством *дхармы*». «*Сянгуан*» также организует выездные мероприятия, занятия и публичные лекции для студентов учебных заведений, в которых преподаются прикладные науки [Shi Jianye 2001: 116, 148–149]. В период с 1990 по 1999 год «*Сянгуан*» направлял способных выпускников своих педагогических программ в исправительные центры для несовершеннолетних, а с 1999 года по настоящее время — в общественные начальные школы для работы в качестве преподавателей и консультантов[18]. «*Сянгуан*» также периодически проводит семидневные чань-буддийские курсы, собрания для декламации сутр и выездные учебные мероприятия.

---

[17] При некоторых храмах миряне, по большей части женщины, занимаются приготовлением пищи и повседневными обязанностями. Для мирян это и форма *дана* (пожертвования), и возможность прослыть достойным человеком. См. [Li Yuzhen 2000c: глава 6].

[18] На момент оригинальной публикации этой книги правительство Тайваня не воспрещало мирянам и учителям, сотрудничающим с «*Цыцзи*», преподавать курс «Безмятежные размышления» в общеобразовательных школах. В равной мере отсутствуют запреты для монахинь из «*Сянгуан*» выступать в качестве наставниц для школьников в районе Гаосюна. На Тайване в период военного положения ни то, ни другое не было бы возможным.

Культурная миссия

Миссия «*Сянгуан*» в области культуры включает в себя издательство книг и журналов, проведение различных трансляций, содержание научно-исследовательской библиотеки. У Инь является активной сторонницей посвящения буддисток в *бхикшуни* по традиции *тхеравады* и тибетской традиции. В феврале 1996 года она на протяжении трех недель выступала с лекциями в индийском городе Бодх-Гая — месте, где, как считается, Будда достиг просветления. У Инь рассказывала представительницам западных стран о *винае* в тибетском буддизме[19]. В мае 2001 года У Инь также приняла участие в конференции по вопросам посвящения *бхикшуни*, которую 14-й Далай-лама проводил на Тайване при участии Буддийской ассоциации Китайской Республики, а в июле 2007 года — в 1-м международном конгрессе по вопросам роли женщин-буддисток в *сангхах*, который проходил в немецком городе Гамбург[20].

Служение обществу

«*Сянгуан*» заслуживает внимания уже благодаря вкладу организации в дело развития буддизма и общества посредством образовательной и культурной миссий. Но примечательно и то, что в течение многих лет институт занимался реализацией менее масштабных социальных инициатив, в том числе содействием тайваньским семьям, «покровительством» над местным парками и предоставлением медицинских услуг. Для обеспечения потребностей пожилого населения Тайваня «*Сянгуан*» проводит занятия и лекции по различным вопросам, связанным со старением и заботой о людях преклонного возраста [Shi Jianxian 2006].

---

[19] Тексты этих лекций были опубликованы на английском [Shih Wu Yin 2001].

[20] На трехдневном конгрессе, который был инициирован и проходил при всемерной поддержке Далай-ламы, обсуждалась перспектива внедрения церемоний полного посвящения для женщин в рамках традиции тибетского буддизма. См. Заключение.

Вплоть до октября 2000 года «*Сянгуан*» также был задействован в проекте по оказанию помощи людям, пострадавшим во время землетрясения 1999 года. Сразу после бедствия монахини из «*Сянгуан*» проводили погребальные церемонии для погибших, обеспечивали материальной помощью людей в уезде Тайчжун и городе Мяоли, а также предлагали психологическую и духовную поддержку выжившим в уездах Тайчжун и Наньтоу. В рамках более долгосрочного проекта Институт «*Сянгуан*» взял под свою «опеку» детей из поселка Шиган, в котором все школы были уничтожены в результате землетрясения, а все родители заняты ликвидацией последствий стихийного бедствия и выполнением домашних обязанностей. В течение года монахини из «*Сянгуан*» и волонтеры-миряне проводили программу обучения и просвещения для детей, а также восстанавливали дома в двух отдаленных деревнях, где проживали коренные тайваньцы.

Будет полезно сопоставить инициативы «*Сянгуан*» с проектом «*Цыцзи*» — «Надежда». Помимо очевидной разницы в масштабах, программа «*Сянгуан*» в Шигане не была направлена на проведение каких-либо социальных реформ, в отличие от нацеленного на это проекта «Надежда». Учебные курсы, мероприятия и лекции приглашенных экспертов «*Сянгуан*» не навязывали определенные классовые или гендерные идеалы. Например, предполагается, что ответственность за воспитание детей лежит на обоих родителях, а не только на матерях. В равной мере здесь мы не находим ни проповедование «образа мыслей У Инь», ни даже прямых попыток обращения в буддизм, хотя в планах занятий представлены игры и мероприятия, которые основаны на понятиях любви, благодарности, взаимной помощи и щедрости [Shi Ziyao 2001: 56–59, 17–18, 25]. Что же касается восстановления деревень коренных тайваньцев, монахини и иные группы мирян отстраивали дома и проводили занятия по искусству, обучению ремеслам и английскому языку. Монахини осознавали, что и до землетрясения существовали такие существенные проблемы, как споры по земельным правам, безработица и сокращение численности коренного населения. Однако после бедствия пострадавшие районы оказались особо уязвимыми к обвалам горной породы и размывам дорог.

Поэтому переустройство домов было лишь первым небольшим шагом на пути к спасению коренных тайваньцев и сохранению их культуры. «*Сянгуан*» продолжает поддерживать контакты с другими НПО, которые специализируются на проблемах коренного населения Тайваня [Ibid.: 92–102].

Занятия для невест-иностранок

С 1990 года число тайваньских мужчин, которые взяли себе в жены молодых женщин из Юго-Восточной Азии (Вьетнама, Индонезии, Филиппин, Таиланда, Мьянмы и Камбоджи) и континентального Китая, увеличилось настолько, что, по данным министерства внутренних дел Китайской Республики, на момент написания данной книги каждый пятый брак на острове был заключен между тайваньцем и «*невестой-иностранкой*»[21]. Некоторые мужчины сталкиваются со сложностью найти жену среди жительниц Тайваня из-за своей профессии (например, такова ситуация с водителями грузовиков, крестьянами и рабочими на стройках), преклонного возраста, бедности или физических недостатков. Подобный социальным феномен влечет за собой такие проблемы, как: торговля людьми, фиктивные браки для получения вида на жительство на Тайване, а также опасения мужчин того, что их «невесты» могут оказаться засланными с материкового Китая шпионками. Помимо всего прочего, этим женщинам приходится преодолевать значительные языковые и культурные барьеры, противостоять жестокому обращению, эксплуатации и социальной дискриминации, справляться со сложностями воспитания детей бикультурного происхождения. Некоторые СМИ временами озвучивают расистские, ксенофобские и даже евгенистические страхи о том, что такие супружеские пары и их дети «понижают уровень качества населения на Тайване» [Shi Jianxian 2002: 17; Zeng Zhongming 2007: 39, 292–295, 444–454].

---

[21] Телефонный звонок в Статистическое управление при министерстве внутренних дел Тайваня от 14 августа 2006 года.

Представитель Фонда социального обеспечения «Эдем» (Eden Social Welfare Foundation) Дэвид Ли отметил, что «в большем просвещении нуждаются тайваньские мужчины. Мы должны объяснить им то, что их невесты не вещи, которые они приобретают, а люди» [Bristow 2002][22]. Ван Чуаньпин более прямолинеен в своих комментариях по данной ситуации: «многие тайваньские мужья обращаются со своими женами-китаянками как с расходным материалом для производства детей и живыми грушами для битья»[23].

За пять лет до того, как официальные власти начали уделять внимание потребностям невест-иностранок, местные организации начали проводить занятия по китайскому языку для этой группы женщин. Так, Общество социального развития «Мэйнун» выступило с подобной инициативой еще в 1995 году. С течением времени услуги по обеспечению грамотности и культурной адаптации, а также юридическую и медицинскую поддержку и помощь с воспитанием детей и поиском работы женщинам стали оказывать как частные группы, так и правительственные органы [Shi Jianxian 2002: 14; Zeng Zhongming 2007].

В 1998 году У Инь познакомилась с одной такой невестой из Индонезии во время визита в клинику. Монахиня тогда осознала, насколько большие проблемы эти женщины испытывают в связи с языковым и культурным барьерами. У Инь сразу же приступила к подготовке программы обучения, составленной специально для иностранных невест. Из-за землетрясения запуск курсов был отложен до февраля 2000 года. Начиная с этого времени монахини и мирянки из филиалов «Сянгуан» в южной части Тайваня проводят занятия для приезжих женщин по основам китайского языка, местной культуре и обычаям, а также консультации по юридическим вопросам.

Монахиня Цзычунь из «Сянгуан» участвовала в этой программе с самого начала и полагает, что инициатива способствует

---

[22] На юге Тайваня мы видели плакаты с рекламой подобного содержания: «Невесты из Юго-Восточной Азии "от двери до двери"... Все включено, никаких дополнительных платежей!»

[23] URL: http//www.taipeitimes.com/News/archives/2007/12/05/2003391173 (дата обращения: 05.12.2007).

укреплению позиций (*фуцюань*) женщин-мигранток по двум направлениям: помимо того, что они учат китайский язык для эффективной коммуникации, невесты-иностранки получают возможность общаться с другими женщинами и формировать социальные связи за пределами семей своих супругов. Цзычунь характеризует такой подход как «эмансипацию учебой» (*цзефан цзяоюй*) и называет занятия в целом полноценным общественным движением. Причем она говорит о расширении не только личных, но и коллективных возможностей: «мы считаем, что этот процесс начинается с самоусиления позиций участниц программы, которое выливается в коллективное расширение прав и возможностей, а следовательно, приносит перемены в текущее положение [женщин]». При этом У Инь поделилась с нами своим опасением: а что, если такой подход будет способствовать тому, что невесты-иностранки начнут покидать свои новые семьи? В этом и заключается дилемма расширения прав и возможностей: мы сеем семена бунта. Строго говоря, «*Сянгуан*» не преследует цели, чтобы женщины бежали из семей или протестовали. Однако вера даже одной Цзычунь в возможности коллективной эмансипации и способности женщин изменять устоявшееся положение вещей выходит далеко за пределы нравственных нотаций, которые «*Цыцзи*» обращает к отдельным женщинам, воспринимаемым исключительно в роли матерей, а скорее всего, выходит и за пределы первоначальных намерений самой наставницы У Инь.

Цзяньсянь — еще одна монахиня из Буддийского института «*Сянгуан*» — пишет, что Тайвань всегда был и остается до сих пор обществом иммигрантов и, соответственно, должен обеспечить трансформацию эгоцентричного ханьского самосознания в плюралистическую, открытую идентичность, отвечающую требованиям эпохи глобализации. Инициативы коллективного просвещения, за которые берется «*Сянгуан*», — шаг вперед в формировании более равноправного, справедливого и процветающего общества [Shi Jianxian 2002: 16–19]. Такой подход представляется гораздо более последовательным и реалистичным по сравнению с предложениями, например, по ограничению числа виз для невест-иностранок в пользу стимулирования переезда на остров иммигрантов с «высоким уровнем образования и профессиональной квалификации» или введению денежных стимулов для повышения показателей рождаемости среди тайваньских женщин.

В другой статье, посвященной целям приобщения взрослых людей к буддийскому образованию, Цзяньсянь прямо замечает, что последнее не только направлено на укрепление позиций отдельно взятых людей, но и должно приводить к определенному социальному эффекту. Следует общими усилиями добиваться общественных преобразований и изменений всего несправедливого и недостойного. Будучи монахиней, Цзяньсянь часто спрашивает себя:

> как я могу связать мои потребности с потребностями общества? Человек способен создавать благоприятные условия для достижения благих результатов? Относится ли «конечное освобождение [от страданий]» только лично к человеку? Или оно принимает иные значения в нашем современном обществе?

Цзяньсянь фактически призывает буддистов отойти от «шэхуэй гуаньхуай» («заботы об обществе») и «шэхуэй цаньюй» («участия в жизни общества») и перейти к «шэхуэй гайгэ» («реформированию общества»). Как и Цзычунь, монахиня полагает, что буддисты должны противодействовать всему несправедливому и недостойному и преобразовывать общество. Этот образ мыслей отличается от подхода их учителя — наставницы У Инь [Shi Jianxian 2006]. Возможно, следующее поколение монахинь «Сянгуан» пойдет по пути социального активизма и общественных реформ или по меньшей мере будет расширять связи института с НПО и правительственными структурами.

Монахини из Института «Сянгуан» и вопросы гендера

У Инь, следуя примеру собственной наставницы Тяньи, предпочла сделать упор на буддийских идеях о равенстве полов, таких как: «природа Будды не знает пола» и «все сущие создания равны».

Уничижительные и женоненавистнические комментарии в буддийских канонах в адрес женщин и их натуры Тяньи интерпретирует как увещевания, которыми монахи пытались не столько принизить женщин, сколько сдержать собственные слабости [Shi Jianye 1999: 4–5, 136]. Тяньи была уверена в том, что женщины в той же мере, что и мужчины, способны приобщаться к *дхарме* и становиться наставниками. В правилах жизни монахов и, в частности, при церемонии пострига, которую проводит личный наставник, постоянно озвучивается термин *«да чжанфу»*. Тем самым подчеркивается, что обычный мужчина или обычная женщина отходит от мирских облика, желаний и привязанностей, а равно принятых ролей мужчины или женщины, и становится монашествующим субъектом, который посвящает свое существование прославлению Будды, принимая на свои плечи большую ответственность за защиту и распространение *дхармы* [Shih Wu Yin 1994]. Сами слова *«да чжанфу»* еще с работ Мэн-цзы указывают на человека особых нравственных качеств (см. соответствующий раздел в главе 4). Это лицо, которое способно преодолевать границы собственной телесной оболочки и проникать в гораздо более трансцедентальные материи. Монахини и монахи, принимая обет, готовятся стать *«динтянь лиди дэ да чжанфу»* — «великими мужами, которые головами подпирают небо, а ногами крепко стоят на земле», то есть проявляют независимость и силу духа[24].

Снова показательно сопоставление двух организаций: *«Сянгуан»* в первую очередь вещает о сострадании, которое Будда проявляет к миру [Shi Zichun et al. 1992: 7], а не о материнском сочувствии бодхисаттвы Гуаньинь, как это происходит в *«Цыцзи»*. И примечательно, что это происходит вопреки тому факту, что *«Сянгуан»* изначально был учрежден при *«Юйшаньянь»* — храме Гуаньинь [Cheng 2003: 44–45]. В буддийской традиции *махаяна* мудрость *(праджня)* и сострадание (*каруна*) сравнивают с парой крыльев, на которой человек летит к острову просветления (*бодхи*) [Keown 2003: 138]. Члены *«Сянгуан»* часто обращаются

---

[24] Xiang'guang zhuangyan. 1990, 1994, 1997.

к термину «*праджня*»: так, его китайское обозначение — *хуэй* — упоминается в названиях по меньшей мере трех структур при институте. Важно подчеркнуть, что *праджня* не сводится к строго научному знанию, а подразумевает мудрость и «проницательность, умение разбираться, интуитивное понимание». Это способность, развитие которой позволяет человеку постичь истину *дхармы* [Ibid.: 218]. Миссия «*Сянгуан*» кратко сформулирована в названии настоящей главы: «*цзюэшу жэньхуа*» — «взращивание исключительных людей». Миссия состоит из двух частей: первая — воспитание и обучение монахинь в качестве мастеров *дхармы*, вторая — распространение знания о *дхарме* посредством общественного просвещения. «Упаковка» буддизма в формат образовательного процесса отвечает сразу двум особенностям современного китайского общества: высокому социальному статусу людей, имеющих хорошее образование и специальность, и общему мнению по поводу того, что религия должна приносить благо обществу.

Тот факт, что монахини теперь могут становиться специалистами по *дхарме* и обладать высоким социальным статусом на Тайване, во многом связан с долгосрочными усилиями в этом направлении таких религиозных деятелей, как Тяньи и У Инь. В прошлом женщинам было крайне проблематично даже приобщиться к *дхарме*. Тому препятствовали нехватка учебных пособий и преподавателей, а также прямые запреты женщинам получать образование со стороны членов их семей. Но и женщинам, которые принимали постриг в период с 1950-х по 1970-е годы, приходилось постоянно сталкиваться с социальными стереотипами о монахинях как о никому не нужных, необразованных, суеверных старых девах, совершающих бегство в храмы от любовных неудач или бедности — проще говоря, как о людях, отвергнутых обществом [Ding 1996: 427; Chern 2001a; Jiang 1997: 49–60; Tsung 1978].

На протяжении 1980-х годов тайваньцы возмущались и негодовали по поводу того, что многие молодые женщины, окончившие техникумы и вузы, предпочитали становиться буддийскими монахинями. Многие задавались вопросами: почему эти прекрасно образованные девушки отказывались сразу от всего и становились одинокими монахинями, у которых «в товарищах только масляная лампа»? Как же могли эти женщины быть столь непочтительны к собственным родителям, многим пожертвовавшим для того, чтобы дать им образование? К чему вчерашние студентки бежали от «естественных обязанностей» женщин — брака и рождения детей? Как могут они растрачивать все те средства, которые в них вкладывало общество? [Chern 2001a]. На то, чтобы в тайваньских монахинях увидели профессионалов своего дела и духовных лидеров и чтобы общество прониклось уважением к их жизненному выбору, потребовалось еще 20 лет. Впрочем, стоит отметить, что теперь сам выбор в пользу монашеского образа жизни связывается с желанием монахинь *служить обществу и человечеству*[25]. Это ни в коей мере не значит, что жители Тайваня в целом склонны видеть сущностную духовную ценность в деятельности буддийских монахов и монахинь, а равно воспринимать их работу как прославление самих религиозных деятелей и их семейств, как это происходит, например, в случае монахов, приобщенных к школе *тхеравада* или тибетскому буддизму.

Обретение монахинями высокого социального статуса связано не только с большими усилиями со стороны буддистского сообщества, но и с трансформациями тайваньского общества и экономики. Как ученые, так и наставники-буддисты отмечают, что модернизация и отмена режима военного положения с 1980-х годов способствовали расширению возможностей и большей свободе выбора в тайваньском обществе. В настоящее время женщины вольны получать высшее образование и строить профессиональную карьеру [Ding 1996; Jiang 1997: 49–60][26]. Когда мы спрашивали новопосвященных монахинь о том, почему они остановили свой выбор на монашеском образе жизни, нам обычно объясняли, что таким образом они могут направлять время, энергию и способности на пользу гораздо большему

---

[25] [Chern 2001a: 66–67] указывает, что в тайваньском обществе буддизм в первую очередь ценится как социальный инструмент.

[26] Xiang'guang zhuangyan. 1997. P. 86–122.

числу людей и обществу в целом, а не ограничивать себя заботой исключительно о членах собственных семей: муже, детях и родителях супруга[27].

Наставница Цзяньдуань вспоминает следующий диалог с собственной матерью:

— Ты счастливый человек?
— Да, мой муж заботится о нашей семье и уважает меня, а наши дети умные и послушные, так что мне и волноваться за них не приходится...
— А вот если бы папа не заботился о семье и если бы мы, ваши дети, были бы непослушными и доставляли вам много хлопот, то была бы ты счастливой?
После некоторых раздумий ее мать ответила:
— Нет.
— Как все это странно! Почему я не могу сама определять свое счастье? Почему от других людей зависит, счастлива я или нет?

Цзяньдуань пришла в храм «Сянгуан», потому что святилище привлекло ее верой в самодостаточность человека. От монахинь ожидается, что они сами будут работать над своим воспитанием и образованием, решать свои проблемы и делать посильный вклад во все сферы жизни монашеской общины: от преподавания учебных курсов и проведения консультаций по вопросам *дхармы* до участия в приготовлении пищи и поддержании зданий в должном порядке. Цзяньдуань отмечает, что «Сянгуан» сильно отличается от некоторых тайваньских монастырей, где действуют смешанные *сангхи* и где, сообразно устоявшимся социальным ожиданиям от распределения гендерных ролей,

---

27 Что касается китаянок, [Qin 2000] замечает, что те вовсе не обязаны ограничиваться выполнением обязанностей по дому. Однако именно желание избежать страданий, связанных с браком и материнством, было мотивом для вступления многих женщин в орден монахинь при храме «Фуху» в провинции Сычуань. Мы никогда не слышали от тайваньских монахинь, что они присоединились к *сангхе* по схожим причинам.

монахини готовят пищу, убирают помещения и разливают чай, а монахи проводят лекции о *дхарме* и занимаются ремонтными работами в монастыре [Li Lijun 2006] (см. также [Li Yuzhen 2000c: глава 6]).

Первый вывод, к которому мы можем прийти с учетом всего вышесказанного, заключается в том, что монахини из «*Сянгуан*» как *да чжанфу*, облачающиеся в нейтральные одеяния, и принявшие постриг специалисты по вопросам *дхармы* успешно покинули пределы четко очерченных гендерных ролей или, точнее, физические и социальные границы «женского бытия». Любые традиционные стереотипы о том, что женщины от природы слабы, беспомощны и всегда нуждаются в мужской поддержке, чтобы выжить, рассеиваются столь же быстро, как дымок от благовоний, когда человек видит, как слегка полноватые тайваньские монахини, вопреки невыносимой жаре, усердно чистят забитые грязью дренажные канавы и водонапорные башни, уверенно пользуются электропилами при подготовке дров для кухонных печей, ловко управляются с огромными кастрюлями, сковородками, паро- и рисоварками на раскаленной плите. Они играют на барабанах и бьют в колокола во время долгих утренних и вечерних служб, что требует значительной силы, стойкости и умения, они мастерски водят пикапы, полные людей и грузов, по пыльным сельским дорогам и извилистым горным тропам, а также занимаются ремонтом, строительными работами и сельским хозяйством.

Несмотря на все это, некоторые монахини все-таки придерживаются эссенциалистских взглядов о сущности женщин. Когда мы поинтересовались, почему на Тайване так много монахинь, наставница Минцзя заметила, что женщины терпеливы, выносливы и тщательно относятся к деталям, а потому именно они больше всего подходят для вступления на трудный путь познания Будды. Она также добавила, что тайваньские мужчины находятся под постоянным давлением из-за слишком больших ожиданий общества: мужчины должны построить успешную карьеру и обязаны оставить наследников, поэтому мужчины реже, чем женщины, готовы посвятить себя монашеской жизни. Наставница У Инь высказала мнение, что женщины от природы заботливы, а потому преуспевают в лечении и наставлении других людей. Более того, с ее точки зрения, женщины более предрасположены, чем мужчины, к жизни в коллективе, поскольку они изначально более скромны и склонны к самопожертвованию. В монахинях проявляются общие черты тайваньских женщин: стойкость, упорство и трудолюбие. Цзяньсянь верит, что женщины — отличные ученицы и учителя в силу их «стремления к знаниям», готовности контактировать с людьми, способности проявлять участие и желание выстраивать гармоничные отношения со всеми и вся. Наставницы также считают, что большое преимущество монахинь заключается в их гендерных отличиях. Чжэньянь согласилась бы с утверждением, что «женские черты», в том числе сердечность, сострадание, стремление к гармонии и миру, терпение, выносливость и жертвенность, идеально соотносятся с буддийскими идеалами. Как и монахини храма «Фуху» у горы Эмэй в провинции Сычуань на континенте, монахини Института «Сянгуан» проявляют самые различные черты: и *да чжанфу*, и «обычных женщин», и пользующихся всеобщим уважением религиозных деятелей [Qin 2000: 312–316; 434–441].

Возникает вопрос: можно ли считать монахинь из Института «Сянгуан» феминистками? Как верно отмечает Чэн, в изданиях «Сянгуан» отсутствуют отсылки к феминизму. Кроме того, сами монахини не называют себя феминистками [Cheng 2003: 44]. «Сянгуан» в первую очередь готовит из монахинь мастеров *дхармы*, которые должны способствовать очищению сердец и содействовать распространению мира и согласия в тайваньском обществе. Цель здесь заключается в осознании «истинной *дхармы*» ортодоксального буддизма в противовес «бездумному исполнению» ритуалов. Этой позиции буддисты-реформаторы придерживались уже на протяжении нескольких десятилетий, благодаря чему им удалось воспитать новое поколение прекрасно образованных, способных отстаивать свою точку зрения самодостаточных женщин с высоким социальным статусом. Стороннему наблюдателю это явление само по себе покажется феминистским, и монахини, как и все женщины на Тайване, признают они это или нет, активно используют осознанность и права женщин, ставшие возможными благодаря феминистскому движению [Ibid.][28].

И все же Буддийский институт «Сянгуан» не ассоциировал себя с тайваньским феминистским движением в 1980-е годы. Это было связано с верой У Инь в самодостаточность буддисток. Она не полагала, что прямая социальная конфронтация была бы оптимальным средством для достижения тех целей, которые она ставила перед собой в те времена[29]. Однако монахини помладше хорошо разбираются в истории и теории феминизма, и «Сянгуан» *теперь*, как уже упоминалось выше, активно содействует в оказании помощи иностранным невестам. Различия в настроениях старшего и младшего поколений монахинь ярко проявляются даже в тех курсах, которые «Сянгуан» проводит для этих невест: У Инь делала упор на помощи женщинам в исполнении их обязанностей как матерей, жен и хранительниц домашнего очага, в том числе по уходу за всеми родственниками; в свою очередь, Цзычунь видит в невестах в первую очередь именно женщин и воспринимает учебные программы как часть общего проекта по улучшению экономического и политического положения женщин [Shih Wu Yin 1999]. Вполне возможно, что в будущем «Сянгуан» будет формировать больше связей с женскими НПО

---

[28] Интервью с наставницей Минцзя, сентябрь 1999 года.

[29] Интервью с наставницей У Инь, октябрь 1999 года. Для многих женщин на Тайване слово «феминизм» связано с крайне негативными коннотациями. Оно вызывает ассоциации с радикалистскими социальными движениями 1970-х годов. [Simon 2003: 218] отмечает, что большинство женщин-предпринимателей из Тайбэя, с которыми у него была возможность проводить интервью, охарактеризовали феминизм как часть западного дискурса и не считали феминизм одной из причин своего собственного успеха. При этом как раз основы, заложенные социальными активистами прошлого поколения, позволяют сосуществовать на Тайване, как и в других странах, разнообразным правительственным и частным группам, занимающимся решением проблем в области прав женщин. Тем не менее именно социальные активисты способствовали проведению законодательных реформ, значительно улучшивших положение женщин в целом, вне зависимости от того, готовы ли они признать это.

и правительственными структурами, которые помогают женщинам в решении их проблем[30].

Еще одна причина, стоящая за нежеланием У Инь идти на конфронтации в процессе претворения в жизнь социальных реформ, заключается в том, что базовый принцип в деятельности «Сянгуан» — очищение человеческих сердец и есть путь к очищению всего общества. Приобщение к *дхарме* способствует миру и счастью как на индивидуальном, так и на общественном уровне [Shi Zichun et al. 1992: 7, 132]. Важно подчеркнуть, что У Инь не является последовательницей наставника Иньшуня, а получила образование в Институте китайского буддизма «*Трипитака*», который был основан монахом Байшэном, а в дальнейшем, по рекомендации самого Байшэна, отправилась работать в храм «Юйшаньянь» («*Сянгуан*»)[31]. Байшэн, скорее всего, одобрил бы общие цели «Сянгуан»: подготовку и воспитание специалистов по *дхарме*. Он видел в этих занятиях первичную обязанность буддийских монахов [Shi Jianhan et al. 1992: 8–9]. Однако, как мы уже убедились, члены Института «Сянгуан» также посвящают себя служению обществу и стремятся распространять *дхарму* в мир для того, чтобы привнести «чистую землю в мир...», опираясь на восприятие того, что «корнем всего являются именно люди». В этом концепция Института «Сянгуан» чем-то похожа на идеологические ориентиры *жэньцзянь фоцзяо* — гуманистического буддизма [Shi Zichun et al. 1992: 7]. У Инь в самом деле во многом «вдохновилась» на собственные инициативы примером реформатора Тайсюя (1890–1947) [Ibid.: 129]. Кроме того, в 1965 году У Инь принимала участие в занятиях, проводившихся Иньшунем, а в 1994 году опубликовала книгу об истории

---

[30] Ши Цзяньсянь из «Сянгуан» ставит вопрос о потенциальных связях между буддистками и группами за права женщин в статье [Shi Jianxian 2006]. В настоящее время на Тайване существуют сотни групп и организаций, посвятивших себя проблемам женщин. См. [Zeng Zhongming 2007].

[31] Тайваньская монахиня Тяньи близко сотрудничала с Байшэном, который упоминался в главе 1. Тяньи считалась главной среди женщин — последовательниц монаха. Более того, Байшэн называл ученицу «главой всех монахинь» [Shi Jianye 1999: 30–32, 78].

Женского буддийского института «Фуянь», учрежденного Инь-шунем. Работы Тайсюя и Иньшуня были включены в учебные программы Буддийского института «Сянгуан» [Shi Jianhan et al. 1992: 40].

Сторонники *жэньцзянь фоцзяо* подчеркивают, что буддисты работают и служат в первую очередь во благо человеческого общества. Однако насколько *жэньцзянь фоцзяо* бросает вызов существующему положению вещей? Как и в какой мере *жэньцзянь фоцзяо* поддерживает монахинь и мирянок? Какие идеалы и роли предписывают буддисткам последователи *жэньцзянь фоцзяо*? Способствуют ли социально ориентированные буддисты гендерному равенству в монашеской среде и в обществе? Эти и другие вопросы мы рассмотрим в следующей главе.

Глава 6
Гуманистический буддизм и женщины

Мы обращались к термину «гуманистический буддизм» — *жэнь-цзянь фоцзяо* — на протяжении всей книги. Это современная форма буддизма, которая зародилась в начале XX века в континентальном Китае и в дальнейшем активно продвигалась рядом буддистских организаций на Тайване[1]. Далеко не все буддисты и буддистские группы Тайваня формально заявляют о своей приверженности или благосклонности к *жэньцзянь фоцзяо*, но такую позицию озвучивают многие, в том числе «три столпа буддизма» на Тайване («*Фогуаншань*», «*Фагушань*» и «*Цыцзи*»), а также монахиня Чжаохуэй — феминистка, активистка радикальной направленности. Буддийский институт «*Сянгуан*» формально не провозглашал претворение в жизнь *жэньцзянь фоцзяо* в качестве своей миссии, однако с течением времени фактически стал организацией именно такой направленности. Возникает очевидный вопрос: поддержи-

---

[1] Тайсюй и Иньшунь не оставили после себя какие-либо переводы на другие языки термина «*жэньцзянь фоцзяо*». Единого оптимального варианта его расшифровки нет. Ученые предлагали самые различные вариации: «гуманный буддизм», «мирской буддизм», «буддизм мирской сферы», «буддизм [для] мира людей» и «филантропический буддизм». Мы используем «гуманистический буддизм» или, точнее, «буддизм для мира людей», потому что такой перевод лучше всего отражает позицию современных буддистов о необходимости действовать здесь, в человеческом мире, а не в других мирах и жизнях. Как отмечалось в главе 3, термин «гуманный» представляется проблемным, поскольку он скрывает огромные различия, которые существуют между «*жэньцзянь фоцзяо*» (и гуманизмом в конфуцианском ключе) и «гуманизмом» в западных религиозных и философских традициях.

вает ли *жэньцзянь фоцзяо* в первую очередь буддисток, монахинь и мирянок, и объясняет ли распространение именно этой концепции преобладание женщин в буддизме на Тайване?

Для ответа на этот вопрос в рамках данной главы мы сначала рассмотрим историю развития *жэньцзянь фоцзяо*, а также его связи и отличия от общемирового движения за социально вовлеченный буддизм[2]. Затем мы обратимся к работам монахов Тайсюя и Иньшуня, основателей концепции *жэньцзянь фоцзяо*, чтобы узнать, что оба деятеля писали о роли женщин в буддизме. Предполагает ли по умолчанию «социальная вовлеченность» деятельность по защите прав женщин, гендерного равенства, в том числе в женских монашеских орденах? Мы уже рассмотрели неотрадиционалистские взгляды «*Цыцзи*» на женщин и монахинь. Причем последние трудятся в безвестности в тени громадного движения мирян, которое работает при организации. Противоположностью этой системы выступает «тихий феминизм» Буддийского института «*Сянгуан*». В настоящей главе мы уделим особое внимание Чжаохуэй и Сингуан — единственным буддисткам-феминисткам, которые также являются представителями немногочисленного движения буддистов-активистов на Тайване. Можем ли мы назвать Чжаохуэй и Сингуан членами нового буддистского движения? Или же им суждено остаться в авангарде радикального меньшинства?

Итак, для начала рассмотрим период на стыке XIX и XX веков, когда Китай захлестнула волна транснационального буддийского возрождения.

Возрождение китайского буддизма

Движения за возрождение буддизма в таких странах, как Шри-Ланка, Мьянма, Индия, Китай, Вьетнам, Таиланд, Лаос, Камбоджа и Япония, уже составляли предмет многих исследований. Примечательно, что в каждом отдельном случае, какую бы форму ни

---

[2] См. статью [DeVido 2006]. Также см. [Chandler 2004: главы 3, 4], где четко представлены различия между «гуманистическим буддизмом» и социально вовлеченным буддизмом.

принимало возрождение (будь то в рамках общегосударственной кампании, разрешенное властями движение или как противостояние действующей власти), оно всегда воспринималось как возможность отстоять «отличительную» идентичность каждой страны и было нацелено на национальное единение и укрепление перед натиском, шедшим с Запада и проявлявшимся в виде то колониализма, то модернизации, а иногда и того и другого [Queen, King 1996; Harris 1999; Đỗ 1999; Prebish, Baumann 2002; Queen et al. 2003]. Так, в Шри-Ланке религиозный деятель и писатель Анагарика Дхармапала обращался к своим соотечественникам с посланием, которое имеет явные параллели с идеями многих реформаторов, отстаивавших возрождение буддизма: «...мы должны вернуться к *дхарме*, чтобы разрешить дилемму: выявить [(возродить)] собственную идентичность и ответить на вызов современности» [Queen, King 1996: 124]. В Шри-Ланке, как и в других странах буддийской традиции,

> буддистские организации начали открывать центры социального обеспечения... в ответ... на критические замечания [представителей Запада и христианских религиозных деятелей] о том, что буддисты не обладают этическими принципами и чувством сострадания к ближнему — остро необходимыми для решения социальных проблем [Ibid.].

Помимо стимулов, появлявшихся вслед за приходом движений за национализм и модернизацию в конце XIX века, существенное влияние оказал и «обратный ориентализм»: произведения западных ученых по индуизму и буддизму начали переводить на языки народов Южной, Юго-Восточной и Восточной Азии, что также способствовало возобновлению религиозных традиций в ряде стран региона [Đỗ 1999: 260].

Так, в Китае:

> На мой взгляд, буддийское возрождение зародилось из желания мирян перепечатать сутры, которые были уничтожены в результате восстания *тайпинов* [1850–1860-х годов]. Движение за возобновление буддизма набирало обороты по мере

того, как знакомство с западными исследованиями по буддийской проблематике вызывали потребность в проведении аналогичных изысканий самими китайцами. В свою очередь, нашествие в Китай христианских проповедников и миссионеров привело китайцев к мысли о необходимости готовить своих собственных буддийских проповедников и миссионеров, которых можно было бы отправлять в Индию и на Запад[3]. Вплоть до этого момента движением руководили исключительно миряне... Однако к концу династии Цин [конец XIX — начало XX века], когда монахи столкнулись с конфискацией их имущества на нужды развития светского образования, религиозные деятели, силясь найти возможности противостояния таким мерам, сами начали организовывать школы и центры социального обеспечения [Welch 1968: 259][4].

Религиовед Холмс Уэлч полагал, что буддийское возрождение в Китае было обусловлено наличием трех потребностей: необходимости для мирян зафиксировать свою религиозную идентичность; необходимости монахов изыскивать экономические средства для обеспечения своих нужд [Ibid.: 260–262]; стремления Китая заручиться международным статусом, который был необходим как мирянам, так и монахам. Рассуждая о китайских буддистах-реформаторах начала XX века, Уэлч отмечает следующее:

Потребность в статусе — и в первую очередь как собственника интеллектуальных наработок — вынуждала [китайцев] отвечать на вызовы, исходившие от западной науки, философии, в частности марксизма, а также христианства. Это

---

3   Сяо Пин отмечает роль Японии в буддийском возрождении, которое развернулось в Китае в конце династии Цин — начале Республики. Среди форм, которые принимало взаимодействие между странами, следует отметить повторные выпуски сутр, обращение китайцев в веру японскими буддистами, возрождение интереса к тибетскому буддизму, поездки китайских буддийских монахов и монахинь в Японию для прохождения обучения и паломничества к святым местам, а также ответные визиты японских буддийских монахов и мирян в Китай со схожими целями [Xiao 2001: 1–4].

4   Обнаружение в 1900 году пещер Могао близ оазиса Дуньхуан в китайской провинции Ганьсу стало мощным стимулом для изучения буддизма как в Китае, так и в Европе.

возобновило интерес к [буддийской школе] *Дхармалакша-на* (*фасян*, школа проявления *драхмы*), породило буддийский сциентизм и стимулировало принятие современных, западных форм социального обеспечения [Ibid.: 261].

Заметной фигурой буддийского возрождения в Китае был монах Тайсюй (1890–1947), уроженец провинции Чжэцзян. Его программа реформ возникла из характерных для интеллектуальной среды поздней династии Цин споров на религиозные темы, а также о значимости буддизма для современного мира. В таких дискуссиях участвовали многие выдающиеся представители того времени, в том числе Кан Ювэй, Лян Цичао, Чжан Тайянь, У Чжихуэй, Сюн Шили, Цай Юаньпэй, Цзи Цзычжэнь и Оуян Цзянь [Ma 2001]. Ученые-конфуцианцы, западно-ориентированные китайские интеллектуалы из интеллигенции и миряне-буддисты в равной мере были готовы посвящать себя исследованию деятельности таких буддийских школ, как *Тяньтай*, *Фасян* и *Хуаянь*. В свою очередь, известные монахи-буддисты, в частности Тайсюй, могли выступать «олицетворением конфуцианских идеалов мысли и поведения» [Li Biwan 1996: 61].

Тайсюй выступал за модернизацию, но не за секуляризацию. Его можно назвать реформатором: он хотел переориентировать буддизм на взаимодействие с окружающим миром и уделение большего внимания людям, а не божествам и духам. Тайсюй часто проповедовал о том, что общая *дхарма* объединяет все пять колесниц (*учэн*) буддийских перерождений человеческих и достигших духовного просвещения существ[5], и при этом подчеркивал, что «самый действенный путь для тех, кто жаждет перерождения в бодхисаттву, не связан с некой небесной сферой или далекой чистой землей. Как раз наоборот, его стартовая точка обнаруживается в наших рядовых, повседневных переживаниях на этой земле». «*Жэньшэн*» — «перерождение в человека» — образует некоторое созвучие с «*жэньшэн*» — «человеческой жизнью»:

---

[5]   С учетом всех своих духовных достижений человек может заново переродиться в мире людей, в мире богов, среди желающих стать архатами, среди «отдельных будд» или среди будд и бодхисаттв [Pittman 2001: 171–174].

вступление на путь становления бодхисаттвой предполагает проявление высшего сознания — *бодхичитты* — и освобождение как самого себя, так и других людей от страданий, всеобщее просветление здесь и сейчас [Bingenheimer 2007: 148; Pittman 2001: 203–204]. Тайсюй видел своей миссией распространение того, что он считал сущностью китайского буддизма: «воплощенных бодхисаттвой мудрости и сострадания, которые, в глазах Тайсюя, составляли надежду всех живых существ» [Pittman 2001: 89].

Уэлч отмечает, что буддийское возрождение конца династии Цин и начала Китайской республики примечательно увеличением числа мирских организаций и учителей-мирян, продвигавших в массы *дхарму*, появлением клиник, детских домов и школ, открытием радиостанции в Шанхае, расширением проповеднической деятельности при тюрьмах и стремлением положить начало всемирному буддийскому движению посредством направления миссионеров за пределы Китая. В этот же период появляются буддистские издательства, газеты и журналы, усовершенствованные в соответствии с требованиями времени духовные семинарии для монахов и современные буддистские ассоциации. Все указанные нововведения можно напрямую или косвенно связать с концепциями или реформами, инициированными Тайсюем [Welch 1968: 262–264][6].

Сложно точно определить, каких именно политических взглядов придерживался Тайсюй. Он вступил во взрослую жизнь в период стремительных изменений, которые сопровождали Синьхайскую революцию 1911 года. Среди его друзей и коллег были революционеры, анархисты и социалисты. Первоначально Тайсюй восторженно воспринимал идеи социализма, поскольку, с его точки зрения, это учение, как и буддизм, призывало к равенству всех людей и равномерному доступу к социальным

---

[6] Следуя примеру и практикам Будды и его последователей китайские монастыри и миряне на протяжении всей истории занимались благотворительностью во имя бедных, больных и бездомных. Тайсюй, прекрасно сознавая это, рекомендовал буддистам в рамках пути становления в качестве бодхисаттв уделять особое внимание социальной деятельности, которая во многом принимала формы, схожие с деятельностью современных христиан.

благам. Ему нравился лозунг «от каждого по способностям, каждому по потребностям» [Pittman 2001: 182]. В период Второй мировой войны Тайсюй пришел к мысли, что концепция политического строя, по которой капитализм управляемый или в чем-то даже ограниченный государством всеобщего благосостояния по аналогии с США при «Новом курсе» Рузвельта, могла бы обуздать проявления чрезмерного индивидуализма, а также значительно ограничить существование монополий и крупных корпораций, которые манипулируют национальными и международными рынками и формируют растущую пропасть между богатыми и бедными [Ibid.: 192–193].

Однако Тайсюй полагал, что для «спасения мира» было недостаточно политико-экономической реструктуризации общества. Апеллируя к терминам, характерным для дискуссий на тему «столкновения цивилизаций Востока и Запада» в первой половине XX века, он воспринимал западные цивилизации как подверженные тяжелым недугам, восходящим к их неприкрыто индивидуалистической природе и чрезмерной ориентации на исполнение желаний «необузданного эго и покорение всего и вся» («цзунво чжиу»). Именно в этих пороках Тайсюй видел причины империализма и воин. Не давая каких-либо пояснений к своей позиции, он заявлял, что другие азиатские державы (в особенности Япония, которая в своем подражании Западу дошла до агрессивного империализма) не располагают эффективными средствами для противостояния всем описанным бедствиям, и заключает, что лучшее снадобье от современной ему цивилизационной болезни — буддизм в сочетании с китайской традицией «преодоления себя и возвышения сострадания» («кэцзи чунжэнь») [Miaozheng 1947].

После 1925 года Тайсюй отринул коммунизм, который претил ему своими призывами к ожесточенному классовому конфликту и предельным акцентированием материализма и коллективизма при полном игнорировании мнений, физических особенностей и личности каждого отдельного человека. Политически он занял место «справа от центристов» [Pittman 2001: 182, 192]. Частично это произошло по прагматическим (тем самым он мог заручиться политической поддержкой своих планов по реформированию и модернизации буддизма, а равно миссионерской деятельности за пределами Китая), и по идеологическим соображениям Тайсюя[7].

В отношениях Тайсюя с националистами из партии Гоминьдан можно проследить множество противоречий. Тайсюй произвольно перенимал термины и идеи у националистов и пользовался их материальной поддержкой: финансами, транспортными средствами, дипломатическими каналами и помощью от государственных организаций за рубежом. Однако каждый раз, когда националисты предпринимали одну из своих многочисленных попыток конфисковать имущество святилищ, Тайсюй и другие общественные деятели открыто противостояли властям [Chen Yong'ge 2003: 256, 259–260, 266–268, 271].

С окончанием Второй мировой войны и восстановлением правительства Гоминьдан в Нанкине Тайсюй и другие буддисты столкнулись со сложностями в обеспечении контроля над буддистской собственностью и другими активами. Тогда Тайсюй поделился своим виденьем того, как буддисты и буддийские организации соотносятся с государственными структурами. Его мысли можно выразить фразой *«ичжэн бу ганьчжи»* — буквально «обсуждение политических вопросов не есть вмешательство в управление». Иными словами, Тайсюй отстаивал позицию, что, в отличие от занятия официальных должностей, участие в политических дискуссиях — право и обязанность каждого гражданина в демократическом государстве. В основе этой идеи лежит проведенный Сунь Ятсеном сравнительный анализ *чжицюань* — политической/административной власти и *чжэнцюань* — демократических гражданских прав, в том числе свободы слова и дискуссий, а также права участвовать в общественных делах (то есть быть членом гражданского общества). Однако другие буддийские лидеры, полагая, что буддисты должны быть «выше политики», не поддержали идею Тайсюя [Ibid.: 269–270], что,

---

7 1925–1947 годы стали для Китая одновременно периодом гражданской войны, войны против японских захватчиков и жесточайшего политического гнета. Окружение Тайсюя отвергало объявления, что монах был членом Гоминьдан. При этом Тайсюй пользовался как политической, так и финансовой поддержкой националистического правительства [Pittman 2001: 185].

впрочем, не помешало ему в июле 1946 года создать буддистскую политическую партию «Общество пробуждения народных масс». Тайсюй был выдвинут кандидатом в депутаты в Национальную ассамблею Китайской республики католическим епископом Павлом Юй Бинем, который был заинтересован в нем не только как в стороннике межрелигиозного диалога, но и как в соратнике при защите от действующего правительства, однако Тайсюй избран не был [Ibid.: 272][8].

К сожалению, Тайсюю не было суждено и претворить в жизнь свои планы по реформам китайского буддизма. Религиозный деятель скончался от инсульта в марте 1947 года. С 1948 по 1949 год Китай охватила полномасштабная гражданская война, в результате которой националистское правительство было вынуждено оставить Нанкин и отступить на Тайвань[9]. Впрочем, еще за десять лет до этих событий Тайсюй признал собственные попытки вдохновить монахов на «буддийскую революцию» провальными в силу как его собственных «слабостей и неудач», так и сильных позиций его противников [Shi Taixu 1956–1970: 62–63][26]. Стоит признать, что в этом отношении Тайсюй проявлял чрезмерную самокритичность.

Социально-политические и экономические условия жизни в Китае начала XX века существенно ограничивали возможности продвижения буддийского возрождения, однако Тайсюй потратил много времени и сил, пытаясь трансформировать буддизм в общемировое движение, которое бы не знало границ отдельной страны, политической фракции или буддистской школы. Во имя достижения этой цели Тайсюй сначала посетил Тайвань, Японию и Гонконг (1917–1925), затем — Францию, Англию, Бельгию, Германию и США (1928–1929), наконец — Мьянму, Шри-Ланку,

---

[8]   Чэнь заявляет, что Тайсюй столкнулся с полномасштабным противостоянием поддерживавших Чан Кайши христиан и китайских консервативных деятелей, которые выступали против буддизма. Здесь можно было бы добавить, что ведущие монахи не встали на сторону Тайсюя.

[9]   В 1953 году оставшиеся в Китае буддисты учредили новую Буддийскую ассоциацию Китая, которая функционировала под эгидой КПК. Подробнее см. ниже.

Индию и Малайзию (1939–1940) [Pittman 2001: 105–114, 118–130, 139–143][10]. В Шри-Ланке — на родине выдающегося сторонника буддийского возрождения Анагарики Дхармапалы — Тайсюй имел возможность долго дискутировать с буддологом Гунапала Пийасеном Малаласекаром на тему формирования всемирной федерации буддистов. Эта задумка была реализована в 1950 году, когда Малаласекара учредил Всемирное братство буддистов [Pittman 2001: 142–143][11].

Тайсюй не использовал современный китайский термин «глобализация» — «цюаньцюхуа». Вместо этого термина мыслитель предпочитал писать «цюаньцю» — «весь мир» (буквально «весь [земной] шар»), «шицзехуа» — «глобализация» (буквально «мировизация», поскольку «шицзе» — «мир»), «шицзе чжуи» — буквально «учение о мире»[12]. Тайсюй, горячий сторонник китайского национализма во времена Второй мировой войны, также настойчиво продвигал глобализацию и «учение о мире» именно в тех коннотациях, которые были связаны с этими концептами в первой половине XX века, в особенности ближе к концу Второй мировой войны, когда многие надеялись, что такие транснациональные организации, как ООН, смогут преодолеть ограниченность национальных интересов и конфликтов и предупреждать войны в будущем. Наиболее важным здесь является то, что Тайсюй в своих рассуждениях о «шицзехуа» и «шицзе чжуи» подразумевал в первую очередь потенциал и необходимость для буддизма «идти в мир», то есть становиться общемировым движением. Тайсюй верил, что среди всех религий, идеологий и социально-политических систем именно буддизм был наиболее

---

[10] Питтман не комментирует поездку Тайсюя в Сайгон в 1928 году и поездку монаха в Сайгон и Ханой с 28 апреля по 4 мая 1940 года.

[11] Холмс Уэлч замечает, что «идеал Дхармапалы о создании общемирового буддистского движения был воспринят в Китае и продвигался сначала благодаря усилиям [мирянина] Ян Вэньхуэя (1837–1911), а затем и деятельности Тайсюя» [Welch 1968: 180].

[12] Последний термин также можно условно перевести как «космополитизм», однако с учетом направленности учения Тайсюя это может быть несколько слишком современной интерпретацией его образа мысли. — *Прим. пер.*

интернациональным движением, которое было способно привести человечество к истинному «учению о мире» — мировоззрению, строящемуся на всеобщей толерантности, — а затем и к истинному миру во всем мире[13].

Тайсюй по прошествии десятилетий с момента своей кончины не только вдохновил своей деятельностью ряд монахов на создание нескольких ведущих тайваньских буддистских организаций (о них мы еще поговорим в этой главе), но и — не зная ни о собственной роли, ни о существовании современных китайских научных деятелей — сильно повлиял на движение за буддийское возрождение 1920–1940-х годов во Вьетнаме, которое заложило основы для вьетнамского социально вовлеченного буддизма 1960–1970-х годов[14].

От Тайсюя к Иньшуню

Тайсюй умер, так и не успев стать инициатором реформ буддизма, которые начали проводить только после образования КНР в 1949 году. Коммунисты взяли под жесткий контроль все религии. Буддийские монастыри и монахи сильно пострадали от земельной реформы и контрреволюционных кампаний 1949–1953 годов, а равно и движения против правого уклона, начавшегося в 1957 году.

Монахи и монахини, те, у кого была такая возможность, бежали в Гонконг и на Тайвань. При этом, как отмечает Дон Питтман, некоторые последователи Тайсюя остались в Китае, надеясь — то ли по наивности, то ли из прагматических соображений, — что становление коммунизма не затянется надолго и не затронет их самих, а также на то, что форсированные изменения помогут привести Поднебесную к долгосрочному реформированию институционализированного буддизма и, соответственно, реали-

---

[13] Это обзор позиций, которые Тайсюй высказывал в множестве статей, входящих теперь в полное собрание его сочинений [Shi Taixu 1956–1970].

[14] См. [DeVido 2007]. Автор подробно раскрывает связи между Китаем и Вьетнамом в рамках общемирового буддийского возрождения в XIX–XX веках.

зации первоначального плана Тайсюя, который, помимо прочего, отстаивал необходимость формирования буддийскими монахами самодостаточной экономики, основанной на сельском хозяйстве, торговле и ремеслах.

Ученик Тайсюя Цзюйцзань (1908–1984) вместе с другими буддистами, как монахами, так и мирянами, принял участие в учреждении новой Буддийской ассоциации Китая в 1953 году. Члены организации пообещали содействовать коммунистическому партийному государству в создании коллективистской экономики и ликвидации «суеверий», бытовавших в обществе, а также культа «Чистой земли» и народных религиозных верований в целом. Некоторые монахи даже высказывали предположения о возможности секуляризации *сангх*, отказа от действующих заповедей и предоставления монахам разрешения вступать в брак, есть мясо, одеваться как миряне и так далее [Pittman 2001: 255–260].

Во времена «культурной революции» 1966–1976 годов все религии Китая находились на грани полного вымирания. В частности, многие буддийские монастыри были либо уничтожены, либо сильно разрушены, а их собственность конфисковывалась. Монахов подвергали гонениям и вынуждали вернуться к светской жизни. После 1979 года условия существования для религий, находящихся под официальным контролем правительства, несколько улучшились, в том числе улучшилось положение китайского буддизма (ситуация с тибетским буддизмом заслуживает отдельного обсуждения), даосизма, ислама и христианства[15].

После долгого периода забвения китайские исследователи стали проявлять все больший интерес к идеям Тайсюя и феноме-

---

[15] См. занимательную статью [Zhe Ji 2004]. Автор рассказывает о процессе буддийского возрождения в Китае в наши дни и упоминает текущие трехсторонние переговоры и дискуссии с участием партийного государства, монахов и мирян. Каждая из сторон имеет свои экономические, политические и ритуальные интересы. Вполне очевидно, что для современного Китая развитие буддизма связано с такими сферами, как туризм, национальная и мировая экономика, общемировая политика и легитимность официального социалистического метанарратива.

ну буддийского возрождения[16]. Чэнь Цзымэй отмечает, что живущий и работающий в провинции Хэбэй монах Цзинхуэй (1933 г. р.) выступает за *жэньцзянь фоцзяо*. Однако позицию Цзинхуэя нельзя назвать популярной [Zheng Zimei 2005: 38–39][17]. Обратная ситуация на Тайване, где ученик Тайсюя Иньшунь (1906–2005) пользуется большим почетом. В свое время Иньшунь привнес элементы рационализма в буддийскую доктрину и историографию, а также «применил научные стандарты к исследованиям буддизма» и сформулировал идеи «*жэньцзянь фоцзяо*» — «гуманистического буддизма» [Bingenheimer 2004].

«Наследие Тайсюя ярче всего проявляется именно на Тайване» [Pittman 2001: 262]. Развернувшееся в период 1930–1940-х годов противостояние внутри Буддийской ассоциации Китая между монахами-традиционалистами и монахами, которые поддержали реформаторский курс Тайсюя, продолжилось и после 1949 года уже через деятельность учеников каждой группы и их кругов влияния на острове [Jones Ch. 1999: 110, 141–142]. Иньшунь был учеником Тайсюя, выпускником одной из духовных семинарий Тайсюя в Китае, ответственным редактором Полного собрания сочинений Тайюся и, наконец, личным биографом своего учителя. За свою долгую жизнь Иньшунь написал великое множество достойных внимания научных работ по гуманистическому буддизму, раннему индийскому буддизму, буддийской философии Мадхъямака и чань-буддизму. При этом, по собственному признанию Иньшуня, он никоим образом не походил на Тайсюя.

---

[16] Вплоть до сравнительно недавнего времени Тайсюй воспринимался как политически проблемная фигура по *обе* стороны Тайваньского пролива: для ученых материкового Китая он был слишком близок к националистам, для ученых Тайваня — слишком «радикален» и неоднозначен в своих подходах. См. отличную подборку работ китайских исследователей, публикующихся «*Фогуаншань*» в виде серии под названием «Zhongguo fojiao xueshu lundian [Academic Theses on Chinese Buddhism]», в том числе т. 41–43, а также [Chen Yong'ge 2003].

[17] Наставник Цзинхуэй и храм «*Байлин*» сыграли ключевую роль в организации 20-дневной поездки Тхить Нят Ханя в Китай, в частности, для участия в дискуссиях о *дхарме* и проведения выездных семинаров. Поездка состоялась в мае — июне 1999 года.

Учителя он называл организатором, администратором и интер-националистом [Pittman 2001: 267–268].

И все же политика оказала принципиальное влияние на то, как складывалась карьера Иньшуня на Тайване. После 1949 года Иньшунь перебрался с материкового Китая в Гонконг. В «Новом трактате о "Чистой земле"» 1951 года Иньшунь, опираясь на знание канонов, истории и методологии, резко критикует прак-тики «Чистой земли», которые он считает редукционистскими и во многом ошибочными. Иньшунь ни в коей мере не был первым автором, выступившим против школы «Чистой земли», однако публикация работы навлекла на автора значительные политические проблемы [Jones Ch. 1999: 131–133]. В 1952 году Иньшунь покинул Гонконг и переехал на Тайвань, чтобы стать настоятелем крупного храма «Шаньдао» в Тайбэе. На должность его пригласили тайваньские сторонники Тайсюя, которые в это время как раз боролись за лидерство в БАКР и в целом за будущее направление и масштабы развития буддизма на Тайване[18].

Иньшунь оказался втянут в политическое столкновение и стал объектом порицания как в публичных, так и в частных кругах. Важно принять во внимание тот факт, что все вышеописанное происходило в период холодной войны в 1950-е годы. Только прибывшее на Тайвань Правительство националистов учиняло репрессии против коренной тайваньской элиты, членов которой подозревали в связях с коммунизмом. «Некоторые представи-тели БАКР даже пользовались своим влиянием во властных кругах чтобы заставить чиновников Гоминьдан выступить с заявлением о том, что работы Иньшуня отравлены ядом коммунизма» [Jones Ch. 1999: 132]. Иньшунь отказался от должности при храме «Шаньдао», а позже выступил с «самокритикой» и просьбой

---

[18] Как уже упоминалось в главе 1, после 1949 года разнообразные буддистские фракции из Китая не только конкурировали друг с другом на Тайване, но и противостояли уже действовавшим на острове группам, среди которых можно упомянуть секты соблюдающих пост мирян *чжайцзяо*, храмовые династии, перебравшиеся на Тайвань из китайских провинций Фуцзянь и Гуандун до XX века, и, наконец, японские буддийские школы [Jones Ch. 1999: часть III].

о помиловании и посвятил остаток своей жизни научным исследованиям, подготовке монахов и издательским проектам[19].

Тайсюй и Иньшунь выступали за *жэньцзянь фоцзяо* и считаются ведущими реформаторами китайского буддизма XX века, однако сама теория и практические рекомендации по претворению в жизнь концепции *жэньцзянь фоцзяо* первоначально исходили от Тайсюя[20]. Еще в 1930 годы Тайсюй рассуждал об идеи формирования чистой земли для человеческого сообщества в соответствующем трактате («*Цзяньшэ жэньцзянь цзинту лунь*») [Shi Taixu 1956–1970: 349–430]. В трактате 1933 года «Как прийти к гуманистическому буддизму» («*Цзэньян лай цзяньшэ жэньцзянь фоцзяо*») Тайсюй указывает [Ibid.: 431–456]:

> «*Жэньцзянь фоцзяо*» не требует от нас оставить человеческий мир и обратиться в божеств или духов, а равно не обязует всех и вся принимать на себя монашеские обеты и ходить в храмы или жить отшельниками в лесу. Это направление буддизма, которое способствует преобразованию общества, содействует прогрессу человечества и улучшает ситуацию во всем мире в соответствии с буддийскими учениями [Jiang 1992: 180][21].

В свою очередь, Иньшунь отмечал, что буддизм должен концентрироваться «на здесь и сейчас, на конкретных людях». Он подчеркивает, что обет бодхисатвы («*пуса юаньсин*»), которые его учени-

---

19 Иньшунь учредил лекционный зал «*Хуэйжи*» в Тайбэе (1950-е годы), а также *вихару* (святилище) и институт под единым названием «*Фуянь*» в Синьчжу (1961 год). Также Иньшунь вместе со своими учениками основал издательство «*Чжэнвэнь*» в 1980 году.

20 Поиск по Полному собранию сочинений Тайсюя дает нам 77 упоминаний «*жэньцзянь цзинту*», 66 упоминаний «*жэньшэн фоцзяо*» и 25 упоминаний «*жэньцзянь фоцзяо*».

21 В памятном сборнике, опубликованном в 1947 году Китайско-тибетским буддийским институтом в Чунцине, монах Мяочжэн так описывает своего наставника Тайсюя: «...свыше 40 лет он усердно продвигал реформы системы *сангх*, способствовал развитию образования, ездил в Европу, США, Бирму и Индию... Его главной целью всегда оставалось спасение всего мира... Все его занятия были посвящены претворению в жизнь *жэньцзянь фоцзяо*... Можно сказать, что все его сочинения были нацелены на проведение в реальность *жэньцзянь фоцзяо*» [Hanzang Jiaoliyuan 1947: 89].

ки и последователи Тайсюя, а равно вдохновленные их примером люди, принимают на себя и реализуют посредством «служения обществу», может иметь самые различные формы, главное — чтобы эти занятия способствовали формированию чистой земли на всей Земле. Иньшунь поддерживает мысль Тайсюя, что вступление на путь бодхисаттвы «должно предполагать занятия, которые несут блага другим людям... и всему человечеству». Подобные занятия, по сути, и должны быть средством саморазвития каждого человека [Lu Shengqiang 2003: N4][22]. Форма исполнения не важна, принципиально важно лишь то, чтобы все мы претворяли наши планы в жизнь с сердцами, преисполненными мудрости, сострадания и *шуньяты* — «пустоты» в отсутствии некоего постоянного «я», которое бы препятствовало нам в помощи другим людям и распространении *дхармы* [Ibid.: N5][23]. Однако Иньшунь, как и Тайсюй, не оставил четкого плана действий, которому могли бы следовать современные буддисты, которые желают принять или уже приняли обет бодхисаттвы. Организациям — «наследницам» Иньшуня пришлось разрабатывать собственные интерпретации и методологии приведения тайваньского общества в соответствии с идеалами гуманистического буддизма[24].

«Наследницы» Тайсюя и Иньшуня: «Фогуаншань», «Цыцзи» и «Фагушань»

Некоторые исследователи применяют термин «социально вовлеченный буддизм» для описания ориентиров, которыми руководствуется в своей деятельности ряд ведущих буддистских организаций на Тайване. В данном случае подразумевается их «вовлеченность» в разнообразные миссии: благотворительность,

---

[22] Предшествующий источник цитирует Иньшуня. См.: Qili qiji de renjian fojiao // Huayuji di sice. P. 48–50.

[23] Предшествующий источник цитирует Иньшуня [Ibid.: 57–63].

[24] Ряд буддистских групп на Тайване объявляют себя прямыми наследниками или продолжателями идей и планов Тайсюя и Иньшуня по развитию *жэньцзянь фоцзяо*. Насколько такие заявления корректны с точки зрения буддологии — тема, заслуживающая отдельной книги. См [Bingenheimer 2007: 141–161; Ting 2007: 229–267].

здравоохранение, образование, охрану окружающей среды и так далее [Huang 2001; Pittman 2001; Queen et al. 2003; Chandler 2004; Hsu et al. 2007][25]. Мы по настоящее время не можем точно и в полной мере проследить эволюцию термина «социально вовлеченный буддизм». Ученые склонны приписывать его раннее использование вьетнамскому буддийскому монаху Тхить Нят Ханю[26], который по-своему интерпретировал понятие: *engagé* — «вовлеченный», почерпнутое им в трудах Сартра[27]. Согласно нашему собственному исследованию, авторы буддистских журналов и книг 1960-х годов на вьетнамском языке, в том числе и сам Тхить Нят Хань, активно изучали и обсуждали экзистенциальные проблемы, обозначенные Сартром и Камю, а также деятельность Ганди, его последователя Винобы Бхаве и индийского движения за развитие сельских территорий «*Сарводайя*»[28]. К 1967 году Тхить Нят Хань

---

25 «Социально вовлеченный буддизм» часто переводится на китайский через термин «*жуши*» — буквально «вступать в мир», «идти в общество» или, в более общем смысле, «включаться в общественную жизнь». В свою очередь, практики, нацеленные на самостоятельные исследования, медитацию и уединение, обозначают как «*чуши*» — буквально «уход от мира». «Вовлеченный буддизм» также нередко обозначается в китайском как «*цаньюй фоцзяо*» («партисипативный буддизм») и «*шэши фоцзяо*» («буддизм познания мира»).

26 В частности, см. [Queen 2003: 22; Yarnall 2003: 286]. См. также [King 1996; Thích Nhất Hạnh 1967].

27 Насколько нам известно, Жан-Поль Сартр выработал идею политически вовлеченного интеллектуала в романе «Тошнота» (1938 год) и в особенности в эссе 1947 года «Что такое литература?». Также см. пьесы «Грязными руками» (1948 год) и «Сен-Жене» (1952 год). Было бы полезно провести углубленное исследование того, как именно интеллектуалы вьетнамского происхождения изначально воспринимали и распространяли сочинения Сартра и Камю во Франции и Вьетнаме. К 1960-м годам экзистенциализм был частой темой обсуждения на страницах буддистских журналов Южного Вьетнама. В 1960-е годы среди вьетнамцев было распространено два перевода термина Сартра «engagé»: *nhập cuộc* («принимать участие») и *dấn thân* («посвящать себя чему-либо»). Тхить Нят Хань предпочитал оперировать собственным обозначением: *Tiếp Hiện* — «взаимосуществование», где *Tiếp* означает «быть связанным с чем-то», а *Hiện* — «осознавать» или «делать здесь и сейчас».

28 Буддистские журналы Южного Вьетнама активно писали о Бхаве, который был удостоен первой награды имени Рамона Магсайсая в 1958 году, а также о противостоянии Сартра войне во Вьетнаме и отказе автора принять Нобелевскую премию по литературе в 1964 году. Подробнее см. [DeVido 2007].

через английский оборот «socially engaged Buddhism» — «социально вовлеченный буддизм» — обозначал многие из своих начинаний в рамках движения в поддержку вьетнамского буддизма, в том числе деятельность молодежной «Школы социальной помощи», учреждение нового буддистского ордена «Взаимобытия» и стремление к организации мирных переговоров за рубежом (см., например, [Thích Nhất Hạnh 1967]). Кроме того, термин «социально вовлеченный буддизм» используется для обозначения буддистских социально-политических движений в современных Шри-Ланке, Таиланде и Индии, а также текущего общемирового феномена вовлечения буддистов в решение социально-политических проблем.

> Некоторые предполагают, что... принципиально новой чертой социально вовлеченного буддизма является его вызов существующей системе, который включает новую парадигму реализации и организации программ в противовес деятельности по решению социальных проблем без противодействия их причинам

в рамках сложившегося структурного насилия[29]. Впрочем, далеко не все социально вовлеченные буддисты вступают в открытое противостояние со статус-кво. Более того, все буддисты, в том числе Тайсюй, Иньшунь и Тхить Нят Хань, скорее всего, заключили бы, что первопричины наших внешних условий следует искать внутри нашего сознания и, чтобы преодолеть личное и общественное страдание, необходимо в первую очередь посредством практики самодисциплины перебороть желания, гнев, невежество, высокомерие и прочие «отравы ума».

Именно такой подход исповедует руководство «Фогуаншань» (буквально «Гора света Будды»), «Цыцзи» («Милосердная помощь») и «Фагушань» («Гора барабана *дхармы*»). Так, монах Синъюнь подчеркивает, что недуги современного общества возможно исцелить за счет чествования мудрости, нравствен-

---

29 Переписка по электронной почте с Джонатаном Уоттсом из Международной сети вовлеченных буддистов (INEB) от 4 февраля 2004.

ности, благодеяния и сознательности, без необходимости обращения к политической мобилизации или противодействия политическому или социальному статус-кво [Clart, Jones 2003: 172–175][30]. В равной мере Чжэнъянь полагает, что личные и общественные страдания преимущественно возникают из-за нравственных и духовных первопричин. Фактически «Цыцзи» запрещает своим монахиням, ученикам и сотрудникам принимать участие в политической деятельности или социально-политических акциях. «Борьба за угнетенных и громкие призывы к справедливости еще больше усложнят и запутают обстоятельства... Чувство ответственности важнее, чем чувство справедливости» [Clart, Jones 2003: 178–179]. По аналогии с «Фогуаншань» и «Цыцзи», «Фагушань» стремится «защищать духовную среду, возвышать [моральные] качества человечества и создавать чистую землю на Земле»[31]. Иными словами, «Фогуаншань», «Цыцзи» и «Фагушань» выступают за мирную эволюцию к более благоприятной системе и делают особый упор на личной трансформации человека как предпосылке для общественных преобразований.

Таким образом, в отличие от последователей социально вовлеченного буддизма в Шри-Ланке, Таиланде, Вьетнаме и Индии, «[лидеры буддистского движения на Тайване] не выработали ни системных взглядов на политэкономию, ни четкой социальной доктрины» [Clart, Jones 2003: 180]. Все три рассматриваемых организации воздерживаются от критики основополагающих причин насилия, неравенства и расточительства. В то же время сторонники «Цыцзи» считают, что их подход можно назвать «радикальным», а также что он полностью соответствует фунда-

---

[30] Опасения по поводу политических репрессий, которые были обращены против Иньшуня, возможно, объясняют, почему «Фогуаншань» и «Цыцзи» не выступали с критикой социально-политического положения на Тайване в период действия военного положения. При этом последний формально завершился еще в 1987 году, и в настоящее время все гражданские и религиозные группы на Тайване имеют право принимать участие в социально-политических акциях.

[31] Подробнее см. www.ddm.org.tw.

ментальным принципам буддизма, так как Чжэнъянь призывает ко всеобщей и целостной переориентации в ценностях и мировоззрениях во имя освобождения от страданий, которая в дальнейшем приведет к трансформации человека и общества, чего невозможно добиться за счет социально-политических реформ [Ibid.: 179]. И все же нельзя сказать, что вовлеченный буддизм по тайваньской модели не находит в себе места для общей структуралистской критики общественных процессов. Как раз такие исключения из общего правила мы рассмотрим в следующем разделе.

Смена парадигмы?

Движение за охрану окружающей среды на Тайване началось в конце 1980-х годов, и несколько крупных буддистских организаций, в том числе «Цыцзи» и «Фагушань», многое сделали для повышения информированности общества об экологической обстановке. Как полагает Цзян Цаньтэн, это был первый сдвиг в устоявшейся парадигме [Jiang 1997c: 104–111]. Однако Цзян подчеркивает, что указанные буддистские группы вдохновляются в первую очередь традиционными китайскими идеалами «защиты жизни, сохранения благополучия» («хушэн, сифу») и не выступают с явной критикой источников экологических проблем: промышленности, государственной политики, капитализма и так далее. Цзян характеризует такой подход как стратегию по решению проблем на индивидуальной основе, в соответствии с которой социальные беды можно решить посредством подавления желаний каждого отдельного человека.

Ученик Иньшуня Ши Чуаньдао, служащий при храме «Мяосинь» в Тайнане, своими действиями также способствует смене парадигмы. Как отмечает Цзян, монаху удалось выйти на уровень пуду — всеобщего спасения мирян от грехов и страданий. Чуаньдао открыто критикует тайные договоренности и сделки между властями и крупными компаниями. Послания сочинений и фильмов Чуаньдао нацелены на подрыв мифа о «тайваньском экономическом чуде» и исправление ситуации, когда от про-

Илл. 6.1. Наставница Чжаохуэй на митинге против ядерной энергии (Ши Чжаохуэй)

грамм развития в первую очередь выигрывают чиновники. Чуаньдао призывал к принятию законов, которые бы положили конец производству пенополистирола и пластиков, хотя и за тем, и за другим стоят большие предприятия, в том числе конгломерат Formosa Plastics. Как и Чжаохуэй (илл. 6.1), Чуаньдао выступал против строительства на Тайване четвертой АЭС — АЭС «Лунмэнь». В дополнение к этому Чжаохуэй также учредила ассоциацию «Забота о жизни», которая ставит своей целью защиту животных и их прав на Тайване (к этой организации мы еще вернемся). Монахиня полагает, что «жэньцзянь фоцзяо» невозможно сводить исключительно к людям и что буддизм должен выступать за освобождение сразу всех живых существ [Ibid.].

Наследники Иньшуня[32]

На современном Тайване работает лишь небольшое число монахов и монахинь, которых можно было бы назвать радикалами и активистами. К их числу стоит отнести монахиню Чжаохуэй[33], ее ученицу Сингуан[34] и монаха Чуаньдао.

---

[32] Мы нашли этот термин в [Lan 2003]. Однако автор его использует в несколько ином смысле, чем мы. Лань Цзифу говорит о тех, в ком он видит прямых наследников Иньшуня, и о его философии, выраженной в письменных источниках, а не о том, как эти идеи реализовывались на практике. Лань называет 1952–1994 годы «временем Иньшуня». Этот период охватывает продолжительный отрезок времени: от прибытия наставника на Тайвань до того момента, когда он прекратил писать из-за проблем со здоровьем. Лань отмечает, что начиная с 1994 года ученики Иньшуня, в том числе Чжаохуэй, и ее сестры, в частности Сингуан и У Инь из Буддийского института «Хунши» (все три указанные женщины — монахини), а также монах Чуаньдао из храма «Мяосинь» в Тайнане, взяли на себя продвижение, развитие, обновление и реагирование на критику в отношении сочинений Иньшуня. В это «поколение» мыслителей входят также монахи и миряне, публиковавшие критику на работы Иньшуня как из желания отстоять определенное видение или интерпретацию текста, так и из стремления выступить с апологетикой тибетской школы, «Чистой земли» и чань-буддизма, которые Иньшунь нередко оспаривал в своих сочинениях.

[33] Чжаохуэй родилась в Мьянме и прошла посвящение в монахини в 1978 году, когда она еще была студенткой Кафедры китайского языка при Национальном тайваньском педагогическом университете. Вскоре Чжаохуэй осознала, что не была готова принять консервативные настроения и авторитарные замашки в храме, в котором она была послушницей. В 1982 году Чжаохуэй стала участницей исследовательской программы, в рамках которой она открыла для себя творчество Иньшуня. В 1984–1988 годах Чжаохуэй училась при Буддийском институте «Фуянь», учрежденном Иньшунем в городе Синьчжу [Li Lingyu 2005: 104–106]. На английском языке отсутствуют какие-либо монографии о жизни и работе наставницы Чжаохуэй, однако ее биография была опубликована на китайском [Tao 1995]. Джефф Фой посвящает Чжаохуэй целую главу своей докторской диссертации 2002 года. Магистерская диссертация Ли Линъюй содержит много полезной информации о Чжаохуэй. См. также [Shih Chao Hwei 2002b; Hongshi Xueyuan 2001].

[34] Сингуан родилась в Цзяи в 1962 году и прошла посвящение при храме «Хаймин» в 1982 году. Как и Чжаохуэй, Сингуан — активистка и исследовательница, она публиковала работы по чань-буддизму, комментарии по сочинениям Иньшуня и буддийской этике. Сингуан возглавляет Институт «Хунши», является ведущим издателем при Fajie Press и преподает при Кафедре философии Университета «Дунъу».

Илл. 6.2. Наставница
Чжаохуэй (Ши
Чжаохуэй)

В 1998 году Чжаохуэй (1957 г. р.) учредила Буддийский институт *«Хунши»* («Великий обет») в Таоюане. При этом монахиня
участвовала в социальных акциях еще с конца 1980-х годов
(илл. 6.2). Сама Чжаохуэй полагает, что активизм — способ
претворения в жизнь идей Иньшуня о необходимости встать на
путь бодхисаттвы уже в текущем мире. Чжаохуэй — талантливый
полемист и лектор. Она преподает в нескольких университетах,
публикует книги и статьи, на ее счету проведение множества
научных конференций и пресс-мероприятий, а также выступле-
ний в поддержку самых различных социальных инициатив.
Монахиня первоначально обратила на себя внимание общественности в качестве сторонницы позитивного изображения монахов
и монахинь в СМИ, и в особенности противодействия негативным стереотипам, которые ранее бытовали в тайваньском обществе насчет монахинь.

Чжаохуэй и ее коллеги[35] опубликовали множество изданий и книг, в том числе комментарии к работам Иньшуня и пояснения к концепту «*жэньцзянь фоцзяо*», исследования в области *виная*, работы по буддийской нормативной этике, в том числе посвященные таким проблемам, как пересадка органов, суррогатное материнство, аборты, стволовые клетки, эвтаназия, суицид, смертная казнь, законы Тайваня о супружеской измене, права людей и животных, экологические права и практика охоты среди коренных жителей Тайваня. Чжаохуэй также основала Исследовательский центр прикладной этики при Университете «*Сюаньчжуан*» — буддистском вузе на Тайване.

Почему Чжаохуэй, в отличие от большинства тайваньских буддистов, — радикальная активистка? Чжаохуэй полагает, что буддисты — и как последователи *дхармы*, и как граждане демократического общества — имеют право и обязанность высказываться и действовать, вставать на защиту обездоленных и лишенных голоса (в особенности животных) и трудиться во имя построения справедливого и достойного общества (илл. 6.3). «Молчаливый народ в демократическом обществе — что пустой воздух». Ассоциация «Заботы о жизни» при Институте «*Хунши*» занималась разрешением тяжелой ситуацией с бездомными собаками в тайваньских городах и противодействовала жестокому обращению с животными в лабораториях и цирках. Среди результатов деятельности организации — принятие нормативно-правовых актов, обеспечивающих защиту диких животных, и закона, воспрещающего лошадиные скачки на территории Тайваня.

Кроме того, Чжаохуэй и Сингуан — единственные буддийские монахини, которые выступили против смертной казни и содействовали тем смертникам, чьи приговоры представлялись неоднозначными [Wen 2006: 221–248]. Чжаохуэй полагает, что три крупнейшие буддистские организации Тайваня уже добились важных результатов в сферах благотворительности, ликвидации последствий стихийных бедствий, образования и культуры,

---

[35] Чжаохуэй сама не совершает постриг учеников, однако Институт «*Хунши*» принимает учащихся и монахинь, принявших постриг у других наставников.

Илл. 6.3. Монахини из Института *«Хунши»* на митинге в защиту лепрозория *«Ло Шэн»* (Ши Чжаохуэй)

и теперь им следует обратить особое внимание на проблемы в области защиты прав людей и животных, а равно охраны окружающей среды. Благотворительность и благодеяние недостаточны в качестве средств ликвидации страданий, настаивает Чжаохуэй. Многие критические ситуации восходят к несовершенству правительственной политики, недостаткам законодательства, а также к коррупции. Чжаохуэй считает, что НПО должны играть ключевую роль наблюдателя в гражданском обществе, анализируя обстановку, продвигая конкретные программы и лоббируя определенные интересы на благо всего живого [Gu Meifen 2004: 3][36].

---

[36] Фонд гуманистического образования лоббирует соответствующие интересы в правительстве Тайваня, и в частности добился запрета на телесные наказания в школах. Фонд также участвует в разрешении конфликтов и приобщает тайваньских учителей к «альтернативным» методикам преподавания.

Чжаохуэй заявляет, что буддистам не следует сидеть сложа руки и «прохлаждаться в тени деревьев, посаженных чужими руками». Что делали буддисты все прошлые десятилетия, пока другие люди устремлялись на улицы и принимали участие в социальных движениях? В настоящее время Тайвань — открытое и свободное общество, однако многие буддисты отказываются от общественной деятельности из страха отпугнуть своих последователей и спонсоров [Shih Chao Hwei 2003d].

Чжаохуэй позитивно отзывалась о достижениях Чжэнъянь в областях социального обеспечения, ликвидации последствий бедствий, образования и здравоохранения. Однако, с точки зрения Чжаохуэй, благотворительность — условный «лейкопластырь»: она приносит временное облегчение, но не обязательно сопровождает его духовным ростом или структурными преобразованиями. Позиция «нейтралитета» может в действительности обострять общественные проблемы и усиливать человеческие страдания [Shih Chao Hwei 1994: 8]. «Причины человеческого страдания иногда носят политический характер. Какой смысл в предоставлении питания голодным, если мы не занимаемся устранением причин их голода?» [Foy 2002: 148–149]. В свою очередь, Чжаохуэй подвергается нападкам со стороны некоторых буддистов за слишком активную, на их взгляд, позицию. Так, члены *«Цыцзи»* критиковали Чжаохуэй, которая является ведущей активисткой, борющейся за права животных на Тайване, за публичную демонстрацию видеозаписей со свиной скотобойни, поскольку такие акции подрывают и статус свиноводов, и экономику, а также социальную гармонию на Тайване. Однако Чжаохуэй отмечает, что, на ее взгляд,

> гармония, о которой рассуждают эти люди, — иллюзия. Исходя из моих [буддийских] представлений, потребление свинины приносит страдания не только свиньям, но и людям... *Жэньцзянь фоцзяо* касается не только человеческого общества, но и других живых существ. Я хочу решать проблемы неравенства и несправедливости, которые затрагивают всех и вся [Ibid.].

Чжаохуэй подчеркивает, что ее политические взгляды сформировались под влиянием Тайсюя: буддисты могут и должны проявлять интерес к политике, но они не должны непосредственно участвовать в ее осуществлении или баллотироваться на выборах. Чжаохуэй направляет все силы на повышение уровня сознательности у членов общества и по мере необходимости лоббирует изменение законодательства. Чжаохуэй полагает, что с учетом заметной поляризации политической сферы на Тайване, где практически любой вопрос сводится к закулисному интриганству, НПО (в том числе буддистские организации) должны действовать в качестве «постоянной оппозиционной партии» и выступать за разрешение именно тех существенных проблем, которые являются общими для всех граждан. Чжаохуэй имеет множество сторонников среди как буддистов, так и не буддистов в таких вопросах, как защита достоинства и репутации монашествующих, охрана окружающей среды, права людей и животных, нравственность. Самым радикальным аспектом воззрений Чжаохуэй и ее сторонниц является то, что они называют себя единственными «буддистками-феминистками» Тайваня [Shih Chao Hwei 2002a: 3]. Критика, опровержение и стремление к изменению патриархальной иерархии, на которой построены в т. ч. и буддистские *сангхи,* — это вызов всему статус-кво, который поддерживают и воспроизводят не только монахи, но и монахини.

Чжаохуэй и феминизм

Предполагает ли «социальная вовлеченность» как таковая борьбу за права женщин и равенство полов, в том числе поддержку ордена монахинь? В предшествующих главах мы уже рассмотрели неотрадиционалистские взгляды Чжэнъянь на социальные роли, которые могут выполнять женщины, и ее главный упор на привлечение в свое движение мирянок, а не на предоставление монахиням возможностей для получения образования и саморазвития. Более того, «*Цыцзи*» не работает с другими буддистскими группами и НПО[37].

---

[37] Что касается «*Фогуаншань*», Синъюнь, как и другие ведущие буддисты Тайваня, не выступает за феминизм, а верит в сущностные, неизменные отличия между мужчинами и женщинами, которые фиксируют за представителями полов разные социальные роли. Соответственно, с точки зрения Синъюня, основное предназначение мирянок — быть женами и матерями

Стоит отметить, что «вовлеченные» буддисты, как в Азии, так и на Западе, редко комментировали проблематичное положение буддисток или уделяли внимание вопросам статуса женского ордена. Ситуация изменилась в 1980-е годы, когда феминизм наложился на международное буддийское движение [Tsomo 1999b: 1, 30–31; Gross 1993: 291]. Международная конференция буддийских монахинь, организованная Кармой Лекше Тсомо в индийском городе Бодх-Гая в 1987 году,

> стала первой в истории буддистской конференцией, на которой обсуждались проблемы, стоящие перед буддистками... Социально вовлеченные буддисты должны признать, что буддистки — один из наиболее бедных, плохо образованных и обделенных вниманием слоев общества [Tsomo 1999b: 1, 31][38].

Результатом конференции стало учреждение Международной организации женщин-буддисток «Сакьядхита», которая нацелена на популяризацию ордена бхикшуни, достижение гендерного равенства при буддистских структурах и обеспечение благосостояния и прав буддисток по всему миру.

За последние десятилетия возможности многих буддисток в различных уголках мира улучшились как в сфере получения образования, посвящения и вступления в ряды лидеров движения, так и по их социально-экономическому положению. Однако Сантикаро замечает, что дискурс вокруг социально вовлеченного буддизма по-прежнему ведется в основном мужчинами. Это происходит вопреки тому, что

> большинство буддистов все еще проживают в Азии и являются женщинами. И эта ситуация будет сохраняться еще долгие годы. Недопустима маргинализация жизней, инте

[Shi Xingyun]. При этом Синъюнь открыто и и на постоянной основе поддерживает идею просвещения буддисток. Он также активно содействовал развитию ордена монахинь как на Тайване, так и во всем мире [Shih Chao Hwei 2002b: 35, 253].

[38] Подробнее см. [Tsomo 1999b]. Этот же материал также представлен в: Sākyhadhitā Newsletter. Twentieth-Anniversary Issue. Vol. 16, № 1. Summer 2007.

ресов и устремлений этих людей исключительно из-за того, что в буддийских канонах содержится лишь небольшое число упоминаний о них [Tsomo 2004c; Cheng 2007][39].

Феминистические идеалы Чжаохуэй и ее последовательниц частично восходят к той интерпретации *жэньцзянь фоцзяо*, с которой выступал наставник Иньшунь, однако основной их источник — современное движение за права женщин. Как мы уже отмечали ранее в этой главе, Тайсюй выступал за модернизацию и во многом был преисполнен реформаторского духа Движения 4 мая. Однако, несмотря на поддержку современного образования для женщин, Тайсюй не выступал за радикальные изменения в положении женщин в буддизме или китайском обществе в целом. Институциональные реформы *сангх* и образовательные инициативы, которые отстаивал Тайсюй, были в первую очередь сконцентрированы вокруг монахов, а не монахинь[40]. Полагая, что на пути женщин существует больше кармических препятствий, чем у мужчин, Тайсюй рекомендовал женщинам оставаться мирянками и в качестве жен и матерей взращивать буддистские семьи и добропорядочных граждан[41]. В то

---

[39] См. также [Santikaro Bhikkhu].

[40] Буддистский институт *Учан*, учрежденный Тайсюем и действовавший в 1922–1934 годы, — как и его пекинский филиал — включал в себя целое отделение, занимавшееся подготовкой женщин. У Тайсюя были и другие планы по просвещению монахинь и мирянок, монах также активно поощрял обучение и самосовершенствование среди монахинь в еще действовавших на то время буддийских храмах [Shi Taixu 1930; Shi Taixu 1970]. Система «реорганизации системы *сангх*» Тайсюя скорее сфокусирована на образовании, экономическом самообеспечении и духовном развитии монахов. В одной из версий своей программы Тайсюй выступает с предположением, что монахини до 50 лет могли бы работать неполный рабочий день, а остальное время посвящать своим «практикам», а после 50 лет посвящать все свое время духовным практикам [Shi Taixu 1928].

[41] Тайсюй замечал, что «жить монашеской жизнью проблематично и для мужчин, что уж говорить о женщинах» [Shi Taixu 1926]. «Орден монахинь обязан своим существованием тому факту, что сами его монахини следуют

же время мыслитель полагал, что мирянки могут заниматься китайской медициной и проповедованием буддизма за рубежом, подобно христианским миссионерам, а также становиться медсестрами, врачами, воспитательницами детских садов и учительницами начальных школ, чтобы распространять буддизм на родине [Shi Taixu 1935b].

Иньшунь позже замечал, что одна из основных причин провала реформ буддистского движения Тайсюя заключалась в том, что он недооценил ту силу, которую представляют собой буддистки. Тайсюй не ценил их и не пытался заручиться их поддержкой [Li Yuzhen 2000c: 270–278][42]. Впрочем, весьма вероятно, что если бы Тайсюй прожил дольше и смог бы претворить свой замысел в более мирных и стабильных условиях при доступе к большим ресурсам, то у его реформ для монахов, монахинь и мирян было бы больше шансов на успех. При этом примечательно, что продвигаемая Тайсюем идея о необходимости изучения китайскими буддистами тибетского буддизма поспособствовала воспитанию в Китае «одной из самых выдающихся *бхикшуни* современного периода» — Лунлянь (1909–2006), которая была ученицей коллеги Тайсюя, буддиста-реформатора Нэнхая (1886–1967), выступавшего за новую сино-тибетскую буддийскую традицию в Китае [Bianchi 2001: 24][43].

Восьми *гарундхаммам*... Во всем, что касается монахинь, мы должны исходить из качества, а не количества» (Letters to the Zhengxin Lay Association. Vol. 2, № 2. Jan. 23, n.y.).

[42] В действительности Тайсюй прекрасно сознавал, насколько ограничены были возможности приобщения к буддизму для женщин, но реформы в этом направлении не были для монаха приоритетом. Возможно, в силу сохранения традиции к жесткой сегрегации монахов и монахинь в китайском буддизме, Тайсюй полагал, что обучение монахинь и мирянок должны брать на себя специально подготовленные монахини и мирянки [Shi Taixu 1935a].

[43] Наставница Лунлянь затратила значительные усилия на восстановление системы двойного посвящения в Китае, которая не применялась в традиции китайского буддизма на протяжении многих столетий. В 1982 году Лунлянь удалось осуществить посвящение 21 монахини [Bianchi 2001: 32]. Для китайских монахинь прохождение двойного посвящения постепенно становится общераспространенной практикой (Личная переписка с монахом-наставником из Буддийского института «Цися». Нанкин, Китай, 4 декабря 2007 года).

Еще в главе 1 мы упоминали, что китайские монахи перебрались на Тайвань в конце 1940-х годов. Религиозные деятели, которые начинали обосновываться на новом месте и учреждать свои организации, сильно полагались на помощь и поддержку тайваньских буддисток. Монахи ничего не могли поделать с тем фактом, что на Тайване буддистки — как посвященные монахини, так и мирянки — всегда численно превосходили буддистов. В частности, наставник Иньшунь в связи с этим особо подчеркивал буддийские доктрины, которые позволяли отстаивать равенство полов. Готовность Иньшуня, изначально человека с широкими взглядами и большими познаниями по части ранних буддийских канонов, выступать за орден монахинь, возможно, по крайней мере частично, восходит к прагматичному признанию за монахинями талантов, трудолюбия и приверженности делу распространения буддизма. Иньшунь отмечал, что буддизм не проводит существенных различий между мужчинами и женщинами по части веры, нравственности, поведения и мудрости. Биологические и физиологические отличия мужчин и женщин никак не влияют на их способности стремиться к просветлению [Shih Chao Hwei 2002a: 18–19]. Иньшунь также подчеркивал следующее:

> На протяжении двух тысяч лет *дхарма* была достоянием монахов, в результате чего буддизм не мог проявить свое сущностное стремление к равенству полов и помочь буддисткам в их бедственном положении. Как раз наоборот, буддизм переродился в мужской шовинизм вплоть до неприятия и ненависти к женщинам, которым отказывалось в возможности приобщиться к *дхарме*. Это есть не что иное, как настоящее искажение *дхармы* [Mei 1998: 168]

В деле распространения «буддийского феминизма» Чжаохуэй вдохновляется интерпретацией буддизма в духе эгалитаризма, с которой выступил Иньшунь. Однако в последние годы монахини больше вдохновляются ключевыми работами современного феминизма, авторы которых критикуют структурное неравенство между полами на уровне общества и культуры, а также предлагают конкретные методы активизма и преобразований [Shih Chao

Hwei 2002a: 3]. Чжаохуэй и ее последовательницы поддерживают меры укрепления гендерного равенства на Тайване, с которыми выступают правительство и НПО. Монахини-феминистки также часто проводят дебаты и сотрудничают с феминистскими организациями. Книга Чжаохуэй «Зачин на тысячелетия: буддийский *феминизм для нового столетия*», выпущенная на китайском языке в 2002 году, включает, в частности, два примечательных раздела: «Деконструкция мужского шовинизма в буддизме» и «Формирование пространства для гендерного равенства в буддизме»[44]. Монахини, призывая к «прощанию с традициями», предпринимали попытки достучаться до буддистского сообщества, требуя отменить Восемь *гарундхамм*, которые ставят монахинь в подчиненное положение по отношению к монахам, и ликвидировать «мужской шовинизм в буддизме». Еще в 1991 году Чжаохуэй критически отзывалась о некоторых «*бхикшу*-шовинистах» среди тайваньских монахов, которые настаивали на жестком соблюдении монахинями *гарундхамм* и вынуждали своих подчиненных заучивать так называемые «84 неприглядных жеста женщин», перечисленные в сутре «*Махапраджапти-бхикшуни*»[45]. Несколько лет спустя, 31 марта 2001 года, во время церемонии открытия 2-й Ежегодной теоретико-практической конференции по работам Иньшуня (проводится Институтом «Хунши») Чжаохуэй и еще семь человек, среди которых были монахи, монахини и миряне, сначала зачитали Восемь *гарундхамм*, а затем порвали их, объявив начало «Второй революции *Махапраджапти*», что сразу же вызвало мощную волну дискуссий[46].

---

[44] В рамках этих инициатив Чжаохуэй обратилась с призывом как можно скорее восстановить систему полного посвящения для тибетских монахинь к 14-му Далай-ламе во время поездок последнего на Тайвань в 1997 и 2001 годах.

[45] «Неприглядные жесты» — 84 вида проявлений поведения или отношения к другим людям, которые, предположительно, не позволяют женщинам достичь нирваны [Cheng 2007: 86–87, примечание 36, 205–206; Li Lingyu 2005: 102]. Например, склонность к подозрительности или мелочности.

[46] Это «революционное» послание было адресовано и 14-му Далай-ламе, который в тот момент находился на Тайване. Подробнее см. [Li Lingyu 2005: главы 4 и 5].

Самым примечательным моментом споров стала реакция самого наставника Иньшуня. 3 июня того же года он кратко ответил на предшествующее письмо Буддийской ассоциации, в своем письме он выразил «озабоченность» по поводу вышеупомянутых событий. Иньшунь также подчеркнул, что Восемь *гарундхамм* были «установлены Буддой. Если Восемь *гарундхамм* более не отвечают требованиям времени и общества, то необходимо с разрешения старейшин провести соответствующую резолюцию на всеобщем совете» [Cheng 2007: 86]. Как отмечает Чэн Вэйи, к этой позиции апеллировали и сторонники, и противники движения Чжаохуэй. Чисто формально заявление Иньшуня выглядит отказом поддержать действия Чжаохуэй. Однако в действительности посыл монаха представляется двусмысленным.

Более того, какой-либо консенсус по поводу того, следует ли в принципе отстаивать Восемь *гарундхамм*, отсутствует с 1945 года. Как и многие другие вопросы, этот аспект остается на усмотрение каждого отдельного святилища. В целом среди тайваньских буддистов можно проследить три подхода по Восьми *гарундхаммам*: во-первых, невмешательство (правила не отменяются, однако монахинь не вынуждают им следовать)[47]; во-вторых, жесткое соблюдение правил (в том числе даже того правила, что монахини в сезон дождей не должны оставаться в местах, где нет монахов); в-третьих, отмена правил (это самая новая из точек зрения по этому вопросу) [Li Lingyu 2005: 102][48]. В буддистских кругах известно, что Иньшунь в своей научной деятельности использовал историко-критический метод в разборе буддийских канонов, в том числе источников, касающихся Восьми *гарундхамм*, и неоднократно высказывал сомнения как в отношении исторической подлинности последних, так и в необходимости

---

[47] Синъюнь дипломатично заявил, что в «*Фогуаншань*» Восемь *гарундхамм* уже давно «де-факто не действуют» и не составляют какой-либо проблемы для организации [Li Lingyu 2005: 120–121].

[48] Как отмечает Цинь Вэньцзе, в Китае Восемь *гарундхамм* открыто не критикуются, однако никто не настаивает систематически и последовательно на их исполнении [Qin 2000: 183–184].

«следовать этим правилам в контексте современности». Это открывает возможности для Чжаохуэй и других деятелей опровергать и критиковать буддийские тексты [Cheng 2007: 86; Bingenheimer 2004: 164].

Призывы Чжаохуэй отменить Восемь *гарундхамм* были встречены неоднозначно: монахиню всецело и открыто поддержало относительное меньшинство, пока неоднородное большинство выражало различную степень неприятия обозначенной перспективы [Li Lingyu 2005: 140–141][49]. Общую реакцию значительной части монахинь можно представить следующим образом: орден монахинь силен и процветает, на Тайване установилось значительное гендерное равенство; Восемь *гарундхамм* не считаются обязательными к применению и никак не ограничивают и не препятствуют духовному, образовательному и профессиональному развитию монахинь. Так зачем сеять разногласия и раздор среди тайваньских буддистов? [Cheng 2004a: 184–185][50].

Согласно результатам полевых исследований Чэн Вэйи, «предпринимаются попытки провести связь между сводом Восьми *гарундхамм*, выгодой от их применения, общими правилами поведения в обществе и нарастающим сознанием эгалитаризма и феминизма» [Cheng 2007: 100]. Монахини различного возраста из разных храмов придерживаются самых разнообразных точек зрения на Восемь *гарундхамм*. Некоторые считают, что почтительность по отношению к выдающимся монахам является свидетельством готовности воспринимать наставления последних и что тем самым монахини могут «освободиться как от высокомерия, так и от устоявшихся представлений об иерархии» [Ibid.: 98]. По словам одной монахини, на Тайване есть и те, кто следует Восьми *гарундхаммам* и машинально склоняются или

---

[49] Чэн Вэйи подчеркивает, что многие монахини, возможно, и солидарны с идеями Чжаохуэй, но не готовы принять ее «экстремистские» («*цзиле*») методы и готовность взаимодействовать со СМИ [Cheng 2007: 87–90].

[50] «Практически все монахини, которые поделились с нами информацией, высказали недовольство по поводу деятельности *бхикшуни* Чжаохуэй, вне зависимости от того, одобряли они Восемь *гарундхамм* или нет» [Cheng 2007: 87].

встают на колени перед монахами. Сама она считает это недопустимым за исключением ситуаций, когда встречаешь монахиню старше себя или устраиваешь официальный прием учителю или чань-наставнику; в обычных же ситуациях при встречах с монахами достаточно будет приветственно соединить ладони перед грудью [Li Lijun 2006].

Однако Чжаохуэй не намерена принимать рационализацию или допущение Восьми *гарундхаммам* в каких бы то ни было формах. Монахиня настаивает на принципиальной недопустимости обоснования или даже оправдания гендерного неравенства в буддистских структурах исходя из буддийских канонов, которые провозглашают духовное равенство [Li Lingyu 2005: 102–103]. Чжаохуэй хочет, чтобы монахини признали действительность: Восемь *гарундхамм* взращивают заносчивость и претензии на особые привилегии у монахов, которые, напомним, являются меньшинством на Тайване; что касается женщин, то правила лишь обостряют склонности к самоуничижению и преклонению перед властью мужчин [Shih Chao Hwei 2002a: 31, 34, 54–55] вопреки численному превосходству монахинь, десятилетиям усердного труда, образования и их вклада в развитие и распространение тайваньского буддизма. Как отмечает монахиня Икун, в буддийском сообществе бытуют шутки насчет того, что монахи — все как на подбор «ВИП, по центру и впереди». Здесь имеется в виду, что *бхикшу* во время посвященных *дхарме* мероприятий предпочитают занимать ВИП-места в зале, на фотографиях всегда размещаются в центре и ходят впереди других людей [Shi Yikong 2004: 66; Cheng 2007: 99]. Здесь стоит добавить, что даже миряне сидят перед мирянками во время медитаций и прочих мероприятий, вновь по причине устоявшихся женоненавистнических представлений о предполагаемой духовной и умственной неполноценности женщин. Но Чжаохуэй не находит ничего смешного во всех этих обстоятельствах. Цзян Цаньтэн выражает солидарность с Чжаохуэй, он считает, что истинное равенство полов станет возможным лишь при полной отмене Восьми *гарундхамм*, и высказывает предположение о том, что именно тайваньские буддисты должны создать исторический прецедент, который послужит примером для всего мира [Shih Chao Hwei 2002b: 253, 158–162, 175–182]. Несмотря на неизменное численное превосходство монахинь над монахами на Тайване, Восемь *гарундхамм* высятся над женщинами как стеклянный колпак, который мешает последним занимать ведущие посты в национальных буддистских организациях[51].

Буддийские монахи и монахини на Тайване до сих пор не только не пришли к программе отмены Восьми *гарундхамм*, но и не достигли консенсуса по поводу ее содержания и формата реализации [Li Lingyu 2005: 139–141]. Впрочем, Чжаохуэй отмечает, что инициированное ею движение, по всей видимости, стимулировало БАКР выдать разрешение монахиням занимать посты членов постоянного совета и генерального секретаря. В свою очередь, Буддийская ассоциация города Тайбэй позволила женщинам баллотироваться на должность председателя совета. В ноябре 2001 года председатель правления БАКР, монах Цзинлян пригласил Чжаохуэй выступить на заседании организации с речью, «представляющей [позиции] монахинь», что также стало беспрецедентным событием [Shih Chao Hwei 2002b: 2; Li Lingyu 2005: 140]. Более того, скандальность движения за отмену Восьми *гарундхамм* никак не препятствовала лекционной деятельности Чжаохуэй, которая продолжила выступать и рассказывать о предписаниях для *бхикшуни* на церемониях посвящения и летних резиденциях на Тайване и в Китае [Li Lingyu 2005: 134]. Иными словами, инициативы Чжаохуэй все же поспособствовали реформам в преимущественно представленном мужчинами руководстве буддистских организаций на Тайване и открыли перспективу обсуждения и переосмысления Восьми *гарундхамм*, гендерного равенства в буддизме и состава лидеров организаций тайваньского буддизма.

---

[51] Чжаохуэй говорит, что структура власти в буддистских организациях Тайваня напоминает пирамиду [Li Lingyu 2005: 128]. Вопреки тому, что монахини составляют большинство на Тайване и активно участвуют в управлении святилищами, именно монахи всегда занимали ведущие посты и должности [Ibid.: 64–65].

Подводя итоги вышесказанному, Чжаохуэй превратила служащих обществу «современных бодхисатв», которых описывал Иньшунь, в социальных активистов, постоянно ставящих под вопрос сложившийся статус-кво, трудящихся во имя структурных реформ и не опасающихся оказаться в центре ожесточенных споров. За вдохновением Чжаохуэй обращается не только к буддийским канонам, но и к теории и практике общемировых социальных движений, в том числе движений за права людей и животных, охрану окружающей среды и феминизм. Критики могут выражать сомнения по поводу подходов, которых придерживается Чжаохуэй, но отрицать эффективность ее стратегии, которая уже дала реальные плоды, мало кто может [Shih Shing Kuang 1992: 1–6][52].

Благодаря своим книгам, лекциям и выступлениям на конференциях Чжаохуэй стала известной фигурой в Гонконге и Китае. Институту «*Хунши*», возможно, стоит задуматься о переводе ее изданий на другие языки и формировании более тесных связей с единомышленниками среди социально вовлеченных буддистов не только в Азии, но и по всему миру[53]. Выступающим за *жэньцзянь фоцзяо* тайваньским организациям, в том числе движению Чжаохуэй и ее коллег, также может быть полезно чаще сотрудничать с Международной сетью вовлечен-

---

[52] При этом Чжаохуэй отметила, что многие буддисты — как миряне, так и монахи, как женщины, так и мужчины — завуалированно поддерживают ее (Переписка по электронной почте, 23 ноября 2002 года).

[53] Сентябрь 2007 года был отмечен знаменательным событием для тайваньского буддизма: Чжаохуэй и Буддийский институт «*Хунши*» организовали ежегодную встречу Международной сети вовлеченных буддистов (INEB). Главным координатором мероприятия стал доктор Ю Сянчжоу из Университета «*Фогуан*». Монахиня Ляньчань из Общества защиты слепых «*Уянь*» выступила спонсором встречи. Тема заседания 2007 года была сформулирована как «Социально вовлеченный буддизм: от социального обеспечения к социальным преобразованиям». В рамках мероприятия члены INEB назначили Чжаохуэй четвертым духовным советником организации наравне с тремя мужчинами: 14-м Далай-ламой, Тхить Нят Ханем и монахом Сомчаем Кусалачитто из Таиланда. Подробнее см.: Hongshi Bimonthly Journal. Vols. 88, 89. (August and October 2007).

ных буддистов (International Network of Engaged Buddhists, INEB или МСВБ), которая была учреждена Сулаком Сивараксом в 1989 году в Таиланде [Harris 1999: 219]. Среди приоритетов деятельности Сулака — права человека, социальная справедливость, охрана окружающей среды и критика потребительства. За свою деятельность Сиваракса неоднократно подвергался цензуре и тюремному заключению. МСВБ — гибкая, лишенная жесткой иерархии структура, которая включает в себя несколько «небольших и обособленных буддийских НПО и активистов»[54]. Лишь недавно группы с Тайваня («*Фогуаншань*», «*Цыцзи*»), а также из Кореи и Японии начали отправлять делегатов на ежегодные встречи МСВБ. И здесь проблема заключается не в региональных различиях (Юго-Восточная, Северо-Восточная Азия) или различиях доктрин (*тхеравада, махаяна*), а в организационной специфике МСВБ (небольшие организации, не связанные с правительственными органами и национальными *сангхами*). Даже такая крупная НПО, как «*Сарводайя*» в Шри-Ланке, присутствует на мероприятиях МСВБ лишь со сравнительно недавнего времени [Ibid.][55].

Появившийся в прошлом веке вовлеченный буддизм и начиная примерно с середины XX века в рамках этого идеологического движения радикальный активизм — одно из множества направлений современных буддийских практик [Queen 1996: 14–16]. К тому же среди самих вовлеченных буддистов нет согласия по поводу того, какая именно степень вовлеченности требуется от буддистов. Так, Кен Джонс выделяет два типа вовлеченных буддистов:

---

[54] Джон Уоттс, INEB, переписка по электронной почте, 4 февраля 2004 года.

[55] Ахангамаге Тудор Арияратне основал буддистское движение в области развития сельских районов «*Сарводайя*» в 1958 году. Он во многом вдохновился движением «*Бхудан*», инициированным Махатмой Ганди и Бхаве Винобой. Термин «*сарводайя*» — буквально «всеобщее благосостояние», сейчас нередко близкий по смыслу к «устойчивому развитию», — был выдвинут Ганди. Движение «*Сарводайя*» также приложило значительные усилия для формирования плюралистического союза, который позволил положить конец гражданской войне на Шри-Ланке [Bond 1996: 121–146].

...мягкие последователи, которые верят в то, что мирное общество можно построить за счет поступательного «эффекта домино», и твердые приверженцы, которые готовы идти до конца — скрыто или открыто и активно — следовать идее необходимости воздействия на политику и построения новых институтов [Queen et al. 2003: 21].

Для Тайваня радикальный буддистский активизм — в новинку. Пока неизвестно, пойдет ли младшее поколение буддисток по этому пути и, в частности, объединится ли оно ради отмены Восьми *гарундхаммам*. Чжаохуэй сама отмечает, что вопреки различиям в подходах к участию в общественной жизни между ней и Чжэнъянь они обе — буддийские монахини, которые хотят способствовать улучшению условий жизни на Тайване и которые используют имеющиеся средства во имя благих целей [Shih Chao Hwei 2001c]. Совместное применение разнообразных интерпретаций и практик буддизма может поспособствовать формированию активного плюралистического общества.

Заключение
Буддизм, женщины и гражданское общество на Тайване

В завершение нашего исследования мы предлагаем вернуться к трем основным вопросам, с которых мы начали эту книгу.

Каким образом женщины способствовали развитию буддизма на Тайване?

За прошедшие полвека монахини и мирянки, действуя наравне с монахами и мирянами, обеспечивали формирование современного институционализированного китайского буддизма, базирующегося на *чжайцзяо* и буддистских институтах времен японской оккупации[1]. Тайваньский буддизм является уникальным явлением сразу по нескольким причинам. Во-первых, на Тайване проживает наибольшее количество монахинь-буддисток (от общемирового числа). Во-вторых, монахини численно значительно превалируют (3 к 1) над монахами. В-третьих, среди тайваньских монахинь мы находим экспертов и специалистов в сферах образования, благотворительности, искусства, нормативной этики и прав человека. Наконец, тайваньским буддистам удалось в значительной степени трансформировать негативные

---

[1] Стоит еще раз подчеркнуть, что это было реализовано в отсутствие мощной поддержки, в том числе финансовой, со стороны властей. В других странах, где исповедуется буддизм, ситуация кардинально иная.

предубеждения в отношении «женщин» и «женственности» в позитивные образы, которые будут достойными образцами для подражания как для женщин, так и для мужчин. В случае *Цы-цзи*, например, Чжэньянь стремится осуществить реформы как на Тайване, так и во всем мире через более лояльную к женщинам версию буддизма. Насколько нам известно, столь мощное отстаивание положительных черт, которые делают женщин «особенно подходящими [для восприятия] буддизма», обнаруживается только на Тайване. Среди сторонников школы *махаяна* в Китае, где гораздо более многочисленный и могущественный орден монахов имеет преимущество доступа к ресурсам, образованию и руководящим постам и где все еще сохраняются негативные идеи о «скверне» и «кармическом бремени», которые предположительно несут в себе женщины, — движения в сторону улучшений положения женщин не происходит [Qin 2000][2].

Доводы в пользу женщин отсутствуют и в буддистских кругах Кореи, хотя там свыше половины всех монашествующих и 80 % всех мирян — женщины[3]. Во Вьетнаме, как и на Тайване, образ богини Гуаньинь принципиально важен для последователей школы *махаяна*. Однако, по нашим наблюдениям, монахи и монахини не воспринимают *«тыби»* (сострадание) именно как женскую или женственную черту. Это, скорее, добродетель, которую должны взращивать в себе все люди. В некоторых источниках утверждают, что на настоящий момент и во Вьетнаме монахини численно превосходят монахов [Tsomo 2004a: 48–50], а также что многие монахини стремятся получать высшее образование как в самом Вьетнаме, так и за его пределами. При этом монахи и монахини все же различаются по статусу. Именно монахов называют *«тхэй»* — «учитель/наставник». К монахиням

---

[2]   Однако Юань Юань (докторант, Дьюкский университет) отмечает на основе полевых исследований, что *«Пушоу»* на горе Утай — крупнейший женский монастырь Китая — выступает центром для крепнущего буддистского движения среди женщин в КНР.

[3]   См. Kwangwoo Sunim, «Discipline and Practice of Buddhist Women in Korea» (P. 175) и другие главы, посвященные корейскому буддизму в [Tsomo 2006].

же обращаются словом «*шико*», что означает «матушка». Кроме того, монахи помещают в начало своего имени приставку «*Тхить*» — аналог «*Ши*»; монахини к этой приставке добавляют еще обозначение «женщина»: «*Тхитьны*». Как и в течение всей истории, вьетнамские монахи пользуются более высоким социальным положением и властными полномочиями, имеют более широкий доступ к мирянам и ресурсам и осуществляют общее руководство всем и вся, если не считать кухонь при монастырях и храмах.

Усердие и достижения таких монахинь, как Чжэнъянь, У Инь, Чжаохуэй, и их последовательниц сформировали на Тайване условия для процветания социально вовлеченного, гуманистического буддизма. В настоящее время тайваньцы видят в монахах и монахинях образованных профессионалов своего дела. Буддизм и буддистов хвалят за посильный вклад, который они вносят во многих направлениях. Тайвань также играет ключевую роль в развитии общемирового буддистского движения посредством филиалов его буддийских организаций во многих странах мира. В частности, Тайвань способствует возрождению буддизма в Китае: тайваньские монахини и монахи проводят церемонии посвящения, читают лекции, организуют резиденции и распространяют профильную литературу, а тайваньские миряне выделяют щедрые пожертвования на проведение мероприятий и другие цели. Особо стоит подчеркнуть усилия наставника Синъюня по развитию ордена монахинь как на Тайване, так и по всему миру. Организация «*Фогуаншань*» выступала организатором полноценных церемоний посвящения для монахинь, следующих традиции тибетского буддизма и школе *тхеравада*. В частности, мероприятие, состоявшееся в феврале 1998 года в индийском городе Бодх-Гая, позволило возродить после разрыва в девятьсот лет орден *бхикшуни* на Шри-Ланке [Tsomo 1999: 13]. Тайвань стал центром притяжения для женщин-буддисток как азиатских стран, так и всего мира. Последовательницы самых различных буддийских традиций (*тхеравада*, тибетский буддизм, *дзэн*-буддизм) приезжают на Тайвань для прохождения обучения и совершения полного посвящения. Более 15 лет Далай-лама призывает к полному посвящению монахинь в рамках традиции тибетского буддизма, в 1997 и 2001 году он направлял специальные делегации на Тайвань для изучения опыта деятельности местных буддистов и их систем[4]. Все эти достижения доказали ошибочность мрачного предсказания Чжан Маньтао: «Опора на женщин [в тайваньском буддизме], вероятно, не позволит добиться отличных результатов» (см. [Nakamura 1984: 1092–1093]).

В какой мере буддизм определяет роль и идентичность тайваньских женщин?

Мы уже убедились, что на Тайване существуют самые различные буддистские группы и что далеко не все из них выступают за *жэньцзянь фоцзяо*. В равной мере не все храмы и святилища поддерживают идеи активного взаимодействия с обществом. У женщин и мужчин на Тайване есть возможность выбора из разнообразных доктрин и практик буддизма. Человек может как оставаться рядовым мирянином, так и посвятить себя монашеской жизни. Это существенное преимущество тайваньского буддизма[5]. У женщин есть возможность стать буддийскими монахинями и тем самым реализовать свои интеллектуальные, духовные и профессиональные стремления. Тайваньский буддизм позволил многим женщинам стать лидерами в области образования, культуры и социального обеспечения и ощутить увере-

---

[4] Две ведущие тайваньские монахини — наставницы Хэнцин и У Инь — сыграли ключевую роль в дискуссиях, которые состоялись в рамках работы 1-го международного конгресса по вопросам роли женщин-буддисток в *сангхах*, прошедшего в немецком городе Гамбурге в июле 2007 года. См. [Sujato 2007]. На конгрессе прозвучала однозначная поддержка распространения в тибетском буддизме практики полного посвящения женщин. Однако все еще требуют согласования и подтверждения рекомендации по дальнейшим действиям, которые наиболее вероятно будут основаны на китайском своде *виная* в рамках традиции *дхармагуптака*.

[5] На Тайване также представлены последователи тибетского буддизма, новых японских буддистских сект и тайского буддизма.

ность в своих силах (здесь можно привести пример выдвинутого *«Цыцзи»* понятия *«цзыво пэйли»* — «самоусиление»). Благодаря тайваньскому буддизму женщины обретают новые возможности высказывать собственные мысли, получать новые знания, формировать собственное мировоззрение и обретать новые навыки, спасая самих себя от безнадежности, насилия и гибели. Кроме того, *«Цыцзи»* продвигает образ несущей миру спасение «матери» Гуаньинь и распространяет ожидаемую роль женщин как воспитательниц и целительниц с домашнего очага на все общество, что дает некоторые преимущества женщинам, самой организации и обществу в целом.

Монахини из *«Сянгуан»* стремятся расширить права и возможности женщин, в первую очередь права уверенных в своих силах и получивших прекрасное образование наставниц по *дхарме*. *«Сянгуан»* реализует программы по работе с общественностью в периоды ликвидации последствий таких стихийных бедствий, как землетрясения, а также проводит занятия для «невест-иностранок». В свою очередь, монахиня-феминистка Чжаохуэй стремится достичь гендерного равенства для всех женщин, как монахинь и мирянок-буддисток, так и для женщин, не исповедующих буддизм.

Подчеркивая те буддийские каноны, в которых отстаивается равенство полов, и восхваляя такие «женские черты», как сострадание, сочувствие, коммуникативность и умение идти на компромисс, тайваньским буддистам удалось раскрыть прежде «скрытый» или умаляемый потенциал женщин и мобилизовать силы представителей обоих полов на общее благо. Обращение к распространенному в тайваньском обществе гендерному эссенциализму позволил буддистам добиться многого. Но приходится задаваться вопросом о том, насколько идеал матери Гуаньинь, предлагаемый *«Цыцзи»*, будет отвечать идеалам следующего поколения. Стоит упомянуть и монаха Шэнъяня из *«Фагушань»*, который в лекциях озвучивал положения буддизма, говорящие о гендерном равенстве, но который в то же время придерживался эссенциалистских представлений о женщинах: «женщины ограничены своим обязанностями заботиться о семье и рожать детей... Готовность женщин пожертвовать [собственным потенциалом к саморазвитию] во имя семьи — часть их природы... То же самое мы можем наблюдать в мире животных» [Wang Xinyi 1997: 3].

Сохранение буддистами гендерного эссенциализма, похоже, противоречит усилиям НПО и правительства по реализации гендерного равенства на Тайване, равно как и звучащим в самом буддизме призывам к реализации тех же целей. Су Цяньлин критически относится к мифу о «женщине как жене и матери» и склонности отдельных групп злоупотреблять идеей «материнской любви», которая может сводить женщину как в частной, так и в публичной сферах к ролям матери и жены. Приписываемая женщинам «от природы» роль воспитательниц, целительниц и служительниц полностью перекрывает их человеческие качества, их личные черты характера и их потенциал развивать какие-либо иные аспекты собственной личности, в том числе интеллект и таланты. Более того, Су полагает, что такие манипуляции на тему материнской любви никак не улучшают ситуацию в обществе, поскольку тайваньцы никогда не станут независимыми и состоятельными людьми, если они будут продолжать держаться за материнскую юбку [Su Qianling 1996: 23–37, 42–75]. Параллельно Лу Хуэйсинь напоминает нам, что — по крайней мере на данный момент — тайваньские женщины в целом могут принимать предполагаемые гендерные различия и «радоваться» комплементарности полов, естественно при условии, что им будет обеспечен доступ к желанным ресурсам, полномочиям, возможностям саморазвития и социальному престижу посредством согласования их «внутренних» ролей в качестве матерей, жен и дочерей и их «внешних» ролей в качестве специалистов, профессионалов и автономных от собственных семей индивидов [Lu Hwei-Syin 2004: 223–243].

Неоднозначный дискурс в рамках тайваньского буддизма о «природе женщин» может одновременно как усиливать привлекательность буддизма, так и ослаблять ее. В конечном счете долгосрочный успех буддизма на Тайване во многом будет зависеть от того, как сами тайваньские женщины обозначат собственные роли и определят свою идентичность.

Как женщины-буддистки влияют на формирование будущего всего тайваньского общества?

Среди тайваньских буддистов можно найти тех, кто ранее не относил себя к приверженцам какой-либо религии, буддистов, которые в прошлом были христианами, а также тех, кто в целом исповедовал вековые народные религиозные традиции. Буддизм во многом преобразует традиционный религиозный ландшафт Тайваня. Это, в частности, заметно по распространению буддийских храмов и их мегапроектов как в городах, так и в сельской местности. Тайваньские буддисты также способствуют формированию текущих представлений о сущности болезни, процессе умирания и смерти посредством разнообразных публикаций, открытых семинаров и общественных инициатив [DeVido 2004: 235–249]. Так, «Цыцзи» выступает пионером в области развития хосписов на Тайване.

Однако, вероятно, более интересен вопрос о том, *как и в какой мере* тайваньские буддисты способствуют оформлению институтов гражданского общества. Ученые склонны концептуализировать «гражданское общество» либо весьма общими словами, либо в виде крайне жестких определений, в которых прослеживается стремление к социальному активизму. Согласно широко распространенной неолиберальной дефиниции, которая формировалась с 1980-х годов,

> гражданское общество включает некоммерческий, волонтерский «третий сектор», который не только ограничивает государственную власть, но и принимает на себя многие из функций, выполняемых государством... Гражданское общество... — область на грани между государством, рынком и семьей, причем это область именно стабильности, а не борьбы, обеспечения социальных услуг, а не отстаивания каких-то интересов, доверия и чувства ответственности, а не раскрепощения [Kaldor 2003: 9, 22].

Роберт Веллер [Weller 1999] представляет нам пример максимально общего определения гражданского общества и составляющих его структур: «Цыцзи»:

...классическая гражданская организация в том смысле, что она выступает промежуточным институтом между миром частного и миром государственного... [Фонд] настойчиво отстаивает свою аполитичность, но политически он выступает принципиально важным центральным пространством, в котором люди подвергают переосмыслению собственную самость и нравственность [Weller 1999: 100].

В качестве доказательства, подтверждающего слова Веллера, мы можем указать на силу изменения сознания. Как мы уже упоминали, *«Цыцзи»* призывает женщин в качестве матерей делать посильный вклад в развитие Тайваня и всего мира. В равной мере и *«Цыцзи»*, и *«Фагушань»* показали крайнюю эффективность в просвещении людей по вопросам основополагающих экологических проблем. Кроме того, все группы, продвигающие *жэньцзянь фоцзяо*, стимулировали этнических китайцев, которые традиционно ориентированы на семейные дела, мыслить дальше собственных семейных ячеек и распространять свои усилия и ресурсы на весь мир, в том числе районы собственного проживания, другие регионы и другие страны. Иными словами, рассматриваемые организации способствуют формированию общественного сознания, которое необходимо для создания истинного гражданского общества. Приведем еще один пример: *«Цыцзи»* упорно работала над преодолением запретов на донорство крови и костного мозга. В настоящее время фонд располагает крупнейшим банком костного мозга в Азии — третьим крупнейшим подобным центром в мире.

Наиболее важным в рассуждениях Веллера является предположение о том, что Тайвань выступил с отдельной моделью развития гражданского общества. Западные идеалы гражданского общества исходят из автономности индивида в поиске собственной идентичности. Китайцы же и в прошлом, и в настоящее время «сохраняют плотные связи с местным сообществом, родственниками и религией», которые классические социологи склонны называть «досовременными» [Ibid.: 135]. Гражданские группы получили столь стремительное развитие после 1987 года как раз потому, что они формировались из множества уже существующих неформальных объединений на основе общинных, политических, религиозных и родственных связей. Среди форм, которые может принимать этот неформальный сектор, базирующийся на местных сообществах и родстве, — ассоциации взаимного кредитования, экологическое движение и «Цыцзи». Во всех приведенных (и иных) примерах неформальных сообществ женщины играют активную и значимую роль. Мужчины же — и в прошлом, и сейчас — доминируют в формальных общественных секторах [Ibid.: 140–142]. Исследования, которые Дэвид Шак и Синьхуан Майкл Сяо проводили в отношении шести социально вовлеченных буддийских групп Тайваня, схожим образом заключают, что последние посредством своих миссий в сферах образования, культуры, благотворительности и защиты окружающей среды сформировали необходимый социальный капитал и способствовали развитию гражданского общества на Тайване[6].

С учетом всего вышесказанного, многие тайваньские ученые придерживаются представлений о гражданском обществе в ключе активизма, где «члены гражданского общества могут быть в целом приравнены к группам гражданских или общественных деятелей. Активные члены гражданского общества — это те люди, которые принимают активное участие в общественных делах и публичных дискуссиях» [Kaldor 2003: 10]. Мэри Калдор называет гражданским обществом «платформу, через которую индивиды и центры политической и экономической силы согласуют, обсуждают и опосредуют социальные договора или договоренности» [Ibid.: 12].

В частности, как и Чжаохуэй, Линь Юйшэн считает, что «Цыцзи» нельзя назвать полноценным примером публичной организации. По мнению исследователя, НПО должны контролировать,

---

6 Рассматриваются «Цыцзи», «Фогуаншань», «Фагушань», «Чжунтай», «Линьцзюшань» и «Фучжи». Шак и Сяо основываются на определении «социального капитала», которое обозначает совокупные ценности всевозможных социальных связей и привычного взаимодействия, порождаемого этими связями [Schak, Hsiao 2004]. Исследование на китайском языке со схожим подходом см. [Zhang Peixin 2004].

критиковать, содействовать посредством консультаций и активно формировать общественный дискурс, чего «*Цыцзи*» — по крайней мере пока — не делает [Lin Yusheng 2003: 56–58][7]. Еще один пример — Гу Чжунхуа обращается к определению «гражданского общества», которое соотносится с общемировым демократическим движениям последних 20 лет, в особенности против авторитаризма в Восточной Европе и Латинской Америке. По мнению Гу, возможность зарождения на Тайване гражданского общества (*гунминь шэхуэй*) возникла в связи с отменой военного положения в 1987 году. Это событие положило начало периоду формирования спонтанных социальных движений и проведению импровизированных публичных демонстраций, кульминацией которых стала серия масштабных шествий весной 1997 года при участии множества различных групп. С 1997 года по настоящее время социальные движения трансформировались в НПО и НКО (некоммерческие организации). НПО и НКО составляют «третий сектор», обеспечивающий баланс власти наравне с государством и бизнесом. «Третий сектор», фактически позволяющий людям реализовывать свои гражданские права, участвует в публичном дискурсе и оказывает влияние на государственную политику. Примеры тому — группы за реформирование образования, движение за интересы населения конкретных районов, группы за права женщин и группы за права коренных жителей Тайваня. Все вышеперечисленное потенциально может привести к возникновению полноценного гражданского общества на Тайване [Gu Zhonghua 2002: 162, 165, 170, 188–189]. Однако Гу указывает (как мы уже убедились в этом в главе 6), что такие крупные тайваньские буддистские НПО, как «*Цыцзи*», «*Фагушань*» и «*Фогуаньшань*», «в силу различных факторов демонстрируют сильную тенденцию к "аполитичности" и не склонны ставить под сомнение

---

[7] С учетом богатого опыта деятельности в областях здравоохранения, социального обеспечения и ликвидации последствий стихийных бедствий специалисты «*Цыцзи*» вполне могли бы действовать как лоббисты или советники при правительственных структурах, однако до настоящего момента они отказывались заниматься подобной публичной деятельностью [Clart, Jones 2003: 175–176].

действия существующих властей. Таким образом, указанные организации сложно назвать "общественными"» [Ibid.: 185].

Наконец, Тин Жэньцзе и Чжань Суцзюань указывают, что после землетрясения 21 сентября 1999 года и проекта «Надежда» перед *«Цыцзи»* открылась возможность содействовать формированию публичной сферы в стилистике идей социолога Юргена Хабермаса, которая бы вырабатывала общественное мнение. Однако этого не произошло в силу неизменных заявлений организации о собственной аполитичности, постоянном стремлении к консенсусу и гармонии вне рамок и границ политики и желании избегать споров и конфликтов [Lin Mei-Rong 2004: xviii]. Тин Жэньцзе замечает, что *«Цыцзи»* выросла в масштабную современную международную НПО, однако группа все еще сохраняет в себе характеристики традиционных китайских благотворительных ассоциаций *гундэхуэй*, действующих в духе *«кэцзи чунжэнь»*[8] — самоотверженности и милосердия. Члены *гундэхуэй* в рамках работы с потребностями собственного сообщества (например, борьбы с последствиями голода или финансирования местных образовательных или инфраструктурных проектов) накапливают личные и семейные заслуги. Исторически такие структуры не участвовали в политической деятельности более вышестоящего порядка [Ting 2007: 249–251][9]. С другой стороны, сторонники Чжаохуэй и Буддийский институт *«Сянгуан»* посредством своего взаимодействия с другими НПО как раз выстраивают горизонтальные связи, которые составляют основу гражданского общества.

В заключение мы могли бы задаться следующим вопросом: обрели ли тайваньские женщины свой собственный «персиковый источник» — условный рай на земле — за счет освобождения от

---

[8] Примечательно, что организация, собственно, так и называет себя — *«Цыцзи гундэхуэй»*. — *Прим. пер.*

[9] При этом, как мы уже убедились в главе 3, *«Цыцзи»* все же оказывает влияние на политику в сфере образования на местном уровне, в частности через преподавание в общеобразовательных школах «Безмятежных размышлений» Чжэньянь.

уз патриархата, гендерной дискриминации и борьбы за власть?[10] Именно эту тему затрагивает писательница Чэнь Жоси в своих двух романах: «Цветы ясной мысли» (также «История тайваньских монахинь», 2000 год) и «Возврат к персиковому источнику» (2001 год)[11]. Чэнь Жоси задает такие сложные вопросы, как: могут ли женщины просто так уйти от мирской жизни и обслуживания отцов, мужей и сыновей и принять буддизм, посвятить себя служению наставникам и обществу, при этом никак не сокрушая устоявшееся восприятие (и самовосприятие) женщин как «мягких и уступчивых... готовых претерпевать трудности и непрестанный труд?» Чэнь также осмысляет перспективу секуляризации гуманистического буддизма и того, что общество в последнем будет ценить не сущностную духовность, а «практически полезные» аспекты. Более того, автор опасается, что всестороннее образование и подготовка не обязательно приводят человека к полноценному самосознанию и способности критически вос-

---

[10] [Qin 2000] во второй глава замечает, что монахини из храма «Фуху» на горе Эмэй, в сущности, воссоздали при монастыре структуру патриархальной семьи во всем ее великолепии. Автор представляет вниманию читателей мрачные сцены описания борьбы за власть, в которую оказываются вовлечены монахини. Мы не располагаем какими-либо прямыми сведениями о том, происходят ли аналогичные явления на Тайване, однако Ли Сюэпин сообщает со слов своих осведомителей, что женские монастыри Тайваня также «воспроизводят патриархальный уклад домашнего очага». Настоятельницы, жертвуя многим во имя своих последовательниц, ожидают взамен пожизненную верность, послушание и услужливость. Некоторые настоятельницы стремятся к абсолютной власти и запрещают своим монахиням свободно высказываться и дискутировать друг с другом. Корреспонденция монахинь перлюстрируется, звонки по телефону ограничиваются и/или отслеживаются, запрещается чтение книг, учеба при буддистских институтах и несогласованные с руководством храмов контакты с посторонними лицами. Ли высказывает сомнения по поводу того, насколько все эти требования идут монахиням во благо [Li Xueping 2000: глава 6].

[11] Чэнь Жоси (1938 г. р., Тайбэй) — автор множества произведений, в том числе «Казнь начальника уезда Иня и другие сюжеты времен Великой пролетарской культурной революции» (1976 год). (На момент настоящего издания произведения Чэнь Жоси остаются не переведенными на русский язык. Названия произведений даются автором на английском языке со ссылкой на китайские оригиналы. — *Прим. пер.*)

принимать себя. Наконец, Чэнь упоминает табуированные темы эмоциональной привязанности, сексуальных отношений, властных полномочий и гендерного неравенства в религиозной сфере современного Тайваня, в том числе в институционализированном буддизме (см. [Ding 2002]).

Романы не дают читателям готовые ответы на поставленные вопросы. Из-за того, что автор вообще затронула столь деликатные темы, эти романы Чэнь Жоси были весьма прохладно приняты буддистским сообществом. Так, монахиня Синхэ в немногословном отзыве на «Цветы ясной мысли» выказывает понимание описанной в романе боли и чувства вины, которые испытывают женщины, покидающие свои семьи, чтобы стать монахинями, однако замечает, что писательница обратилась к «стереотипному» образу буддизма как последнего пристанища для людей с разбитыми сердцами и неблагоприятными отношениями с родственниками. Синхэ предпочла не обсуждать иные проблемы романа. Сколь бы деликатными ни были вопросы, которые поднимает в своем творчестве Чэнь Жоси, вплоть до сегодняшнего дня на них не были найдены однозначные ответы, и они не обсуждались широко в буддистских кругах [Shi Xinghe 2001: 78–79][12].

Что касается дальнейших перспектив, по мере старения и отхода от дел старшего поколения монахинь, принявших посвящение в период с 1960-х по 1980-е годы, младшее поколение монахинь потенциально может быть более открыто к участию в деятельности НПО и правительственных инициативах. Впрочем, вполне вероятен и иной сценарий: дальнейшая либерализация настрое-

---

[12] Работа [Mei 1998] была написана до публикации романов Чэнь Жоси. Автор критически анализирует гендерное неравенство как в буддийской доктрине, так и в институтах современного тайваньского буддизма. См. также эссе Чжаохуэй о гендерном неравенстве в буддизме и инициированном монахиней движении за отмену Восьми *гарундхамм* [Shih Chao Hwei 2001b]. Кроме того, Чжаохуэй публично оказывала поддержку монахине, которая заявила, что наставник подверг ее сексуальному насилию (Huan wo qingbai [Restore my innocence]. Press Conference, Oct. 1999. URL: http://www.awker.com/hong-shi/mag/41–7.htm (дата обращения: 02.04.2008).

ний в тайваньском обществе может привести к социальной норме для женщин варианта оставаться незамужними мирянками[13]. А соответственно, возможно, в некоторой степени отпадет сама необходимость для женщин идти на жертвы и становиться монахинями.

Пришедшийся на 1980-е годы неожиданный рост численности молодых женщин, принявших монашество, можно считать переходным периодом, схожим с увеличением числа монахинь-католичек в 1960-е и 1970-е годы в связи с реформами по решению Второго Ватиканского собора, движением за теологию освобождения, популяризацией таких идеалов молодежного движения, как социальная активность, и подъемом феминизма [McNamara 1996: 629–632, 635, 639–643]. На Тайване некоторые молодые женщины и мужчины ощущают личную духовную привязанность к харизматичным буддийским наставникам и монахиням, выступающим за *жэньцзянь фоцзяо*. Однако и те, и другие сейчас стареют и все чаще вынуждены перепоручать проекты и обязанности представителям младшего поколения. По мнению Минцзя, в будущем молодые люди будут уходить в монастырь не под воздействием личного обаяния каких-либо наставников, а из желания жить и работать в рамках буддистской общины, из стремления к единению с сообществом. И будущей монахиней или будущим монахом должны руководить в первую очередь именно религиозные или духовные мотивы, поскольку в современном обществе мы сталкиваемся с постоянно возникающими соблазнами и сложностями мирского бытия. Минцзя отмечает, что количество новопосвященных монахинь сохраняется на стабильном уровне, и подчеркивает, что, с ее точки зрения,

---

[13] В передовице тайваньской газеты «United Daily News» отмечалось, что «общество становится более терпимым... Такой образ жизни, как проживание с партнером, отказ от вступления брак или незамужнее материнство, более не считаются постыдными для женщин... Родные и близкие постепенно свыкаются с фактом невступления в брак в качестве нормы» (Li Chengyu. Xingfugan: Yihunzhe jiang, weihunzhe sheng [Happiness Drops Among Married, Rises Among Unmarried] // Lianhe bao [United News]. December 10, 2007. P. 1). См. также [Jones G. W. 2002].

буддистское сообщество должно и в дальнейшем отстаивать возможности полноценного образования и профессиональной подготовки для монахинь, чтобы те могли содействовать решению задач, связанных с распространением социально вовлеченного и глобально ориентированного буддизма[14].

На вопрос о том, насколько равны *бхикшу* и *бхикшуни* на Тайване, У Инь ответила: «Управляют *бхикшу*[15]. Но с точки зрения степени присутствия и масштабов общественного вклада бхикшуни делают гораздо больше, чем бхикшу... [*Бхикшуни*] гораздо активнее участвуют в изучении и распространении *дхармы*»[16]. Впрочем, даже в отсутствие полного равенства с монахинями орден монахинь на Тайване живет и трудится в гораздо более благоприятных условиях, превосходящих даже самые лучшие периоды деятельности китайских монахинь на протяжении последних семнадцати столетий, не говоря уже об условиях жизни буддийских монахинь в других районах мира. Показательный пример в данном контексте — монахини из монастыря тибетского буддизма «*Лабранг*» в китайской провинции Ганьсу. Женщины сильно ограничены в возможностях участия в ритуалах и накопления заслуг. Один из способов, которым монахини из «*Лабранг*» могут привлечь к себе сторонников из мирян, — приобщение к изнурительному ритуальному посту и обету молчания — *смюн гнас* или *нюнгне*. Однако время и усилия, которые приходится затрачивать на такие самоограничения, «существенным образом урезают возможности самосовершенствования [для монахинь]

---

[14] Интервью с наставницей Минцзя, 4 сентября 1999 года, Цзяи.

[15] На Тайване монахинь больше, чем монахов, и женщины возглавляют две трети всех буддийских святилищ, однако монахи занимают ведущие посты в ключевых структурах, в том числе Буддийской ассоциации Китайской республики, Обществе защиты *сангх* и Обществе храмов китайского буддизма [Lin Rongzhi 2004: 80]. Более того, во время официальных церемоний и встреч к монахам относятся как к почетным гостям, и по умолчанию монахи собирают больше пожертвований от мирян, чем монахини [Cheng 2007: 130].

[16] Ven. Chantal Tenzin Dekyi. Visit at Luminary Temple in Taiwan // Sangha: In the Footsteps of the Buddha. Issue 7. November 1999. P. 4.

за пределами [названного ритуала]». Таким образом, монахи, в сущности, вынуждают монахинь «лишать самих себя голоса»[17].

Тайваньские монахини имеют возможности высказывать, писать и публиковать все, что они считают нужным, они сыграли ключевую роль в формировании гражданского общества на Тайване. Монахини наравне с монахами могут посвящать себя учебе и исследованиям, управлять святилищами, исполнять разнообразные ритуалы и вести церемонии посвящения, а также преподавать *дхарму* монахиням, мирянкам и монахам. Тайваньские монахини пользуются высоким социальным положением и располагают необходимым материальным обеспечением [Cheng 2007: 149]. Они могут выезжать за границу, выступать с лекциями, давать наставления новым монахиням по части буддийских канонов и способствовать развитию буддизма во всем мире [Li Lingyu 2005: 27–30]. Тайваньские монахини долго боролись за то, чтобы обеспечить себя голосом, пространством и полномочиями, которые теперь ни один человек или институт не способны у них отнять. Это и есть *тянькун* — бесконечные горизонты буддийских монахинь на Тайване.

> *Тянься миншань шэй ши чжу,*
> *Кунчжун уво синь цзи Фо.*

> Кто властелин славных гор Поднебесной?
> Будды есть витающие в пустоте бескорыстные думы[18].

---

[17] Практики *смюн гнас* выстраиваются вокруг фигуры богини Авалокитешвара и осуществляются периодически в течение всего года. Подробнее см. [Makley 1999: 184–189].

[18] Традиционная парная надпись (*дуйлянь*). Адаптирована Ми Гао. Благодарим за содействие Маркуса Бингенхеймера.

Глоссарий отдельных обозначений на китайском языке

Ba jingfa 八敬法
Baisheng 百聖
Baizhang 百丈
Baochang 寶唱
beiyuan, lixing, hehe 悲願，力
　　行，和合
biedu 別渡
biguan 閉關
biqiuni 比丘尼
Biqiuni zhuan 比丘尼傳
canyu fojiao 參與佛教
chaogeng, yedu 朝耕, 夜讀
Chao Hwei 昭 慧
Chen Ruoxi 陳若曦
chengdan rulai jiaye 承擔如來家業
Chongfan taohuayuan 重返桃花源
Chuandao 傳道
chujia 出家
chujia nai da zhangfu shi 出家乃大
　　丈夫事
chushi 出世
cibei 慈悲
Cicheng dui 慈誠隊
da zhangfu 大丈夫
dazhuan xuefo yundong 大專學佛
　　運動

dingning 叮嚀
dingtian lidi de da zhangfu 頂天立
　　地的大丈夫
Dizang 地藏
Emeishan 峨嵋山
Erbu shoujie 二部受戒
Fagushan 法鼓山
Fangzhang 方丈
Faxiang zong 法相宗
Fayun 法雲
Foguangshan 佛光山
Fojiao ciji gongde hui 佛教慈濟功
　　德會
Foying 佛瀅
Fujian 福建
fumu en nan bao 父母恩難報
fuquan 賦權
fuyan, muci 父嚴, 母慈
Gaoseng zhuan 高僧傳
gongmin shehui 公民社會
Guuangqin 廣欽
Guanyin 觀音
Heng Ching 恆清
Hiuwan 曉雲
Hongshi 弘誓
houdun 後盾

Hs'ing Fu-Ch'üan 邢福泉
Huafan 華梵
Huijiao 慧皎
Huixinlian 慧心蓮
Huiyan 慧嚴
husheng, xifu 護生，惜福
Jiji 集集
jijie 寄戒
Jiang Canteng 江燦騰
jiefang jiaoyu 解放教育
Jingsi jingshe 靜思精舍
Jingsi yu 靜思語
jiujing jietuo 究竟解脫
Jueli 覺力
jueshu renhua 覺樹人華
Kan Zhengzong 闞正宗
keji chongren 克己崇仁
keji fuli 克己復禮
Li Yuzhen 李玉珍
Lingjiushan 靈鷲山
li, yi, lian, chi 禮義廉恥
Linji 臨濟
Lin Mei-Rong 林美容
Longhu An 龍湖庵
Longlian 隆蓮
Lu Hwei-Syin 盧蕙馨
Mazu 媽祖
Miaoshan 妙善
Miaoxin 妙心
Mingjia 明迦
mofa 末法
neng'gan 能幹
nüqiangren 女強人
Pilu Chansi 毗盧禪寺
pudu 普渡
pusa yuan xing 菩薩願行
Putuoshan 普陀山
qing'gui 清規
quanqiuhua 全球化

ren 仁
ren 忍
Renben jiaoyu jijinhui 人本教育基金會
renjian fojiao 人間佛教
renjian jingtu 人間淨土
rensheng 人生
rensheng 人乘
rushi 入世
sengni 僧尼
Shangren 上人
shangyou zhengce, xia you duice 上有政策, 下有對策
Shengyan 聖嚴
shijiehua 世界化
shijie zhuyi 世界主義
Shing Kuang 性廣
sheshi fojiao 涉世佛教
si weiyi 四威儀
Tiaxu 太虛
taoming, taoli 逃名, 逃利
tiankong 天空
"Tianxia mingshan shei shi zhu Kongzhong wuwo xin ji fo" 天下名山誰是主, 空中無我心即佛.
Tianyi 天乙
tongyangxi 童養媳
Wangye 王爺
weishi 唯識
Wuliangyi jing 無量義經
wusheng laomu 無生老母
Wu Yin 悟因
Xiamen 廈門
Xiang'guang 香光
xianqi liangmu 賢妻良母
Xindao 心道
Xingyun 星雲
Xiudao 修道

Xiwang gongcheng 希望工程
Xu biqiuni zhuan 續比丘尼傳
yangnü 養女
yansi 巖寺
yibu, yijiaoyin 一步, 一腳印
yi ren wei ben 以人為本
yizheng bu ganzhi 議政不干治
Yinshun 印順
Yinxin Shuyuan 引心書院
Yongquansi, Gushan 湧泉寺, 鼓山
yuanfen 緣分
Yuanrong 圓融
Yuantong Chansi 圓通禪寺
yulu 語錄
yuhui 語彙
zhaigu 齋姑

zhaijiao 齋教
zhaodi 招弟
Zheng Cheng'gong 鄭成功
zhengquan 政權
Zhengyan 證嚴
Zhenhua 震華
Zhejiang 浙江
zhiquan 治權
zhizao suo 製造所
Zhongguo fojiao hui 中國
　佛教會
Zhongtai Chansi 中台禪寺
Zhou Xuande 周宣德
ziwo peili 自我培力
zhuangyan 莊嚴
zongwo zhiwu 縱我制物

Библиография

Источники на китайском языке

Chen Huijian 1983–1989 — Chen Huijian. Zhengyan fashi de Ciji shijie [Dharma Master Zhengyan's World of Ciji]. Taipei: Ciji Culture, 1983, 1984, 1989.

Chen Lingrong 1992 — Chen Lingrong. Riju shiqi shendao tongzhixia de Taiwan zongjiao zhengce [Religious policies in Taiwan under the Shintō system during the Japanese occupation]. Taipei: Zili wanbao chubanshe, 1992.

Chen Ruitang 1974 — Chen Ruitang. Taiwan simiao falu guanxi zhi yanjiu [A Study of Laws Concerning Temples in Taiwan]. Taipei: Sifa xingzhengbu mishushi, 1974.

Chen Xiuhui 2005 — Chen Xiuhui. Xiaoyun fashi jiaoyu qinghuai yu zhiye [Master Hiuwan's education sentiments and mission]. Taipei: Wanzhuanlou, 2005.

Chen Yong'ge 2003 — Chen Yong'ge. Ren jian chao yin: Taixu dashi zhuan [Sound of the Tide of the Human Realm: Biography of Master Taixu]. Hangzhou: Zhejiang People's Press, 2003.

Chern 2001a — Chern Meei-Hwa. 'Linglei' nuxing: cong yige xinwen jianbao dang'an tan Taiwan biqiuni xingxiang de zaixian ['An Alternative Woman': A Case Analysis of Newspaper Representations about Buddhist Nuns] // Taiwan Journal of Religious Studies. October 2001. Vol. 1. № 2. Taipei: Center for Buddhist Studies, National Taiwan University, 2001. P. 295–340.

Chern 2002 — Chern Meei-Hwa. 'Linglei' dianfan: dangdai Taiwan biqiuni de shehui shijian [An Alternative Paradigm: The Social Practices of Buddhist Nuns in Contemporary Taiwan] // Journal of the Center for Buddhist Studies. № 7. July 2002. P. 295–340.

Chiu 2007 — Chiu Min-chieh. Fojiao dui nuxing zhuyi de sikao: yi Zhaohui fashi de fojiao nuxing zhuyi lunshu weili [Buddhist Thinking on Feminism: Taking Venerable Chao-hwei's Exposition of Buddhist Feminism as an Example]. Paper presented at the International Conference on Religious Culture and Gender Ethics, Hsuan Chuang University, Nov. 24–25, 2007.

Ciji Wenhua Zhiye Zhongxin 2002 — Ciji Wenhua Zhiye Zhongxin [Ciji Cultural Mission Center]. 921 gongcheng [921 Building Projects]. Vols. 1–50. Taipei: Ciji Cultural Mission Center, 2002.

Ding 1996 — Ding Min. Taiwan shehui bianqianzhong de xinxing nisengtuan—Xiang'guang nisengtuan de jueqi [A new Buddhist nunnery in evolving Taiwan's society: The Luminary Buddhist Institute] // Diyijie zongjiao wenhua guoji xueshu huiyi lunwenji [Collected Essays from the First International Academic Conference on Religion and Culture]. Taipei: Foguang daxue zongjiao wenhua yanjiu zhongxin, 1996. P. 415–469.

Ding 2002 — Ding Min. Chen Ruoxi fojiao xiaoshuozhong nuxing xingxiang yu zhutiyi—yi Huixinlian (2000), Chongfan taohuayuan (2001), wei tantao [Images and themes of woman in Chen Ruoxi's Buddhist novels—The Story of Taiwan's Nuns (2000) and Return to Peach Blossom Spring (2001)] // Collected Papers from the Third Conference on Humanistic Buddhism and Contemporary Dialogue. VCD Set. Taoyuan: Hongshi Cultural and Educational Foundation, 2002.

Fan 2001 — Fan Rongda. Zisha qici ta, cong Ciji zhaohui shengming [She who attempted suicide seven times got her life back with Ciji] // Lianhe wanbao [United Evening News]. April 23, 2001. P. 1.

Gu Meifen 2004 — Gu Meifen. Wurang zhichizhe duili huafen lun wei zhengdang de fuyung [Don't let supporters' oppositions and divisions get used by political parties] // Taiwan ribao. March 31, 2004. P. 3.

Gu Zhonghua 2002 — Gu Zhonghua. Gongmin shehui zai Taiwan de chengxing jingyan [The Making of Civil Society in Taiwan] // Qu Haiyuan, Gu Zhonghua, Qian Yongxiang, eds. Fazhi, renquan, yu gongmin shehui [The Rule of Law, Human Rights, and Civil Society]. Taipei: Guiguan Books, 2002. P. 161–196.

Hanzang Jiaoliyuan 1947 — Hanzang Jiaoliyuan [Sino-Tibetan Buddhist Institute]. Taixu dashi jinianji [Collection to Commemorate Master Taixu]. Chongqing: Hanzang Jiaoliyuan, 1947.

Hongshi Jiaoyu Wenjiao Jijinhui 2003 — Hongshi Jiaoyu Wenjiao Jijinhui [Hongshi Education and Culture Foundation] // Hongshi Buddhist Institute Bimonthly. 2003 (Feb.). Vol. 61. Special Issue: 'Tanxue shijian': Shuiluo shichu [The 'Pool of Blood Incident': The Truth Comes to Light Eventually].

Hongshi Xueyuan 2001 — Hongshi Xueyuan [Hongshi Institute]. Linglei shisheng, linglei jingyan: xueyuan xiaoshe luocheng yizhounian jinian tekan [Alternative teachers and students, an alternative experience: Special issue to commemorate the one year anniversary of the Institute's establishment]. Taipei: Fajie, 2001.

Huang Liling 1999 — Huang Liling. Cong wenhua rentong zhuanxiang quyu zhili—921 dizhen zaihou chongjian gongzuo dui 'shequ zongti yingzao' lunshu de tiaozhan [From cultural identity to regional administration—post-921 earthquake reconstruction work regarding the challenge of 'total community construction'] // Chengshi yu sheji [City and Design]. Vol. 9/10. P. 147–174.

Huang Xiuhua 1999 — Huang Xiuhua. Shouzhi budong: changzhu shifu pian [Unwavering Will: The Nuns of the Still Thoughts Abode] // Ciji yuekan. 1999, June 25. № 391. P. 52–75.

Huang, Chen 2002 — Huang Long-min, Chen Chien-zong. 'Jingsi yu jiaoxue' zai guomin zhongxiaoxue shishi shiqiuxing zhi pingxi [An analysis of the suitability of implementing the 'Still Thoughts Curriculum' in public primary and middle schools] // Taichung shiyuan xuebao. July 2002. № 16. P. 159–176.

Jiang 1992a — Jiang Canteng. Cong rensheng fojiao dao renjian fojiao [From 'Buddhism for human life' to 'Buddhism for the Human World'] // Taiwan fojiao yu xiandai shehui [Taiwanese Buddhism and Modern Society]. Taipei: Dongda, 1992. P. 169–188.

Jiang 1992b — Jiang Canteng. Guangfuhou Taiwan fojiao nuxing jiaose de bianqian [Evolution of the role of Buddhist women in post-1945 Taiwan] // Taiwan fojiao yu xiandai shehui [Taiwanese Buddhism and Modern Society]. Taipei: Dongda, 1992. P. 77–85.

Jiang 1996 — Jiang Canteng. Taiwan fojiao bainianshi zhi yanjiu [Research on a Century of Buddhism in Taiwan, 1895–1995]. Taipei: Nantian, 1996.

Jiang 1997a — Jiang Canteng. Taiwan dangdai fojiao: Foguangshan, Ciji, Fagushan, Zhongtaishan [Taiwan Contemporary Buddhism: Foguangshan, Ciji, Fagushan, Zhongtaishan]. Taipei: Nantian, 1997.

Jiang 1997b — Jiang Canteng. Cong zhaigu dao biqiuni: Taiwan fojiao nuxing chujia de bainian cangsang [From "vegetarian auntie" to ordained nun: one hundred years of dramatic changes for Taiwan's Buddhist monastic women] // Jiang Canteng. Taiwan dangdai fojiao: Foguangshan, Ciji, Fagushan, Zhongtaishan [Taiwan Contemporary Buddhism: Foguangshan, Ciji, Fagushan, Zhongtaishan]. Taipei: Nantian, 1997. P. 113–124.

Jiang 1997c — Jiang Canteng. Huanjing baohu zhi 'fanxing zhuanyi:' yi Taiwan diqu fojiao sixiang he shijian moshi weili ['Paradigm shift' in the environmental protection: The case of Taiwan's Buddhist thought and praxis model] // Jiang Canteng. Taiwan dangdai fojiao: Foguangshan, Ciji, Fagushan, Zhongtaishan [Taiwan Contemporary Buddhism: Foguangshan, Ciji, Fagushan, Zhongtaishan]. Taipei: Nantian, 1997. P. 104–111.

Jiang 2001b — Jiang Canteng. Riju shiqi Taiwan fojiao wenhua fazhan shi [History of the development of Japanese era Taiwan Buddhist culture]. Taipei: Nantian, 2001.

Jiang 2003 — Jiang Canteng. Cong 'Sihui ba jingfa' dao 'renjian fojiao sixiang' de chuanbo suyuan: you guan jinqi Taiwan renjian fojiao sixiang yu jielu biange de zhengbian wenti [Tracing the roots of transmission, from "Tearing up the Eight Special Rules" to "Humanistic Buddhist Thought:" Recent debates about change in Taiwan Humanistic Buddhism Thought and Monastic Rules] // Taiwan jindai fojiao de bian   ge yu fansi: qu zhiminhua yu Taiwan fojiao zhutixing queli de xin tansuo [Change and reflection in Taiwan's modern Buddhism: New explorations in decolonization and the establishment of Taiwan's Buddhism subjectivity]. Taipei: Dongda Press, 2003. P. 259–267.

Jiang, Wang 1994 — Jiang Canteng, Wang Jianchuan, eds. Taiwan zhaijiao de lishi guancha yu zhanwang [Taiwan's vegetarian religion: Historical obser-vations and future prospects]. Taipei: Xinwenfeng, 1994.

Kan 1999 — Kan Zhengzong. Taiwan fojiao yibainian [One Hundred Years of Taiwan's Buddhism]. Taipei: Dongda Press, 1999.

Kan 2004 — Kan Zhengzong. Chongdu Taiwanfojiao: zhanhou Taiwan fojiao [Re-reading Taiwan's Buddhism: Post-war Taiwan's Buddhism]. Taipei County: Daqian Press, 2004.

Lai 2001 — Lai Lijun. Zouchu fengbao [Emerging from the storm] // Ciji daolu [Ciji companion]. 2001 (March). Vol. 364, № 2. P. 16.

Lan 2003 — Lan Jifu. Taiwan fojiao sixiangshishang de hou Yinshunxue shidai // Tingyu senglu foxue zaji ['Tingyu senglu' Buddhist Studies Miscel-lany]. Taipei: Modern Chan Press, 2003. P. 265–285.

Li Biwan 1996 — Li Biwan. Cibei xishe [Being compassionate and hap-pily letting go] // Lin Mingnan, ed. Hongyi fashi hanmo yinyuan [The Causes and Conditions of Master Hongyi's Art and Calligraphy]. Taipei: Youshi meishu, 1996.

Li Lijun 2006 — Li Lijun. Shi Jianduan fashi [Master Jianduan] // Renlai lunbian yuekan [Renlai Monthly: A Chinese monthly of cultural, spiritual, and social concerns]. 2006 (Oct.). P. 44–45.

Li Lingyu 2005 — Li Lingyu. You Taiwan fojiao biqiuni nuquan fazhan lai kan 'feichu ba jingfa yundong' [A study of 'The movement to abolish the Eight Special Rules' in light of the development of Taiwan's Buddhist Nuns' Femi-nism]. Master's thesis, Graduate Institute of Religious Studies, National Chengchi University.

Li Xueping 2000 — Li Xueping. Taiwan de biqiuni sengtuan ji qi butong de shengming jingyan: yige shehuixue de ge'an yanjiu [Taiwan Buddhist nunneries and their different life experiences: a sociological case study]. Master's thesis, Graduate Institute of Sociology, Tunghai University.

Li Yuzhen 1989 — Li Yuzhen. Tangdai de biqiuni [Nuns of the Tang Dynasty]. Taipei: Xuesheng Shuju, 1989.

Li Yuzhen 2002 — Li Yuzhen. Fojiao de nuxing, nuxing de fojiao: bijiao jin ershinian lai Zhong-Yin-gwen de fojiao funü yanjiu [Buddhism's Women, Women's Buddhism: Comparing the past twenty years of Chinese and English scholarship on Buddhism and Women]. Paper presented at the "Third Conference on Humanistic Buddhism and Contemporary Dialogue," April 20, 2002, Academia Sinica.

Lin Huiwen 2000 — Lin Huiwen. Taiwan de Ciji, shijie de Ciji [Taiwan's Ciji, the World's Ciji] // Jianzhushi [The Architect]. 2000. Vol. 26(4). P. 106–109.

Lin Manqiu et al. 2000 — Lin Manqiu et al. Taiwan xin nuren [Portraits of Women in Taiwanese History]. Taipei: Yuanliu, 2000.

Lin Mei-Rong et al. 2004 — Lin Mei-Rong, Ting Jen-Chieh, Chan Su-Chuan, eds. Zainan yu chongjian: jiu er yi zhenzai yu shehui wenhua chongjian lunwenji [Disaster and Recovery: the Social and Cultural Reconstruction after the 921 Earthquake]. Taipei: Institute of Taiwan History Preparatory Office, Academia Sinica, 2004.

Lin Minchao 2000 — Lin Minchao. Wutu youqing, chang huai enxin [My plans have sentiments, always having a grateful heart] // Jianzhushi [The Architect]. 2000. Vol. 26(4). P. 106–109.

Lin Yusheng 2003 — Lin Yusheng. 'Chuangzaoxing zhuanhua' de zaisi yu zairen [Rethinking 'Creative Transformation'] // Cong gongmin shehui tanqi [On the topic of civil society]. Taipei: Lianjing Press, 2003. P. 31–61.

Lu Hwei-Syin 2000a — Lu Hwei-Syin. Xiandai fojiao nuxing de shenti yuyan yu xingbie chongjian: yi ciji gongde hui weili [The Body Language of Contemporary Buddhist Women and Gender Reconstruction: The Example of the Ciji Compassion-Relief Foundation] // Collected Papers of the Institute of Ethnology. Academia Sinica. 2000. Vol. 88. P. 275–311.

Lu Shengqiang 2003 — Lu Shengqiang. Yinshun daoshi 'Renjian fojiao' zhi pusaguan ji daocidi chutan [Preliminary exploration of Master Yinshun's Bodhisattva concept] // Humanistic Buddhism: Transmitting the Flame-The Fourth Conference on the Theory and Practice of the Venerable Yinshun's Teachings, Collected Essays. Taoyuan: Hongshi Culture and Education Foundation, 2003. P. N1–30.

Luminary Publishing Association — Xiang'guang zhuangyan zazhi she [Luminary Publishing Association] // Xiang'guang zhuangyan. Vol. 22 (1990); Vol. 37 (1994); vols. 49–51 (1997). Jiayi, Taiwan.

Luo 2004 — Luo Rong. Taiwan de 921 chongjian xiaoyuan [Taiwan's 921 Reconstructed Schools]. Taipei County: Yuanzu Wenhua, 2004.

Ma 2001 — Ma Tianxiang. Wanqing foxue yu jindai shehui sichao [Late Qing Buddhist Studies and Modern Social Thought] // Zhong'guo fojiao xueshu lundian. № 41. Gaoxiong: Foguangshan wenjiao jijinhui, 2001. P. 2–3.

Mei 1998 — Mei Diwen. Cong nuxing zhuyi jiaodu kan renjian jingtu [Looking at the 'Humanistic Pure Land' from a feminist perspective] // Renjian jingtu yu xiandai shehui—di sanjie zhonghua guoji foxue huiyi lunwenji ['Humanistic Pure Land' and Contemporary Society: Collected Papers from the Third Chinese International Buddhist Studies Conference]. Taipei: Dharma Drum Culture, 1998. P. 151–179.

Miaozheng 1947 — Miaozheng. Mantan jianshe renjian fojiao: wei jinian dashi zuo [A casual discussion on establishing *renjian fojiao*, in the memory of the Master] // Taixu dashi jinian ji. Chongqing: Hanzang Jiaoliyuan, 1947. P. 90–91.

Nakamura 1984 — Nakamura Hajime, ed. Zhong'guo fojiao fazhan shi [History of the Development of Chinese Buddhism]. Taipei: Tianhua, 1984. P. 1092–1093.

Pan 2004 — Pan Xuan. Zhengyan fashi: liuli tongxinyuan [Master Zhengyan: Crystal Concentric Circles]. Taipei, Taiwan: Tianxia, 2004.

Shanhui 1999 — Shanhui Shuyuan, ed. Zhengyan fashi nalu zuji [Ven. Zhengyan's Footprints]. Taipei: Ciji Culture Press, 1999.

Shi Jianhan 2004 — Shi Jianhan. Ran xinxiang, xu foguang [Light the heart's incense, continue the light of the Buddha] // Xiang'guang zhuangyan. Vol. 89. Dec. 31, 2004.

Shi Jianhan et al. 1992 — Shi Jianhan, Shi Jianche, Shi Zimao. eds. Jueshu renhua—Xiang'guang niseng foxueyuan chengli shi'er zhounian zhuankan [Jueshu renhua—Luminary Buddhist Institute's Twelfth Anniversary Special Issue]. Jiayi: Xiang'guang shuxiang, 1992.

Shi Jianxian 2002 — Shi Jianxian. Cong shequ fazhan tan waiji xin'niang jiaoyu [Discussing foreign brides' education from the perspective of community development] // Xiang'guang zhuangyan. Vol. 72. Dec. 2002. P. 1–20.

Shi Jianxian 2006 — Shi Jianxian. Fojiao nuxing de tiaozhan yu weilai [The challenge and future of Buddhist women] // Xiang'guang zhuangyan. № 84. Dec. 20, 2006.

Shi Jianye 1999 — Shi Jianye. Zouguo Taiwan fojiao zhuanxingqi de bi-qiuni: Shi Tianyi [Shi Tianyi: A nun who went through the transitional period in Taiwanese Buddhism]. Taipei: Zhongtian Press, 1999.

Shi Jianye 2001 — Shi Jianye. Fojiao linian yu shixian de ling yizhong duihua xingtai: yi Xiang'guang nisengtuan Gaoxiong zizhulin jingshe foxue yanduban weili ['Another' Type of Dialogue Pattern Concerning Buddhist Ideas and Practices: A Case Study of the Bambusa Nana Luminary Study Group in Gaoxiong] // Bulletin of the Institute of Ethnology (Academia Sinica, Taiwan). 2001. № 90. P. 111–153.

Shi Jianye 2004 — Shi Jianye. Yi Xiang'guang nisengtuan qieyeshan jijinhui weili kan 9.21 zhenzai fojiao zhi jiuyuan [Buddhist Rescue Acts of the 9.21 Earthquake Damage: A Case Study of the Gaya Foundation at the Luminary Buddhist Institute] // Lin Mei-Rong, Ting Jen-Chieh, Chan Su-Chuan, eds. Zainan yu chongjian: jiu er yi zhenzai yu shehui wenhua chongjian lunwenji [Disaster and Recovery: the Social and Cultural Reconstruction after the 921 Earthquake]. Taipei: Institute of Taiwan History Preparatory Office, Academia Sinica, 2004. P. 289–314.

Shi Huiyan 1996 — Shi Huiyan. Mingmo qingchu Min-Tai fojiao de hudong [The Interactions of Fujian and Taiwanese Buddhism in the Late Ming-Early Qing] // Chung-Hwa Buddhist Journal. 1996. № 9. P. 209–242.

Shi Huiyan 1999 — Shi Huiyan. Cong Tai-Min-Ri fojiao de hudong kan niseng zai Taiwan de fazhan [The Development of the Nuns' Order in Taiwan: An overview from the perspective of Taiwan-Fujian-Japanese Buddhist Interactions] // Chung-Hwa Buddhist Journal. 1999. № 12. P. 249–274.

Shi Miaoran — Shi Miaoran, ed. Minguo fojiao dashi nianji [Annual Chronicle of Important Events in Republican-Era Buddhism]. Taipei: Hai Chao Yin Magazine Publishers.

Shi Taixu n. d. — Taixu. Fu Zhu Duomin jushi shu [Letters to Layman Zhu Duomin] // Hai Chao Yin [Sound of the Tide]. n. d. Vol. 37, № 67.

Shi Taixu 1926 — Shi Taixu. Funü xuefo zhi guifan [The standards for women studying Buddhism]. Speech at Min'nan Buddhist Youth Association // Hai Chao Yin [Sound of the Tide]. 1926 (Sept.). Vol. 7, № 10.

Shi Taixu 1927 — Shi Taixu. Sengzhi jinlun [On the monastic system today] // Hai Chao Yin [Sound of the Tide]. 1927. Vol. 8, № 4–5.

Shi Taixu 1928 — Shi Taixu. Fojiao sengsi caichanquan zhi queding [The confirmation of Buddhist monastic temple property rights] // Hai Chao Yin [Sound of the Tide]. 1928 (Summer). Vol. 9, № 6.

Shi Taixu 1930 — Shi Taixu. Biqiuni de zeren [The responsibilities of nuns]. Speech at Dizang Nunnery Institute, Winter 1930.

Shi Taixu 1931 — Shi Taixu. Xiandai rensheng duiyu foxue de xuyao [Modern life's need for Buddhism] // Hai Chao Yin [Sound of the Tide]. 1931 (May). Vol. 12, № 11.

Shi Taixu 1935a — Shi Taixu. Questions and Answers // Hai Chao Yin [Sound of the Tide]. Jan. 29, 1935.

Shi Taixu 1935b — Shi Taixu. Youpoyi jiaoyu yu fohua jiating [Laywomen's Education and the Making of Buddhist Families]. Speech at Donglian Institute, Hong Kong // Hai Chao Yin [Sound of the Tide]. Nov. 1935. Vol. 17, № 2.

Shi Taixu 1956–1970 — Shi Taixu. Taixu dashi quanshu [Complete Works of Taixu]. Taipei: Taixu dashi quanshu yingyin weiyuanhui, 1956, 1970.

Shi Taixu 1970 — Shi Taixu. Speeches. Chapter 18 // Shi Taixu. Taixu dashi quanshu [Complete Works of Taixu]. Taipei: Taixu dashi quanshu yingyin weiyuanhui, 1970. P. 323–324.

Shi Xinghe 2001 — Shi Xinghe. Foguo jingtu de zhenshi yu xuhuan—du Huixinlian yougan [The real and the illusory in the Buddhist Pure Land: Comments on Reading Huixinlian] // Guanghua zazhi [Sinorama]. 2001 (Sept.). P. 78–79.

Shi Xingyun — Shi Xingyun. Fojiao de nuxing guan [Buddhist View of Women] // Shi Xingyun. Fojiao congshu [Anthology of Buddhism]. Kaohsiung: Foguang. Vol. 10. P. 258–270.

Shi Zhengyan n. d. — Shi Zhengyan. Wuliangyi jing: Zhengyan shangren jiangshu [An Explanation by the Shangren Zhengyan on the *Sūtra* of Immeasurable Meanings]. N.D. Taipei: Ciji Culture.

Shi Zhengyan 1989 — Shi Zhengyan. *Jingsi yu* [Still Thoughts]. Vol. I. Taipei: Ciji Compassion Relief Enterprise Foundation, 1989.

Shi Zhengyan 2007 — Shi Zhengyan. Yuwang shao yidian, ai diqiu duo yidian [Have fewer desires, and love the Earth more] // Tzu Chi Monthly. № 484. March 25, 2007. P. 6–9.

Shi Zhenhua 2005 — Shi Zhenhua. Xu biqiuni zhuan [Lives of the Nuns, Continued]. Beijing: Xianzhuang shuju, 2005.

Shi Zichun et al. 1992 — Shi Zichun, Shi Jianhan, Shi Jianhao. eds. Xiang'guang—Xiang'guang nisengtuan shi'er zhounian tekan [Luminary: Luminary Nunnery's Twelfth Anniversary Special Issue]. Jiayi: Luminary Publishing Association, 1992.

Shi Ziyao 2001 — Shi Ziyao, ed. Zai anyeli dian deng: Xiang'guang nisengtuan 921.zhenzai xiezhu chongjian jishi [Lighting a lamp in the dark night: A Record of Luminary Buddhist Institute's '921 Earthquake' Assistance and Reconstruction]. Taipei: Qieyeshan Foundation, 2001.

Shih Chao Hwei 1994 — Shih Chao Hwei. Shengren bu si, da dao bu zhi: Ping Ciji yiyuan heyueshu ['If saints don't die, thieves won't cease': Discussing Ciji Hospital's Contract] // Hongshi tongxun. 1994. Vol. 8. № 10. P. 3–8.

Shih Chao Hwei 2001b — Shih Chao Hwei. 'Qian zai chen yin:' xin shiji de fojiao nuxing siwei [Intonation for Thousands of Years: Buddhist Feminist Thought for a New Century]. Taipei: Fajie, 2001.

Shih Chao Hwei 2001c — Shih Chao Hwei. Ziyou shibao [Liberty Times] // Ziyou Guangchang [Freedom Square] Section. October 2, 2001.

Shih Chao Hwei 2002a — Shih Chao Hwei. Fojiao yu nuxing: jiegou fomen nanxing shawen zhuyi [Buddhism and women: Deconstructing male chauvinism in Buddhism] // Shih Chao Hwei. Shiji xinsheng: dangdai Taiwan fojiao de rushi yu chushi zhi zheng [New declaration for the 21st century: the debate on world-engagement and worldrenouncing in contemporary Taiwan's Buddhism]. Taipei: Fajie Press, 2002. P. 3–137.

Shih Chao Hwei 2002b — Shih Chao Hwei. Shiji xinsheng: dangdai Taiwan fojiao de rushi yu chushi zhi zheng [New declaration for the 21st century: the debate on world-engagement and worldrenouncing in contemporary Taiwan's Buddhism]. Taipei: Fajie Press, 2002.

Shih Chao Hwei 2003d — Shih Chao Hwei. Dangdai fojiao de rongjing yu yinyou [Glories and Dangers in Contemporary Buddhism]. Parts I–III. URL: http://www.hongshi.org.tw under Ven Chao Hwei, Preview, Buddhist articles, Feb. 2003.

Shih Heng 1995 — Shih Heng Ching. Puti daoshang de shan nuren [Daughters of the Buddha on the Way to Enlightenment]. Taipei: Dongda Press, 1995.

Shih Shing Kuang 1992 — Shih Shing Kuang. Preface // Shih Chao Hwei. Wo yuan jiang shen hua mingyue [I vow to become an illuminating light]. Taipei: Fajie, 1992. P. 1–6.

Shih Wu Yin 1994 — Shih Wu Yin. Biqiuni jie gaishuo [A general explanation of the Biqiuni precepts] // Xiang'guang zhuangyan. Vol. 37. March 20, 1994.

Shih Wu Yin 1995 — Shih Wu Yin. Nisengjia jiaoyu de lixiang yu shixian [The ideals and practice of nuns' education] // Xiang'guang zhuangyan. № 44. Dec. 20, 1995.

Shih Wu Yin 1999 — Shih Wu Yin. Waiji xin'niang: Taiwan de xifu [Foreign brides: Taiwan's daughters-in-law] // Fangangji. Vol. 90. Sept. 3–4, 1999.

Shih Wu Yin 2001 — Shih Wu Yin. Choosing Simplicity: A Commentary on the Bhikshuni Pratimoksha. NY: Snow Lion Press, 2001.

Su Qianling 1996 — Su Qianling. Buzai mofan de muqin [Never again a 'model mother']. Taipei: Nushu wenhua, 1996.

Tao 1995 — Tao Wuliu. Shi Zhaohui fashi [Biography of Master Zhaohui]. Taipei: Dacun Press, 1995.

Wang Fansen 1999 — Wang Fansen. Mingdai xinxuejia de shehui juese—yi Yan Jun de 'Jijiu xinhuo' weili [The Social Role of the 'School of the Mind' Followers—The Example of Yan Jun's 'Emergency Treatment for the Heart's Fire'] // Zheng Qinren jiaoshou rongtui jinian lunwenji [Essays in Honor of Professor Zheng Qinren's Retirement]. Taipei: Daoxiang, 1999. P. 249–266.

Wang Xinyi 1997 — Wang Xinyi. Liangxing huati yinbao zongjiao xuezhe lunbian [Gender topic ignites religious scholars' debates] // Zhongyang ribao [Central Daily News]. July 21, 1997. P. 3.

Wen 2006 — Wen Jinke. Fojiao fandui sixing: Jingzheng huibian [Buddhism Opposes the Death Penalty: A Collection of Scriptural Evidence]. Hsinchuang: Fu Jen University Press, 2006.

Xiao 2001 — Xiao Ping. Zhongguo jindai fojiao fuxing yu Riben [China's Modern Buddhist Revivil and Japan] // Zhong'guo fojiao xueshu lundian. № 42. Gaoxiong: Foguangshan wenjiao jijinhui, 2001. P. 1–4.

Xu 1999 — Xu Shirong. Xin shehui yundong, fei yingli zuzhi, yu shequ yishi de xingqi [New social movements, non-profit organizations, and the rise of community consciousness] // Zhongguo xingzheng [China Administration]. 1999. Vol. 66. P. 1–19.

Yang Liling 2002 — Yang Liling. Weixiao pusa [The Smiling Bodhisattva] // Rensheng [Humanity]. 2002 (March). № 223. P. 62.

Yao Taishan 2003 — Yao Taishan. Shehuihua zhilixia feiyingli zuzhi de xieli celue: yi Ciji jijinhui '921 xiwang gongcheng' wei jianzheng duixiang [Socialization governance's non-profit organization partnership strategy: examining the case of Ciji's '921 Project Hope']. Master's thesis, National Donghua University, 2003.

Yü 2003 — Yü Chün-fang. Taiwan de fojiao nishi: yi Xiang'guang biqiuni weili [Taiwan's Buddhist Nuns: The Example of the Luminary Nuns] // Li Shiwei, ed. Taiwan zongjiao yanjiu tongxun. Vol. 5. Taipei, March 2003. P. 265–287.

Zeng Zhilang 2004 — Zeng Zhilang. Yi 'xin xiaoyuan yuandong' zuowei zaiqu xiaoyuan chongjian de qidian [Take the 'New Campus Movement' as the starting point for rebuilding of schools in the disaster area] [Introduction] // Zhonghua Minguo Jiaoyubu, ed. [Republic of China, Ministry of Education]. 9.21 zaihou xiaoyuan chongjian zhuan'an xiaozu yuanzuo jishi [Recovery from the 9.21 Quake: The Achievements of the Campus Rebuilding]. Taipei: Ministry of Education, 2004.

Zeng Zhongming 2007 — Zeng Zhongming, ed. Taiwan funü nianjian [Taiwan Women's Almanac]. Taipei: Caituan faren funü quanyi cujin fazhan jijinhui [Foundation of Women's Rights' Promotion and Development], 2007.

Zhang Kaiping 2005 — Zhang Kaiping. 921 zaihou 'Xin xiaoyuan Yundong' huigu yu chongjian xiaoxue xiaoyuan diaocha yanjiu [A study of the 'New Campus Movement' and the Elementary School Campuses Reconstructed after the 921 Disaster]. Master's thesis, Department of Architecture, Tunghai University, 2005.

Zhang Kunzhen 2003 — Zhang Kunzhen. Taiwan de lao zhaitang [Taiwan's Old "Vegetarian Halls"]. Taipei County: Yuanzu Wenhua, 2003.

Zhang Peixin 2004 — Zhang Peixin. The Investigation in Social Capital Operated by the Religious and Non-Profit Organizations in Taiwan: Buddhist Tzu-Chi Merits Society As An Example. PhD dissertation, Department of Civic Education and Leadership, National Taiwan Normal University, 2004.

Zhao Hongying, Xu Liang — Zhao Hongying and Xu Liang. Putuoshan guanyin xinyang de lishi, chuanshuo ji qi yingxiang [History, Legend and Influence of the Cult of the Bodhisattva Guanyin at Mount Putuo] // Min-su ch'ü-i [Journal of Chinese Ritual, Theatre, and Folklore]. № 138. P. 112.

Zheng Zimei 2005 — Zheng Zimei. Dangdai renjian fojiao de zouxiang: you zongjiao yu shehui hudong jiaodu shenshi [The Direction of Contemporary Humanistic Buddhism: An examination from a religious and social interaction perspective] // Collected Papers from the 5th Cross-Strait Conference on Yinshun and Humanistic Buddhism. Nangang: Academia Sinica, April 24–5, 2005. P. L1–L62.

Zhonghua Minguo Jiaoyubu 2004 — Zhonghua Minguo Jiaoyubu, ed. [Republic of China, Ministry of Education]. 9.21 zaihou xiaoyuan chongjian zhuan'an xiaozu yuanzuo jishi [Recovery from the 9.21 Quake: The Achievements of the Campus Rebuilding]. Taipei: Ministry of Education, 2004.

Источники на других языках

Adams 1993 — Adams, Carol J., ed. Ecofeminism and the Sacred. London and New York: Continuum International Publishing Group, 1993.

Apter, Saich 1994 — Apter, David E., Tony Saich. Revolutionary Discourse in Mao's Republic. Cambridge, MA: Harvard University Press, 1994.

Arai 1999 — Arai, Paula. Women Living Zen: Japanese Sōtō Buddhist Nuns. Oxford and NY: Oxford University Press, 1999.

Batchelor, Son'gyong Sunim 2006 — Batchelor, Martine, Son'gyong Sunim. Women in Korean Zen. Syracuse: Syracuse University Press, 2006.

Bianchi 2001 — Bianchi, Ester. The Iron Statue Monastery, Tiexiangsi: A Buddhist Nunnery of Tibetan Tradition in Contemporary China. Florence: Leo S. Olschki, 2001.

Bingenheimer 2004 — Bingenheimer, Marcus. Der Monchsgelehrte Yinshun (*1906) und seine Bedeutung fur den Chinesisch-Taiwanischen Buddhismus im 20. Jahrhundert [The Scholar-Monk Yinshun and His Position in 20th Century Chinese Buddhism]. Heidelberg: Edition Forum (Wurzburger Sinologische iften), 2004.

Bingenheimer 2007 — Bingenheimer, Marcus. Some Remarks on the Usage of Renjian Fojiao and the Contribution of Venerable Yinshun to Chinese Buddhist Modernism // Hsu Mutsu, Jinhua Chen, and Lori Meeks, eds. Development and Practice of Humanitarian Buddhism: Interdisciplinary Perspectives. Hualian: Tzu Chi University Press, 2007. P. 141–161.

Bisnath 2002 — Bisnath, Savitri. Eradicating poverty, including the empowerment of women throughout their life cycle in a globalizing world. 2002. URL: http://www.un.org/women-watchcswpanel-Bisnath.pdf (дата обращения: 19.04.2008).

Bond 1996 — Bond, George D. A. T. Ariyaratne and the Sarvodaya Shramadana Movement in Sri Lanka // Queen, Christopher S., Sallie B. King, eds. Engaged Buddhism: Buddhist Liberation Movements in Asia. Albany: SUNY Press, 1996. P. 121–146.

Bristow 2002 — Bristow, Michael. Taiwan's Foreign Brides. 2002, Dec 25. URL: http://news.bbc.co.ukworld/asia-pacific/2603991.stm (дата обращения: 19.03.2007).

Brook 1993 — Brook, Timothy. Praying for Power: Buddhism and the Formation of Gentry Society in Late-Ming China. Cambridge: Council on East Asian Studies, Harvard University, 1993.

Cabezón 1992a — Cabezón, José I., ed. Buddhism, Sexuality, and Gender. Albany, NY: State University of New York Press, 1992.

Cabezón 1992b — Cabezón, José I. Mother Wisdom, Father Love: Gender-Based Imagery in Mahayana Buddhist Thought // Cabezón, José I., ed. Buddhism, Sexuality, and Gender. Albany, NY: State University of New York Press, 1992. P. 181–199.

Capra 1996 — Capra, Fritjof. The Web of Life: A New Scientific Understanding of Living Systems. New York, NY: Anchor Books, 1996.

Chandler 2004 — Chandler, Stuart. Establishing a Pure Land on Earth: The Foguang Buddhist Perspective on Modernization and Globalization. Honolulu, HI: University of Hawaii Press, 2004.

Cheng 2003 — Cheng, Wei-yi. Luminary Buddhist Nuns in Contemporary Taiwan: A Quiet Feminist Movement // Journal of Buddhist Ethics. Vol. 10. P. 39–56. URL: http://jbe.gold.ac.ukcurrent10.html (дата обращения: 27.07.2007).

Cheng 2004a — Cheng, Wei-yi. The Application of Feminist Theory to the Spiritual Practice of Buddhist Nuns: The Case of the Eight Special Rules // Tsomo, 2004. P. 184–187.

Cheng 2007 — Cheng, Wei-yi. Buddhist Nuns in Taiwan and Sri Lanka: A Critique of the Feminist Perspective. Oxford and New York: Routledge Critical Studies in Buddhism, 2007.

Chern 2000 — Chern, Meei-hwa. Encountering Modernity: Buddhist Nuns in Postwar Taiwan. PhD dissertation, Temple University, 2000.

Chung 2006 — Chung, In-young (Sukhdam Sunim). Crossing Over the Gender Boundary in Gray Rubber Shoes: A Study on Myoom Sunim's Buddhist Monastic Education // Tsomo, Karma Lekshe, ed, Out of the Shadows: Socially-Engaged Buddhist Women (Bibliotheca Indo-Buddhica Series. № 240). Delhi: Sri Satguru Publications, Indian Books Centre, 2006. P. 218–227.

Clart, Jones 2003 — Clart, Philip, Charles B. Jones, eds. Religion in Modern Taiwan: Tradition and Innovation in a Changing Society. Honolulu, HI: University of Hawaii Press, 2003.

Cole 1998 — Cole, Alan. Mothers and Sons in Chinese Buddhism. Stanford: Stanford University Press, 1998.

Crane 2001 — Crane, Hillary. Men in Spirit: The Masculinization of Taiwanese Buddhist Nuns. PhD dissertation, Brown University, 2001.

Crosby 2007 — Crosby, Kate. Gendered Symbols in Theravāda Buddhism: Missed Positives in the Representation of the Female. Paper presented at the International Conference on Religious Culture and Gender Ethics, Hsuan Chuang University, Nov. 24–25, 2007.

DeVido 2004 — DeVido, Elise A. The New Funeral Culture in Taiwan // DeVido E. A., Vermander B., eds. Creeds, Rites, and Videotapes: Narrating Religious Experience in Taiwan. Taipei: Taipei Ricci Institute, 2004. P. 75–103.

DeVido 2006 — DeVido, Elise A. Mapping the Trajectories of Socially Engaged Buddhism from China to Taiwan and Vietnam // Tsomo, Karma Lekshe, ed. Out of the Shadows: Socially Engaged Buddhist Women. New Delhi: Sri Satguru Publications, India Books Centre, 2006. P. 261–281.

DeVido 2007 — DeVido, Elise A. 'Buddhism for this World': The Buddhist Revival in Vietnam, 1920–1951, and Its Legacy // Philip Taylor, ed. Modernity and Re-enchantment: Religion in Post-Revolutionary Vietnam. Singapore: Institute of Southeast Asian Studies, 2007. P. 250–296.

Đô~ 1999 — Đô~, Thiê.n. "The Quest for Enlightenment and Cultural Identity: Buddhism in Contemporary Vietnam," // Harris, Ian, ed. Buddhism and Politics in Twentieth Century Asia. London: Pinter, 1999. P. 254–283.

Diamond, Orenstein 1990 — Diamond, Irene, Gloria Orenstein, eds. Reweaving the World: The Emergence of Ecofeminism. San Francisco: Sierra Club Books, 1990.

Duby, Perrot 1992 — Duby, Georges, Michelle Perrot. Writing the History of Women [Introduction] // Pauline Schmitt Pantel, ed. A History of Women: From Ancient Goddesses to Christian Saints (History of Women in the West, vol. 1). Cambridge: Belknap Press, 1992.

Farris 2004 — Farris, Catherine. Women's Liberation under 'East Asian Modernity' in China and Taiwan: Historical, Cultural, and Comparative Perspectives // Farris, Catherine, Anru Lee, Murray Rubinstein. eds. Women in the New Taiwan: Gender Roles and Gender Consciousness in a Changing Society [Taiwan in the Modern World Series]. Armonk, NY and London, England: East Gate M. E. Sharpe, 2004. P. 325–376.

Farris et al. 2004 — Farris, Catherine, Anru Lee, Murray Rubinstein. eds. Women in the New Taiwan: Gender Roles and Gender Consciousness in a Changing Society [Taiwan in the Modern World Series]. Armonk, NY and London, England: East Gate M. E. Sharpe, 2004.

Faure 2003 — Faure, Bernard. The Power of Denial: Buddhism, Purity, and Gender. Princeton: Princeton University Press, 2003.

Foy 2002 — Foy, Geoffrey E. Engaging Religion: An Ethnography of Three Religious Adherents in Taiwan's Academic Culture. PhD dissertation, Graduate Theological Union, 2002.

Gates 1996 — Gates, Hill. China's Motor: A Thousand Years of Petty Capitalism. Ithaca, NY: Cornell University Press, 1996.

Goossaert 2000 — Goossaert, Vincent. Counting the Monks: The 1736–1939 Census of the Chinese Clergy // Late Imperial China. 2000. Vol. 21, № 2. P. 40–85.

Goossaert 2002 — Goossaert, Vincent. Les sciences sociales découvrent le bouddhisme chinois du Xxe siècle // Archives de sciences socials des religions. 2002 (Oct.–Dec.). Vol. 120. P. 33–45.

Goossaert 2006 — Goossaert, Vincent. Resident Specialists and Temple Managers in Late Imperial China // Min-su ch'ü-i [Journal of Chinese Ritual, Theatre, and Folklore]. 2006. № 153. P. 25–67.

Grant 1996 — Grant, Beata. Female Holder of the Lineage: Linji Chan Master Zhiyuan Xinggang (1597–1654) // Late Imperial China. 1996 (Dec.). Vol. 17, № 2. P. 51–76.

Gross 1993 — Gross, Rita M. Buddhism After Patriarchy: A Feminist History, Analysis, and Reconstruction of Buddhism. Albany, NY: State University of New York Press, 1993.

Gutschow 2004 — Gutschow, Kim. Being a Buddhist Nun: The Struggle for Enlightenment in the Himalayas. Cambridge, MA: Harvard University Press, 2004.

Haar 1992 — Haar, Barend J. ter. The White Lotus Teachings in Chinese Religious History. Leiden: E. J. Brill, 1992.

Harris 1999 — Harris, Ian, ed. Buddhism and Politics in Twentieth Century Asia. London: Pinter, 1999.

Heirman 2001 — Heirman, Ann. Chinese Nuns and their Ordination in Fifth Century China // Journal of the International Association of Buddhist Studies. 2001. Vol. 24, № 2. P. 275–304.

Hinsch 2006 — Hinsch, Bret. Confucian Filial Piety and the Construction of the Ideal Chinese Buddhist Woman // Journal of Chinese Religions. 2006. Vol. 30, № 1. P. 49–75.

Hsieh 1991 — Hsieh, Evelyn Ding-hwa. Images of Women in Ch'an Buddhist Literature of the Sung Period // Peter N. Gregory and Daniel A. Getz, eds. Buddhism in the Sung. Honolulu, HI: University of Hawaii Press, 1991. P. 148–187.

Hs'ing 1983 — Hs'ing, Lawrence Fu-Ch'üan. Taiwanese Buddhism and Buddhist Temples. Taipei: Pacific-Cultural Foundation, 1983.

Hsu 1988 — Hsu, Min-tao. Fitting in to the 'No Return Trip': Women's Perception of Marriage and Family in Taiwan // Proceedings of the National Science Council, ROC (C). 1988. Vol. 8, № 4. P. 527–538.

Hsu et al. 2007 — Hsu Mutsu, Jinhua Chen, and Lori Meeks, eds. Development and Practice of Humanitarian Buddhism: Interdisciplinary Perspectives. Hualian: Tzu Chi University Press, 2007.

Huang 2001 — Huang, Chien-Yu Julia. Recapturing Charisma: Emotion and Rationalization in a Globalizing Buddhist Movement From Taiwan. PhD dissertation, Boston University, 2001.

Huang 2003a — Huang, Chien-Yu Julia. The Tzu-Chi Foundation of Taiwan // Queen, Christopher. Charles Prebish, Damien Keown, eds. Action Dharma: New Studies in Engaged Buddhism. London: Routledge/Curzon, 2003. P. 136–153.

Huang 2003b — Huang, Chien-Yu Julia. Sacred and Profane? The Compassion Relief Movement's Transnationalism in Taiwan, the United States, Japan, and Malaysia // The European Journal of East Asian Studies. 2003 (Autumn). Vol. 2, № 2. P. 220–225.

Huang, Weller 1998 — Huang, Chien-Yu Julia, Weller, Robert P. Merit and Mothering: Women and Social Welfare in Taiwanese Buddhism // Journal of Asian Studies. 1998. Vol. 57(2). P. 379–396.

Hughes, Hughes 1997 — Hughes-Shaver, Sarah Brady Hughes. Women in World History, Volume 2—Readings from 1500 to the Present. Armonk and London, M. E. Sharpe, 1997.

Jones Ch. 1999 — Jones, Charles B. Buddhism in Taiwan: Religion and the State, 1660–1990. Honolulu, HI: University of Hawaii Press, 1999.

Jones G. W. 2002 — Jones, Gavin W. The 'Flight from Marriage' in South-East and East Asia // Asian Metacentre Research Paper Series. National University of Singapore. 2002. № 11.

Jordan 1994 — Jordan, David K. Changes in Postwar Taiwan and Their Impact on the Popular Practice of Religion // Harrell, Stevan, and Huang Chun-chieh, eds. Cultural Change in Postwar Taiwan. Boulder, CO: Westview, 1994. P. 137–160.

Jordan, Overmyer 1986 — Jordan, David K., Overmyer, Daniel L. The Flying Phoenix: Aspects of Chinese Sectarianism in Taiwan. Princeton: Princeton University Press, 1986.

Kaldor 2003 — Kaldor, Mary. Global Civil Society: An Answer To War. Cambridge, UK: Polity Press, 2003.

Keyes 1984 — Keyes, Charles F. Mother or mistress but never a monk: Buddhist notions of female gender in rural Thailand // American Ethnologist. 1984. Vol. 11, № 2. P. 223–241.

Keown 2003 — Keown, Damien. Dictionary of Buddhism / Comp. Stephen Hodge, Charles Jones, and Paola Tinti. New York, NY: Oxford University Press, 2003.

King 1996 — King, Sallie B. Thích Nhất Hạnh and the Unified Buddhist Church // Queen, Christopher S., Sallie B. King, eds. Engaged Buddhism: Buddhist Liberation Movements in Asia. Albany: SUNY Press, 1996. P. 321–363.

Laliberté 2001 — Laliberté, André. Religious Organizations and Welfare Policy in Taiwan and China // Taipei Ricci Institute Bulletin. 2001. Vol. 4. P. 68–76.

Laliberté 2003 — Laliberté, André. Religious Change and Democratization in Postwar Taiwan: Mainstream Buddhist Organizations and the Kuomintang, 1947–1996 // Clart, Philip, Charles B. Jones, eds. Religion in Modern Taiwan: Tradition and Innovation in a Changing Society. Honolulu, HI: University of Hawaii Press, 2003. P. 158–185.

Laliberté 2004 — Laliberté, André. The Politics of Buddhist Organizations in Taiwan, 1989–2003: Safeguard the Faith, Build a Pure Land, Help the Poor. London: Routledge/Curzon, 2004.

Levering 1991 — Levering, Miriam L. Miao-tao and Her Teacher Ta-hui // Peter N. Gregory and Daniel A. Getz, eds. Buddhism in the Sung. Honolulu, HI: University of Hawaii Press, 1991. P. 188–219.

Levering 1992 — Levering, Miriam L. Lin-chi (Rinzai) Ch'an and Gender: The Rhetoric of Equality and the Rhetoric of Heroism // Cabezón, José I., ed. Buddhism, Sexuality, and Gender. Albany, NY: State University of New York Press, 1992. P. 137–156.

Levering 1998 — Levering, Miriam L. Dōgen's Raihaitokuzui and Women Teaching in Sung Ch'an // Journal of the International Association of Buddhist Studies. 1998. Vol. 21, № 1. P. 77–110.

Levering 2000 — Levering, Miriam L. Women Ch'an Masters: The Teacher Miao-tsung as Saint // Arvind Sharma, ed. Women Saints in World Religions. Albany, NY: SUNY Press, 2000. P. 180–204.

Li Yuzhen 2000c — Li Yuzhen. Crafting Women's Religious Experience in a Patrilineal Society: Taiwanese Buddhist Nuns in Action (1945–1999). PhD dissertation, Cornell University, 2000.

Li Yuzhen 2004a — Li Yuzhen. The Religiosity and Leadership of Taiwanese Bhiksuni Leaders: Guanyin and Bhiksunis Fuhui and Zhengyan // Tsomo, 2004. P. 97–104.

Li Yuzhen 2004b — Li Yuzhen. The Path to Enlightenment: The Autobiographies of Two Contemporary Taiwanese Bhikusnis // Tsomo, 2004. P. 360–364.

Li Yuzhen 2006 — Li Yuzhen. Bodhisattva Kśitigarbha and Buddhist Nuns in Contemporary Taiwanese Buddhist Nuns in Contemporary Taiwanese // Tsomo, Karma Lekshe, ed, Out of the Shadows: Socially-Engaged Buddhist Women (Bibliotheca Indo-Buddhica Series. № 240). Delhi: Sri Satguru Publications, Indian Books Centre, 2006. P. 190–196.

Lin Rongzhi 2004 — Lin Rongzhi. The Future of Buddhism in Taiwan: The Perspective of a Senior Female Volunteer // Tsomo, 2004. P. 80–82.

Liu 1997 — Liu King pong, ed. Lotus Flower of the Heart: Thirty Years of Tzu Chi Photographs. Taipei: Still Thoughts Cultural Mission, 1997.

Lovelock 2000 — Lovelock, James E. Gaia: A New Look on Life on Earth. New Edition ed. Oxford: Oxford University Press, 2000.

Lu Hwei-Syin 1998 — Lu Hwei-Syin. Gender and Buddhism in Contemporary Taiwan: A Case Study of Tzu Chi Foundation // Proceedings of the National Science Council, Part C: Humanities and Social Sciences. 1998. Vol. 8 (4). P. 539–550.

Lu Hwei-Syin 2000b — Lu Hwei-Syin. Emotional Discourses in the Study of Religion. Paper presented at the 18th Quinquennial Congress of the International Association for the History of Religions, 2000, August 6–13, Durban, South Africa.

Lu Hwei-Syin 2004 — Lu Hwei-Syin. Transcribing Feminism: Taiwanese Women's Experiences // Farris, Catherine, Anru Lee, Murray Rubinstein. eds. Women in the New Taiwan: Gender Roles and Gender Consciousness in a Changing Society [Taiwan in the Modern World Series]. Armonk, NY and London, England: East Gate M. E. Sharpe, 2004. P. 223–243.

Makley 1999 — Makley, Charlene. Embodying the Sacred: Gender and Monastic Revitalization in China's Tibet. PhD dissertation, University of Michigan, 1999.

Mann 1997 — Mann, Susan. Precious Records: Women in China's Long Eighteenth Century. Stanford: Stanford University Press, 1997.

McCarthy 1990 — McCarthy, Kathleen D., ed. Lady Bountiful Revisited: Women, Philanthropy, and Power. New Brunswick, NJ: Rutgers University Press, 1990.

McNamara 1996 — McNamara, Jo Ann Kay. Sisters in Arms: Catholic Nuns Through Two Millennia. Cambridge: Harvard University Press, 1996.

Mertraux 1996 — Mertraux, Daniel. The Soka Gakkai: Buddhism and the Creation of a Harmonious and Peaceful Society // Queen, Christopher S., Sallie B. King, eds. Engaged Buddhism: Buddhist Liberation Movements in Asia. Albany: SUNY Press, 1996. P. 365–400.

Mintz 1995 — Mintz, Steven. Moralists and Modernizers: America's Pre Civil War Reformers. Baltimore, MD: The Johns Hopkins University Press, 1995.

Moon 2002 — Moon, Seungsook. Carving Out Space: Civil Society and the Women's Movement in South Korea // Journal of Asian Studies. 2002 (May). Vol. 61, № 2. P. 473–500.

Ortner 1996 — Ortner, Sherry B. Making Gender: The Politics and Erotics of Culture. Boston: Beacon Press, 1996.

Ortner, Whitehead 1981 — Ortner, Sherry B., Whitehead, Harriet, eds. Sexual Meanings: The Cultural Construction of Gender and Sexuality. Cambridge: Cambridge University Press, 1981.

Overmyer 1991 — Overmyer, Daniel L. Women in Chinese Religions: Submission, Struggle, Transcendence // Koichi Shinohara and Gregory Schopen, eds. From Benares to Beijing: Essays on Buddhism and Chinese Religion in Honour of Prof. Jan Yünhua. Oakville: Mosaic Press, 1991. P. 91–120.

Pascoe 1990 — Pascoe, Peggy. Relations of Rescue: The Search for Female Authority in the American West, 1874–1939. New York, NY: Oxford University Press, 1990.

Pittman 2001 — Pittman, Don A. Toward a Modern Chinese Buddhism: Taixu's Reforms. Honolulu, HI: University of Hawaii Press, 2001.

Plant 1989 — Plant, Judith. Healing the Wounds: The Promise of Ecofeminism. British Columbia: New Society Publishers, 1989.

Prebish, Baumann 2002 — Prebish, Charles S., Martin Baumann, eds. Westward Dharma: Buddhism Beyond Asia. Berkeley, CA: University of California Press, 2002.

Primavesi 2000 — Primavesi, Anna. Sacred Gaia: Holistic Theology and Earth System Science. London: Routledge Press, 2000.

Qin 2000 — Qin Wenjie. The Buddhist Revival in Post-Mao China: Women Reconstruct Buddhism on Mt. Emei. PhD dissertation, Harvard University, 2000.

Queen 2003 — Queen, Christopher. Introduction: From altruism to activism // Queen, Christopher, Charles Prebish, Damien Keown, eds. Action Dharma: New Studies in Engaged Buddhism. London: Routledge/Curzon, 2003.

Queen, King 1996 — Queen, Christopher S., Sallie B. King, eds. Engaged Buddhism: Buddhist Liberation Movements in Asia. Albany: SUNY Press, 1996.

Queen et al. 2003 — Queen, Christopher, Charles Prebish, Damien Keown, eds. Action Dharma: New Studies in Engaged Buddhism. London: Routledge/Curzon, 2003.

Reed 1992 — Reed, Barbara E. The Gender Symbolism of Kuan-yin Bodhisattva // Cabezón, José I., ed. Buddhism, Sexuality, and Gender. Albany, NY: State University of New York Press, 1992. P. 159–180.

Reed 2003 — Reed, Barbara E. Guanyin Narratives: Wartime and Postwar // Clart, Philip, Charles B. Jones, eds. Religion in Modern Taiwan: Tradition and Innovation in a Changing Society. Honolulu, HI: University of Hawaii Press, 2003. P. 186–203.

Richman 1992 — Richman, Paula. Gender and Persuasion: The Portrayal of Beauty, Anguish, and Nurturance in an Account of a Tamil Nun // Cabezón, José I., ed. Buddhism, Sexuality, and Gender. Albany, NY: State University of New York Press, 1992. P. 111–136.

Ruch 2002 — Ruch, Barbara, ed. Engendering Faith: Women and Buddhism in Premodern Japan. Ann Arbor, MI: Center for Japanese Studies, University of Michigan, 2002.

Sangharakshita 2000 — Sangharakshita. What is the Sangha? The Nature of Spiritual Community. Birmingham, England: Windhorse, 2000.

Sangren 1983 — Sangren, Steven. Female Gender in Chinese Religious Symbols: Kuan Yin, Ma Tsu, and the Eternal Mother // Signs: Journal of Women in Culture and Society. 1983. Vol. 9, № 1. P. 4–25.

Santikaro Bhikkhu — Santikaro Bhikkhu. Socially Engaged Buddhism and Modernity: What Sorts of Animals are They? URL: http://www.bpf.org/tsangha/skbsebmod.html (дата обращения: 15.08.2007).

Sered 1996 — Sered, Susan Starr. Priestess, Mother, Sacred Sister: Religions Dominated by Women. Oxford and New York: Oxford University Press, 1996.

Sergiovanni 2000 — Sergiovanni, Thomas J. The Lifeworld of Leadership: Creating Culture, Community, and Personal Meaning in Our Schools. San Francisco, CA: Jossey Bass Publishers, 2000.

Schak, Hsiao 2004 — Schak, David and Hsin-Huang Michael Hsiao. Socio-Cultural Engagements of Taiwan's New Buddhist Groups // Collected Papers of the Taiwan-Japan Workshop on Civil Society Organizations in Contemporary Asia. Taipei: Center for Asia-Pacific Area Studies, Academia Sinica, 2004. P. 80–100.

Shi Chuandao 2004a — Shi Chuandao. Buddhist Women in Taiwan // Tsomo, 2004. P. 63–65.

Shi Yikong 2004 — Shi Yikong. A Perspective on Buddhist Women in Taiwan // Tsomo, 2004. P. 66–67.

Shi Zhengyan 1993a — Shi Zhengyan. Still Thoughts / Ed. Hsin-chiang Kao. Taipei: Chung Pao Printing Company, 1993.

Shi Zhengyan 1993b — Shi Zhengyan. Still Thoughts / trans. Lin Chia-hui. Vol. I. Taipei: Still Thoughts Cultural Mission, 1993.

Shi Zhengyan 1996 — Shi Zhengyan. Still Thoughts / trans. Liu King-pong. Vol. II. Taipei: Tzu Chi Cultural Publishing, 1996.

Simon 2003 — Simon, Scott. Sweet and Sour: Lifeworlds of Taipei Women Entrepreneurs. Lanham, MD: Rowman and Littlefield, 2003.

Sponberg 1992 — Sponberg, Alan. Attitudes towards Women and the Feminine in Early Buddhism // Cabezón, José I., ed. Buddhism, Sexuality, and Gender. Albany, NY: State University of New York Press, 1992. P. 3–36.

Sujato 2007 — Sujato, Bhikkhu. Dark Matter [Summary of Congress Proceedings]. Hamburg, Germany, July 27, 2007.

Teng 2006 — Teng, Emma Jinhua. Taiwan's Imagined Geography: Chinese Colonial Travel Writing and Pictures, 1683–1895. Cambridge, MA: Harvard University Press, 2006.

Thích Nhất Hạnh 1967 — Thích Nhất Hạnh. Vietnam: Lotus in a Sea of Fire. New York: Hill and Wang, 1967.

Ting 2007 — Ting Jen-Chieh. Renjian Buddhism and Its Successors: Toward a Sociological Analysis of Buddhist Awakening in Contemporary Taiwan // Hsu Mutsu, Jinhua Chen, and Lori Meeks, eds. Development and Practice of Humanitarian Buddhism: Interdisciplinary Perspectives. Hualian: Tzu Chi University Press, 2007. P. 229–267.

Topley 1975 — Topley, Marjorie. Marriage Resistance in Kwangtung // Margery Wolf and Roxane Witke, ed. Women in Chinese Society. Stanford: Stanford University Press, 1975. P. 67–88.

Topley 1978 — Topley, Marjorie. Marriage Resistance in Rural Kwangtung // Arthur P. Wolf, ed. Studies in Chinese Society. Redwood City: Stanford University Press, 1978. P. 247–268.

Travagnin 2004a — Travagnin, Stefania. Ven. Miaoqing and Yuantong Chan Nunnery: A New Beginning for Monastic Women in Taiwan // Tsomo, Karma Lekshe, ed. Bridging Worlds Buddhist Women's Voices Across Generations. Taipei: Yuan Chuan Press, 2004. P. 83–96.

Travagnin 2004b — Travagnin, Stefania. Master Yinshun and Buddhist Women in Taiwan-Fayuan and Yitong Nunneries, Disciples of Guanyin in Northwest Taiwan // Tsomo, 2004. P. 186–198.

Tsai 1994 — Tsai, Kathryn Ann. Lives of the Nuns: Biographies of Chinese Buddhist Nuns from the Fourth to Sixth Centuries: A Translation of the Pi-ch'iu-ni chuan, compiled by Shih Bao-ch'ang. Honolulu, HI: University of Hawaii Press, 1994.

Tsomo 1989 — Tsomo, Karma Lekshe. Sākyadhitā: Daughters of the Buddha. Ithaca, N.Y.: Snow Lion Publications, 1989.

Tsomo 1999a — Tsomo, Karma Lekshe, ed. Buddhist Women Across Cultures: Realizations. Albany: SUNY Press, 1999.

Tsomo 1999b — Tsomo, Karma Lekshe, ed. Mahāprajāpatī's Legacy: The Buddhist Women's Movement, An Introduction // Tsomo, Karma Lekshe, ed. Buddhist Women Across Cultures: Realizations. Albany: SUNY Press, 1999. P. 1–44.

Tsomo 2004a — Tsomo, Karma Lekshe, ed. Bridging Worlds Buddhist Women's Voices Across Generations. Taipei: Yuan Chuan Press, 2004.

Tsomo 2004c — Tsomo, Karma Lekshe, ed. Buddhist Women and Social Justice. Albany: State University of New York Press, 2004.

Tsomo 2006 — Tsomo, Karma Lekshe, ed, Out of the Shadows: Socially-Engaged Buddhist Women (Bibliotheca Indo-Buddhica Series. № 240). Delhi: Sri Satguru Publications, Indian Books Centre, 2006.

Tsung 1978 — Tsung Shiu-kuen Fan. Moms, Nuns, and Hookers: Extrafamilial Alternatives for Village Women in Taiwan. PhD dissertation, University of California, San Diego, 1978.

Welch 1967 — Welch, Holmes. The Practice of Chinese Buddhism, 1900–1950. Cambridge, MA: Harvard University Press, 1967.

Welch 1968 — Welch, Holmes. The Buddhist Revival in China. Cambridge, MA: Harvard University Press, 1968.

Weller 1999 — Weller, Robert P. Alternate Civilities: Democracy and Culture in China and Taiwan. Boulder, CO: Westview Press, 1999.

Yang, Zhang 2004 — Yang Chang-huey, Changyi Zhang. From Home to Buddhist Monastery: Links Between Female Lay Buddhists and Buddhist Nuns // Tsomo, 2004. P. 272–277.

Yeh Wen-ying — Yeh Wen-ying. Good Husbands and Fathers: The Tzu Cheng Faith Corps. URL: http://taipei.tzuchi.org.tw/tzquart/99fall/99fall.htm (дата обращения: 02.07.2007).

Yü 2001 — Yü Chün-fang. Kuan-yin: The Chinese Transformation of Avalokitesvara. New York: Columbia University Press, 2001.

Yü 2013 — Yü Chün-fang. Passing the Light: The Incense Light Community and Buddhist Nuns in Contemporary Taiwan. University of Hawaii, 2013.

Yarnall 2003 — Yarnall, Thomas F. Engaged Buddhism: New and Improved? // Queen, Christopher. Charles Prebish, Damien Keown, eds. Action Dharma: New Studies in Engaged Buddhism. London: Routledge/Curzon, 2003.

Zhe Ji 2004 — Zhe Ji. Buddhism and the State, a new relationship: increasing numbers of believers bring great changes to the monastic economy in China // Perspectives chinoises. № 55. Sept.–Oct. 2004. P. 2–3.

Zhou 2003 — Zhou Yiqun. The Hearth and the Temple: Mapping Female Religiosity in Late Imperial China, 1550–1900 // Late Imperial China. 2003 (December). 2003. Vol. 24, № 2. P. 109–155.

Zito, Barlow 1994 — Zito, Anita, Barlow, Tani E., eds. Body, Subject, and Power in China. Chicago: University of Chicago Press, 1994.

Предметно-именной указатель

Оглавление

Научное издание

Элиза Анна де Видо
БУДДИЙСКИЕ МОНАХИНИ ТАЙВАНЯ

Директор издательства *И. В. Немировский*
Ответственный редактор *И. Белецкий*
Куратор серии *Е. Яндуганова*
Заведующая редакцией *М. Ермакова*

Дизайн *И. Граве*
Редактор *В. Ворошилова*
Корректоры *А. Филимонова, И. Манлыбаева*
Верстка *Е. Падалки*

Подписано в печать 00.00.2024.
Формат издания 60 × 90 $^1/_{16}$. Усл. печ. л. 17,8.
Тираж 200 экз.

Academic Studies Press
1577 Beacon Street, Brookline, MA 02446 USA
https://www.academicstudiespress.com

ООО «Библиороссика».
198207, г. Санкт-Петербург, а/я № 8

Эксклюзивные дистрибьюторы:
ООО «Караван»
ООО «КНИЖНЫЙ КЛУБ 36.6»
http://www.club366.ru
Тел./факс: 8(495)9264544
e-mail: club366@club366.ru

Книги издательства можно купить
в интернет-магазине: www.bibliorossicapress.com
e-mail: sales@bibliorossicapress.ru

12+

Знак информационной продукции согласно
Федеральному закону от 29.12.2010 № 436-ФЗ